Les nouveaux outils pour les maths

cycle 2

MANUEL CE2

Marie-Laure FREY-TOURNIER
Professeure des écoles

Françoise REALE-BRUYAT
Conseillère pédagogique

Directeur d'ouvrage
Patrice GROS
Inspecteur d'académie

Ce manuel applique les règles de la nouvelle orthographe.

MAGNARD

www.opm.magnard.fr

Conception de couverture : François Supiot
Maquette intérieure : Florence Le Maux, Isabelle Southgate
Mise en pages : STDI
Illustrations : Clotilde Szymanski
Iconographie : Candice Renault
Cartographie : STDI, Marie-Christine Liennard, Gwendal Fossois
Relecture : Marianne Stjepanovic-Pauly
Responsable d'édition : Julie Collignon
Coordination éditoriale : Florence Mayran de Chamisso, Claire Ollivier
Édition : Pierre Le Scoul

5, allée de la 2e D.B.
75015 Paris

ISBN : 978-2-210-50328-1

Avant-propos

Principalement au cycle 2, l'apprentissage des mathématiques, comme celui de la lecture, doit s'appuyer sur un support de référence stable et de qualité. Le manuel Nouveaux Outils pour les Maths CE2, en s'inscrivant dans ce principe, a été conçu pour constituer le référent commun à l'école et à la famille.

Un outil structuré pour assurer un véritable apprentissage mathématique

Nous avons eu le souci permanent de :

- garantir rigoureusement le respect du programme de cycle 2 tout en conduisant les élèves à la **maitrise du socle commun** de **connaissances**, de **compétences** et de **culture** ;
- présenter une articulation des **apprentissages sur les trois années du cycle** en prenant en compte les repères de progressivité du programme ;
- proposer des situations d'apprentissage concrètes et accessibles permettant à tous les élèves d'entrer aisément dans les **compétences travaillées** ;
- structurer les exercices pour faciliter l'acquisition des compétences par une **progression spiralaire** ;
- articuler l'installation d'**automatismes construits** avec la **résolution de problèmes progressifs**, activité placée au cœur de l'apprentissage mathématique ;
- favoriser **l'articulation avec le domaine « questionner le monde »** afin de renforcer le sens des concepts mathématiques ;
- utiliser le **numérique** en tant qu'outil au service des apprentissages mathématiques.

L'**organisation par domaine** permet de garantir pleinement **la liberté pédagogique.** Cette structuration doit conduire à **des apprentissages articulés entre domaines.**

Le calcul mental : un temps quotidien pour consolider simultanément la numération et le calcul

Le calcul mental se traite essentiellement **à l'oral** : vous trouverez dans le guide pédagogique les exercices oraux et l'explicitation des procédures usuelles à travailler. Pour compléter ces moments d'apprentissage quotidiens, la partie **« Calcul mental »** du manuel propose des exercices d'entrainement à faire **à l'écrit**, qui permettent de **systématiser les procédures** étudiées.

Une structure récurrente pour faciliter le repérage des élèves

Dans chaque domaine, chaque chapitre est constitué :

- d'une **situation de recherche** « Cherchons », qui assure une entrée dans la compétence par la réflexion, l'observation et les interactions entre les élèves autour de questions qui conduisent chacun d'eux vers le nouvel apprentissage ;
- d'une **leçon** « Je retiens », qui est une institutionnalisation permettant aux élèves de structurer leur apprentissage et une synthèse constituant un référent auquel ils pourront se reporter à tout moment ;
- d'**exercices progressifs** permettant aux élèves de s'entrainer et de consolider chaque compétence du programme ;
- d'un accès direct, pour certaines leçons, à des activités numériques permettant d'approfondir les apprentissages ou de travailler de nouvelles compétences.

Les exercices précédés du pictogramme sont disponibles sous forme de fiches imprimables. Il s'agit d'exercices difficiles à reproduire pour les élèves, nécessitant un support consommable.
Vous pouvez les télécharger gratuitement sur le site **www.opm.magnard.fr** ; vous les trouverez aussi dans le CD-Rom du guide pédagogique.

Des doubles pages **« Je révise »** et **« Je résous des problèmes »** ponctuent les domaines ; elles reprennent les **compétences travaillées durant les chapitres précédents**.
Enfin, des pages **« J'utilise les maths pour questionner le monde »** tissent des liens avec d'autres disciplines.

En naviguant dans le manuel Nouveaux Outils pour les Maths CE2, vous pourrez exercer pleinement votre liberté pédagogique et adapter la mise en œuvre des apprentissages aux besoins de vos élèves dans le respect du programme de 2016 et du socle commun des connaissances, des compétences et de culture. Associé aux éléments didactiques du **guide pédagogique** et du **CD-Rom,** ce manuel a été conçu pour répondre à vos attentes.

Les auteurs

Progression des *Nouveaux Outils pour les Maths* au cycle 2

	Compétences attendues de fin de cycle 2	CP
Nombres	- Comprendre et utiliser des nombres entiers pour dénombrer, ordonner, repérer, comparer. - Nommer, lire, écrire, représenter des nombres entiers.	- Comprendre et utiliser des nombres entiers pour dénombrer, ordonner, repérer, comparer (jusqu'à 99). - Nommer, lire, écrire, représenter des nombres entiers (jusqu'à 99).
Calculs	- Résoudre des problèmes en utilisant des nombres entiers et le calcul. - Calculer avec des nombres entiers.	- Résoudre des problèmes en utilisant des nombres entiers et le calcul (addition, soustraction). - Calculer avec des nombres entiers (addition).
Grandeurs et mesures	- Comparer, estimer, mesurer des longueurs, des masses, des contenances, des durées. - Utiliser le lexique, les unités, les instruments de mesures spécifiques de ces grandeurs. - Résoudre des problèmes impliquant des longueurs, des masses, des contenances, des durées, des prix.	- Comparer, estimer des longueurs. - Utiliser le lexique de ces grandeurs (longueurs et prix). - Résoudre des problèmes impliquant des longueurs et des prix.
Espace et géométrie	- (Se) repérer et (se) déplacer en utilisant des repères et des représentations. - Reconnaitre, nommer, décrire, reproduire quelques solides. - Reconnaitre, nommer, décrire, reproduire, construire quelques figures géométriques. - Reconnaitre et utiliser les notions d'alignement, d'angle droit, d'égalité de longueurs, de milieu, de symétrie.	- Se repérer et se déplacer sur un quadrillage (cases et nœuds) et sur un plan (classe, école). - Reconnaitre, nommer, décrire quelques solides : cube, pavé droit. - Reconnaitre, nommer, décrire quelques figures géométriques : carré, rectangle, triangle. - Reconnaitre et utiliser les notions d'alignement, d'égalité de longueurs.

▶ Conformément aux nouveaux programmes de l'Éducation nationale, le cycle des apprentissages fondamentaux couvre désormais la période du CP au CE2. Ce tableau présente la progression proposée par les **Nouveaux Outils pour les Maths** pour atteindre ces compétences de fin de cycle 2.

▶ Au cycle 2, la résolution des problèmes est au centre de l'activité mathématique des élèves. Elle vise à développer leur capacité à chercher, raisonner et communiquer.

CE1	CE2
- Comprendre et utiliser des nombres entiers pour dénombrer, ordonner, repérer, comparer (jusqu'à 599). - Nommer, lire, écrire, représenter des nombres entiers (jusqu'à 599).	- Comprendre et utiliser des nombres entiers pour dénombrer, ordonner, repérer, comparer (jusqu'à 9 999). - Nommer, lire, écrire, représenter des nombres entiers (jusqu'à 9 999).
- Résoudre des problèmes en utilisant des nombres entiers et le calcul (addition, soustraction, multiplication) et traiter des problèmes de partages et de groupements. - Calculer avec des nombres entiers (addition, soustraction, multiplication).	- Résoudre des problèmes en utilisant des nombres entiers et le calcul (addition, soustraction, multiplication) et traiter des problèmes de partages et de groupements. - Calculer avec des nombres entiers (addition, soustraction, multiplication, division).
- Comparer, estimer, mesurer des longueurs, des masses, des contenances, des durées dans des cas usuels. - Utiliser le lexique, les unités (h, min, L, kg, g, cm, dm, m et km), les instruments de mesures spécifiques de ces grandeurs, notamment la règle pour mesurer des longueurs. - Résoudre des problèmes impliquant des longueurs, des masses, des contenances, des durées, des prix.	- Comparer, estimer, mesurer des longueurs, des masses, des contenances, des durées. - Utiliser le lexique, les unités usuelles et leurs relations, les instruments de mesures spécifiques de ces grandeurs. - Résoudre des problèmes impliquant des longueurs, des masses, des contenances, des durées, des prix.
- Se repérer et se déplacer en utilisant des repères et des représentations : décrire un déplacement. - Reconnaitre, nommer, décrire quelques solides : cube, pavé droit, pyramide. - Reconnaitre, nommer, décrire, reproduire, construire quelques figures géométriques : carré, rectangle, triangle rectangle, cercle. - Reconnaitre et utiliser les notions d'alignement, d'angle droit, de symétrie.	- Se repérer et se déplacer en utilisant des repères et des représentations et découvrir la programmation. - Reconnaitre, nommer, décrire, reproduire quelques solides (cube, pavé droit, pyramide, cylindre, cône, boule). - Reconnaitre, nommer, décrire, reproduire, construire quelques figures géométriques : carré, rectangle, losange, triangle, cercle. - Reconnaitre et utiliser les notions d'alignement, d'angle droit, d'égalité de longueurs, de milieu, de symétrie.

Sommaire

Nombres

Calculs

Grandeurs et mesures

Calcul mental

Espace et géométrie

ACTIVITÉS NUMÉRIQUES

Activités numériques complémentaires et tutoriels pour s'entrainer et s'initier à l'utilisation de logiciels, en accès gratuit sur :
www.lienmini.fr/opmce2

Proposition de programmation

	Nombres	Calculs
Période 1	• Dénombrer et constituer des collections : centaines, dizaines et unités • Lire, écrire et décomposer les nombres jusqu'à 599 • Comparer, ranger, encadrer et intercaler les nombres jusqu'à 599 • Repérer le rang des nombres jusqu'à 599, les placer sur une droite numérique graduée	• Additionner deux nombres entiers • Additionner et soustraire en ligne • Soustraire deux nombres entiers sans retenue
Période 2	• Lire et écrire les nombres jusqu'à 999 • Décomposer les nombres jusqu'à 999 • Comparer et ranger les nombres jusqu'à 999 • Encadrer et intercaler les nombres jusqu'à 999, les placer sur une droite numérique graduée	• Soustraire deux nombres entiers avec retenue • Utiliser un tableau, un graphique pour résoudre un problème • Je résous des problèmes
Période 3	• Lire et écrire les nombres jusqu'à 9 999 • Décomposer les nombres jusqu'à 9 999	• Réviser le sens de la multiplication • Multiplier en ligne : distributivité, multiplication par 10, 100, 1 000 • Connaitre et utiliser la technique opératoire de la multiplication : multiplicateur à un chiffre • Connaitre et utiliser la technique opératoire de la multiplication : multiplicateur à deux chiffres
Période 4	• Comparer, ranger et encadrer les nombres jusqu'à 9 999	• Je résous des problèmes • Comprendre le sens de la division : groupements • Comprendre le sens de la division : partages
Période 5	• Je résous des problèmes • Vers le cycle 3 : les nombres jusqu'à 999 999 • J'utilise les maths pour questionner le monde	• Diviser en ligne • Utiliser les touches des opérations de la calculatrice • Je résous des problèmes • Vers le cycle 3 : la division posée • J'utilise les maths pour questionner le monde

Ce tableau donne un exemple de répartition, par périodes, des compétences du programme du CE2. Les compétences abordées durant une période devront être réactivées et retravaillées si nécessaire pendant les périodes suivantes.

Grandeurs et mesures	Espace et géométrie	Calcul mental
• Connaitre la relation entre euro et centime d'euro • Lire l'heure	• Représenter l'espace environnant et se repérer sur un plan • Programmer des déplacements • Utiliser la règle graduée, l'équerre et le compas • Utiliser le vocabulaire géométrique : côté, sommet, angle, milieu	• Ajouter, additionner des multiples de 10 • Ajouter 9, ajouter 11… • Ajouter, additionner des multiples de 5 • Soustraire des multiples de 10 • Soustraire 9, soustraire 11… • Soustraire des multiples de 5 • Connaitre le double de nombres usuels • Connaitre la moitié de nombres usuels
• Connaitre les relations entre les unités de temps	• Reconnaitre, décrire et nommer un carré, un rectangle, un losange • Reproduire et tracer un carré, un rectangle, un losange	• Écrire des suites numériques • Calculer des compléments • Additionner deux nombres • Écrire des suites numériques décroissantes • Soustraire deux nombres • Trouver le terme manquant • Calculer le double de nombres quelconques
• Mesurer des capacités • Mesurer des masses	• Reconnaitre, décrire et nommer le triangle et ses cas particuliers • Reproduire et tracer un triangle rectangle	• Connaitre les tables de multiplication par 2, 3, 4, 5 • Connaitre les tables de multiplication par 6, 7 • Connaitre les tables de multiplication par 8, 9 • Multiplier par 10, 100, 1 000 • Multiplier par des multiples de 10 • Calculer le double de multiples de 10, de 5
• Mesurer des longueurs • Connaitre les relations entre les unités de longueur	• Tracer un cercle avec un compas • Utiliser un logiciel de géométrie • Reproduire des figures à partir d'un modèle	• Multiplier par 5, 9, 11 • Connaitre les relations de multiplication entre 5, 10, 25, 50, et 100 • Connaitre les relations de multiplication entre 15, 30 et 60 • Multiplier par 15, 25, 50 • Calculer des triples, des quadruples • Diviser dans les tables
• Calculer le périmètre d'un polygone • Vers le cycle 3 : le pavage (approche de la notion d'aire) • J'utilise les maths pour questionner le monde	• Reconnaitre et tracer des axes de symétrie • Compléter une figure par symétrie • Reconnaitre et nommer des solides : cube, pavé droit, pyramide, cylindre, boule, cône • Reconnaitre, nommer, décrire, représenter et construire un cube, un pavé droit • Vers le cycle 3 : parallèles ou perpendiculaires ? • J'utilise les maths en EPS et en arts plastiques et visuels	• Ajouter, additionner au-delà de 999 • Soustraire au-delà de 999 • Calculer la moitié de multiples de 10 • Calculer la moitié de nombres quelconques • Calculer des tiers, des quarts • Diviser par 10, 5, 25, 50 • Connaitre les relations entre 5, 10, 25, 50 et 100 • Connaitre les relations entre 15, 30 et 60

Dénombrer et constituer des collections : centaines, dizaines et unités

Cherchons

Pour fêter la rentrée des classes, la directrice de l'école a commandé de jolis stylos-plumes pour en offrir un à chaque élève.

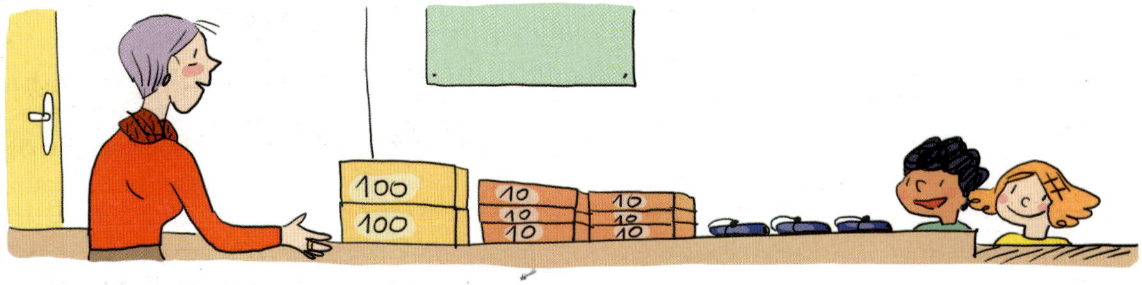

- **Y a-t-il assez de stylos pour les 300 élèves de l'école ?**

Je retiens

- Dans un nombre écrit en chiffres, **la place de chaque chiffre donne une information sur la quantité** représentée par le nombre.

Centaines c	Dizaines d	Unités u
2	6	3
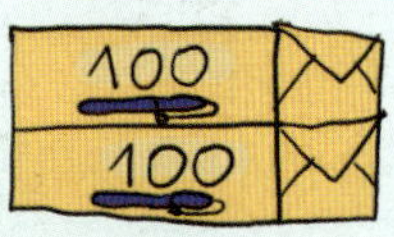	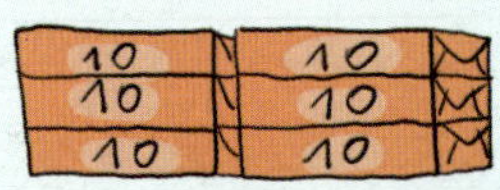	
200	60	3

1 ✶ Les puéricultrices de la maternité reçoivent 427 biberons en paquets de 100, en sachets de 10 et en biberons à l'unité.
Fais un schéma.

2 ✶ **Aide l'infirmier à compter le matériel qu'il lui reste.**

Ex. : Pansements → 500 + 10 + 2 = ...

3 ✶ **Réalise l'inventaire des couverts du restaurant.**

Ex. : Fourchettes → (2 × 100) + (7 × 10) + 5 = ...

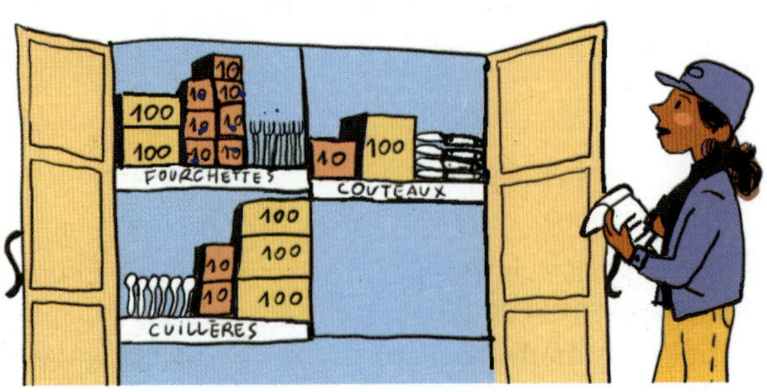

4 ✶✶ Sandra a fabriqué 240 bracelets et a fait un maximum de paquets de 100 bracelets et de 10 bracelets pour les offrir.
Fais un schéma.

5 Indique quel est le contenu du portemonnaie de Faustine.

a. 

b. 

c. 

6 PROBLÈME À la fin de leur compétition de natation, les 150 jeunes nageurs ont droit à un badge souvenir. **Y a-t-il assez de badges pour tout le monde ?**

7 PROBLÈME Une étude récente révélait que les Français mangeaient en moyenne 8 kg de bonbons par an et par personne. Cela représente environ 100 bonbons de poids moyen, par mois et par personne !

Qui a raison ? Justifie ta réponse.

8 PROBLÈME Le maraicher a ramassé 182 pommes et les a toutes stockées dans des sacs pouvant contenir 10 pommes. **Combien d'autres sacs sont cachés derrière les sacs ?**

9 Brendan a vendu des plateaux-repas payés en billets de 10 euros. Il a gagné 140 euros, qu'il a rangés dans une enveloppe. **Dessine les billets de 10 euros qui se trouvent dans l'enveloppe.**

10 Simon veut acheter un vélo à 250 euros. Voici le contenu de son portemonnaie.

Indique quels billets il devra utiliser pour cet achat.

DÉFI MATHS

Trouve au moins trois façons différentes de dessiner 152 euros avec des billets de 100 euros, des billets de 10 euros et des pièces de 1 euro.

Lire, écrire et décomposer les nombres jusqu'à 599

Activités numériques :
lienmini.fr/opmce2

Cherchons

La mécanicienne de l'aérodrome a reçu un colis de boulons pour les avions qu'elle entretient.

- **Écris en chiffres le nombre de boulons reçus.**
- **Combien de centaines de boulons, de dizaines de boulons et de boulons à l'unité y a-t-il dans le carton ?**

Je retiens

- Les nombres s'écrivent avec les chiffres 1, 2, 3, 4, 5, 6, 7, 8, 9 et 0.
- En lettres, **279** s'écrit **deux-cent-soixante-dix-neuf** ; il faut bien penser à **mettre un tiret entre chaque mot-nombre**.
  Les mots-nombres « vingt » et « cent » prennent un « s » au pluriel seulement quand ils sont placés en dernier.
  Ex. : On écrit « quatre-vingt**s** » mais « quatre-**vingt**-dix ».
  On écrit « trois-cent**s** » mais « trois-**cent**-quarante ».
- La **décomposition** en **centaines**, **dizaines** et **unités** peut s'écrire de différentes façons.
  Ex. : 279

Centaines c	Dizaines d	Unités u
2	7	9

279 = 200 + 70 + 9
279 = (2 × 100) + (7 × 10) + 9

Lire et écrire des nombres

1 ✶ **Associe chaque nombre en lettres à son écriture en chiffres.**

a. trois-cent-quarante-sept
147 | 3 147 | 310047 | 347 | 337 | 447

b. deux-cent-quatorze
240 | 210014 | 214 | 244 | 114 | 241

c. cent-quatre-vingt-trois
143 | 183 | 100423 | 1 423 | 193 | 283

d. deux-cent-soixante-dix-sept
267 | 167 | 177 | 287 | 227 | 277

e. quatre-vingt-dix-huit
42018 | 4 218 | 188 | 88 | 98 | 198

f. cinq-cent-cinquante-et-un
151 | 451 | 550 | 551 | 521 | 501

g. trois-cent-quatre-vingt-dix-neuf
342019 | 389 | 399 | 310099 | 309 | 390

h. quatre-cent-quarante-quatre
4100404 | 440 | 404 | 4 404 | 444 | 484

2 ★ **Associe chaque nombre en chiffres à son écriture en lettres.**

a. 368 : trois-cent-dix-huit
trois cent soixante huit
trois-cent-soixante-huit

b. 131 : cent-trois-un
un-cent-trente-et-un
cent-trente-et-un

c. 593 : cinq-cent-quatre-vingt-trois
cinq-cent-quatre-vingt-treize
cinq-cent-treize

d. 439 : quatre-cent-trente
quatre-cent-neuf
quatre-cent-trente-neuf

3 ★ **Écris les nombres en chiffres.**

a. cent-vingt-sept
b. trois-cent-quatre-vingt-deux
c. quatre-cent-quatre-vingt-dix-neuf
d. deux-cent-cinquante-trois
e. trois-cent-soixante-cinq
f. trois-cent-soixante-quinze

4 ★ **Écris les nombres en lettres.**

246 384 416 198 572 329

5 ★★ **Écris les nombres en chiffres.**

a. cent-six
b. trois-cent-neuf
c. quatre-cent-soixante
d. deux-cent-huit
e. cent-quatre-vingts

6 ★★ **Écris les nombres en lettres.**

205 370 401 79 180 506

7 ★★★ **Combien de numéros de dossards différents à 3 chiffres peut-on former avec ces autocollants ? Écris-les en chiffres puis en lettres.**

5 0 2

Décomposer des nombres

8 ★ **Décompose chaque nombre comme dans l'exemple.**

Ex. : 415 = 400 + 10 + 5

236 384 207 570 192 408

9 ★ **Décompose chaque nombre comme dans l'exemple.**

Ex. : 415 = (4 × 100) + (1 × 10) + 5

164 539 130 408 274 309

10 ★★ **Recompose chaque nombre comme dans l'exemple.**

Ex. : 200 + 80 + 9 = 289

a. 500 + 30 + 4
b. 200 + 60
c. 400 + 8

Ex. : (2 × 100) + (8 × 10) + 9 = 289

d. (3 × 100) + (4 × 10) + 9
e. (1 × 100) + 2
f. (4 × 100) + (7 × 10)

11 ★★ **Recompose chaque nombre pour donner son écriture en chiffres.**

a. (2 × 100) + (2 × 10) + 9
b. 200 + 80
c. (1 × 100) + 4
d. 3 dizaines et 9 unités

12 ★★ PROBLÈME **Trouve l'erreur qui s'est glissée dans l'écriture des nombres de cette légende et corrige-la.**

Le dauphin peut nager jusqu'à cent kilomètres par jour et à deux-cent mètres de profondeur !

DÉFI MATHS

Nous sommes les trois nombres commençant par « cinq » et qui s'écrivent avec six mots-nombres.
Qui sommes-nous ?

Comparer, ranger, encadrer et intercaler les nombres jusqu'à 599

Cherchons

Dans le zoo du Soleil, les vétérinaires font le bilan des soins apportés aux animaux depuis l'ouverture du parc : ils ont pratiqué 342 piqures, 401 bandages et 89 opérations.

- **Range ces actes médicaux du moins pratiqué au plus pratiqué.**
- **Les vétérinaires ont-ils utilisé entre 200 et 300 seringues ou bien entre 300 et 400 seringues ?**

Je retiens

- Pour **comparer des nombres entre 0 et 599**, on compare d'abord les **centaines**, puis au besoin les **dizaines** et enfin les **unités**.

Ex. : 428 < 463 — 428 est **inférieur à** 463.
276 > 271 — 276 est **supérieur à** 271.
342 = 3 c + 4 d + 2 u — 342 est **égal à** 3 c + 4 d + 2 u.
157 ≠ 100 + 40 + 7 — 157 est **différent de** 100 + 40 + 7 (157 ≠ 147).

- On peut **ranger les nombres** :
  – dans l'**ordre croissant** (du plus petit au plus grand) : 324 < 328 < 368 < 381
  – dans l'**ordre décroissant** (du plus grand au plus petit) : 381 > 368 > 328 > 324

- On peut les **encadrer** :
  – à la **dizaine près** : **50** < 58 < **60**
  – à la **centaine près** : **300** < 346 < **400**

- On peut **intercaler** un nombre entre deux autres :

399 — 499 — 599

400 500

Comparer des nombres

1 ★ **Recopie le plus grand nombre de chaque ligne.**

a.	253	421	302	186
b.	341	374	320	359
c.	564	567	563	568
d.	234	432	423	342
e.	210	201	21	120
f.	456	435	471	469

2 ★ **Recopie le plus grand nombre pour connaitre le poids moyen (en kg) d'un éléphanteau à la naissance.**

102 — 12 — 120 — 99 — 109

3 ★ **Complète avec < ou >.**

Rappelle-toi : la pointe du signe pique le plus petit nombre.

a. 468 247
327 359
121 127
198 189

b. 203 302
408 49
150 157
345 354

4 ★ **Complète avec = ou ≠.**

a. 198 .... 100 + 90 + 8
b. 300 + 2 + 40 352
c. 2 c + 7 d + 1 u 371
d. 490 .... 4 c + 9 d
e. 5 + 50 + 400 555
f. 386 .... 6 + 8 d + 3 c

Ranger des nombres

5 **Range les nombres dans l'ordre croissant :** 249 325 157 514 403 86

6 **Range les nombres dans l'ordre décroissant :** 146 23 203 589 394 461

7 **Range les nombres dans l'ordre croissant :** 351 328 309 356 382 323

8 **Range les nombres dans l'ordre décroissant :** 527 584 548 521 549 586

9 PROBLÈME Trois jeunes collectionneurs de coquillages comparent leurs trouvailles de l'année.

a. **Qui a ramassé le plus de coquillages ? Le moins de coquillages ?**

b. **Range les collections de la plus petite à la plus grande.**

c. Vladimir les rejoint et leur dit qu'il a ramassé plus de coquillages que Julie mais moins que Latifa. **Propose un nombre de coquillages pour Vladimir.**

Encadrer et intercaler des nombres

10 **Encadre les nombres à la dizaine près.** *Ex. : 250 < 252 < 260*

234 118 585 463 329

11 **Encadre les nombres à la centaine près.** *Ex. : 200 < 247 < 300*

398 427 186 201 353

12 Damien a fait un exercice d'encadrement de nombres à la dizaine près. **Corrige les encadrements faux.**

a. 420 < 429 < 430
b. 260 < 265 < 280
c. 330 < 347 < 350
d. 190 < 198 < 200
e. 390 < 404 < 410

13 **Complète chaque encadrement avec un nombre qui convient.**

a. 220 < .... < 230
500 < .... < 510
300 < .... < 400
100 < .... < 200

b. 200 < .... < 300
50 < .... < 100
170 < .... < 180
490 < .... < 500

14 **Recopie cette suite de nombres en plaçant chaque étiquette au bon endroit.**

277 324 305 146 482

100 < .... < 200 < .... < 300 < .... < .... < 400 < ....

15 **Complète cette suite avec des nombres qui conviennent.**

324 < .... < 365 < .... < 400 < .... < .... < 464 < ....

DÉFI MATHS

Écris le plus de nombres possible qui s'écrivent avec deux chiffres différents et qui contiennent 5 centaines.

Repérer le rang des nombres jusqu'à 599, les placer sur une droite numérique graduée

Cherchons

- **Quel est le rang du coureur habillé en vert ? Combien de coureurs y a-t-il avant lui ?**
- **Damien est situé avant le coureur rouge, et deux coureurs les séparent. Quel est le rang de Damien ? De quelle couleur sont ses vêtements ?**

Je retiens

- Les nombres peuvent servir à exprimer **un rang**.
  Ex. : Un élément situé à la position n° 9 est en neuvième (9e) position.
  Il a 8 éléments avant lui.
- On peut aussi **placer** les nombres sur **une droite numérique graduée** :

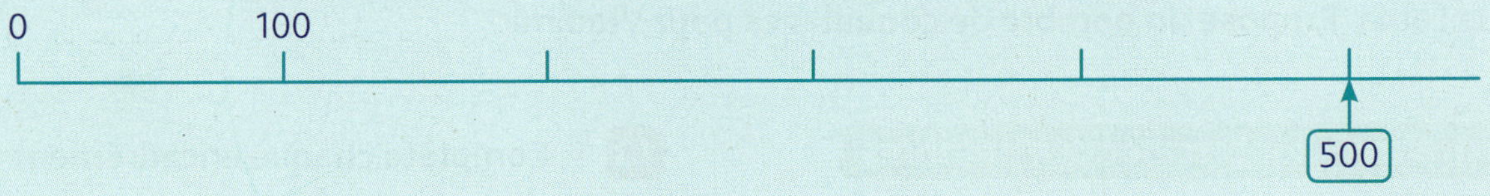

Repérer le rang d'un nombre

1 *

a. **Quel est le rang de la tortue bleue ? Et celui de la tortue rouge ?**

b. **Dessine la file de tortues et colorie la 8^{e} tortue en vert.**

2 *

a. **Quel est le rang de la moto ? Et celui de la voiture violette ?**

b. **Quelle est la couleur de la voiture située deux rangs après le 8e véhicule ?**

3 ** PROBLÈME Lors du sprint de 50 mètres pendant le cours d'EPS, Alexia pensait finir dernière sur les 8 participants, mais il y a eu 4 coureurs après elle au classement final. **En quelle position s'est-elle placée au classement ?**

4 ** PROBLÈME Au concours d'entrée dans son conservatoire de danse, Célia a terminé 5e sur les 10 retenus de cette année. **Combien d'élèves ont été acceptés avant elle ?**

5 ✶✶ PROBLÈME La chienne de Katy a eu des chiots. Ils sont beiges, sauf deux qui sont noirs. Ce sont les 2e et 7e chiots de la portée.
Combien de chiots beiges sont nés entre les deux chiots noirs ?

6 ✶✶✶ PROBLÈME En 2016, à Rio, le nageur français Florent Manaudou était au départ de la course de 50 mètres nage libre, avec 7 autres nageurs. Au classement final de cette épreuve, il y avait 3 nageurs situés entre lui et le 6e nageur.
À quelle place le Français est-il arrivé ce jour-là ?

Placer des nombres sur une droite numérique graduée

7 ✶ **En t'aidant de la droite numérique graduée, recopie chaque étiquette avec la bonne couleur.**

352 | 412 | 15 | 248 | 199 | 99 | 432 | 284 | 180 | 366

8 ✶ **Écris le nombre qui correspond à chaque lettre.**

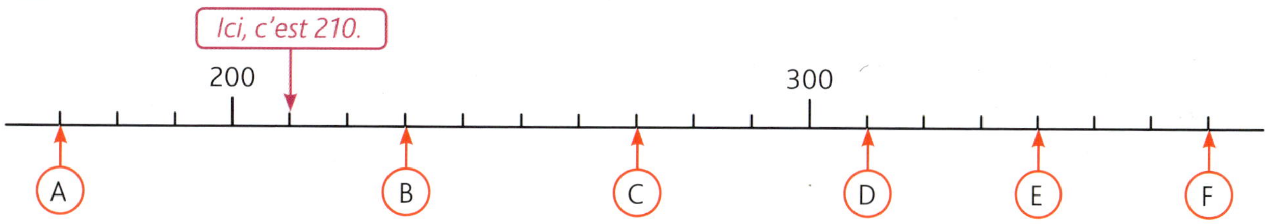

9 ✶✶ **Place sur la droite numérique graduée les nombres suivants :**

400 150 250 300 50

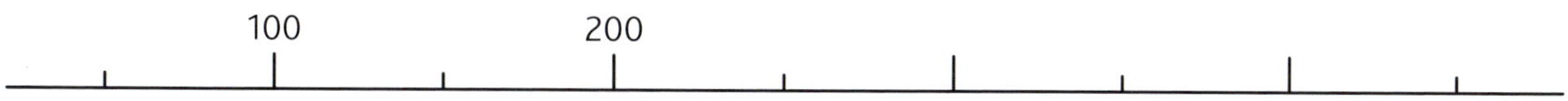

10 ✶✶✶ **Indique si chaque étiquette est bien placée ou mal placée.**

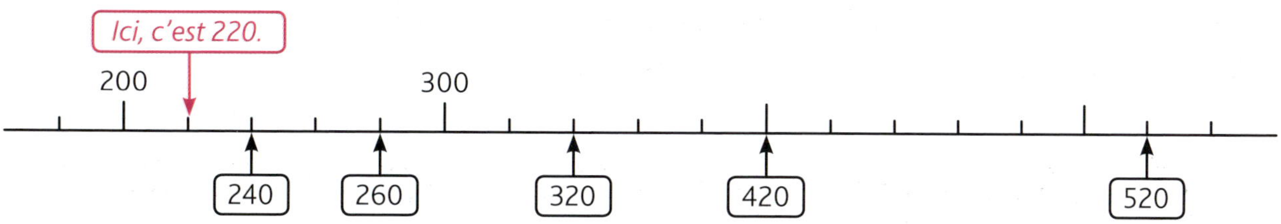

11 ✶✶✶ PROBLÈME Charlotte affirme que pour placer 480, 520 et 580 sur une droite numérique graduée de 10 en 10, il suffit d'une droite portant 10 traits de graduation.
A-t-elle raison ?

DÉFI MATHS

Lisa fait un marathon et elle déclare avant le départ : « Je déteste être encadrée par des gens à la fois devant et derrière moi ! »
Comment peut-elle donc faire pour passer un bon moment pendant la course ?

Lire et écrire les nombres jusqu'à 999

Cherchons

Luis veut emprunter le tome numéro deux-cent-cinquante.

- **De quelle couleur est le livre que Luis veut prendre ?**
- **Écris en lettres le numéro du livre jaune.**

Je retiens

Rappelle-toi :

- Les nombres s'écrivent avec les chiffres 1, 2, 3, 4, 5, 6, 7, 8, 9 et 0.
- En lettres, **774** s'écrit **sept-cent-soixante-quatorze** ; il faut bien penser à **mettre un tiret entre chaque mot-nombre**.
  Les mots-nombres « vingt » et « cent » prennent un « s » au pluriel seulement quand ils sont placés en dernier.
  Ex. : On écrit « quatre-vingt**s** » mais « quatre-**vingt**-dix ».
  On écrit « huit-cent**s** » mais « huit-**cent**-quarante ».

1 ✶ **Associe chaque nombre en lettres à son écriture en chiffres.**

a. neuf-cent-vingt-trois

123 920 910023 932 923 903

b. quatre-cent-cinquante

405 452 450 150 45 400

c. six-cent-soixante-treize

663 6 613 173 673 637 613

d. deux-cent-quatre-vingt-dix-huit

248 348 20098 218 290 298

e. sept-cent-cinquante-cinq

7505 755 7100505 750 705 555

f. huit-cent-quatre-vingt-quinze

880 885 8815 895 81008015 815

g. trois-cent-neuf

3009 39 309 390 3 900 903

2 ✶ **Complète avec la bonne proposition.**

a. En lettres, 463 s'écrit…

quatre-soixante-trois

quatre-cent-soixante-trois

quatre-cent-trente-six

b. En chiffres, cinq-cent-soixante-dix-huit s'écrit…

5 618 510078 578

c. En chiffres, cinq-cent-sept s'écrit…

51007 57 507

3 ✶ **Écris les nombres en chiffres.**

a. deux-cent-vingt-sept
b. cinq-cent-soixante-dix
c. six-cent-huit
d. sept-cent-quatre-vingt-dix-neuf
e. neuf-cent-quatre-vingts

4 ★ **Écris les nombres en lettres.**

869 970 480 207 92 191 700 520

5 ★★ **a. Écris tous les nombres que tu peux former avec ces étiquettes :**

5 8 4

b. Réécris-les en lettres.

6 ★★ **Écris en lettres ces records détenus en 2015.**

	En chiffres
Homme le plus petit du monde	55 cm
Homme le plus grand du monde	251 cm
Homme le plus grand de l'Histoire	272 cm

7 ★★ PROBLÈME Pourquoi le cadenas ne s'ouvre-t-il pas ?
Aide Sylvain à résoudre son problème.

8 ★★ **Complète cette grille en écrivant les nombres en chiffres.**

A deux-cent-quinze
B six-cent-neuf
C six-cent-quarante-deux
D quatre-cent-quatre-vingt-onze
E quatre-cent-soixante-dix-neuf
F cent-quatre-vingts
G trois-cent-soixante-huit
H huit-cent-trois

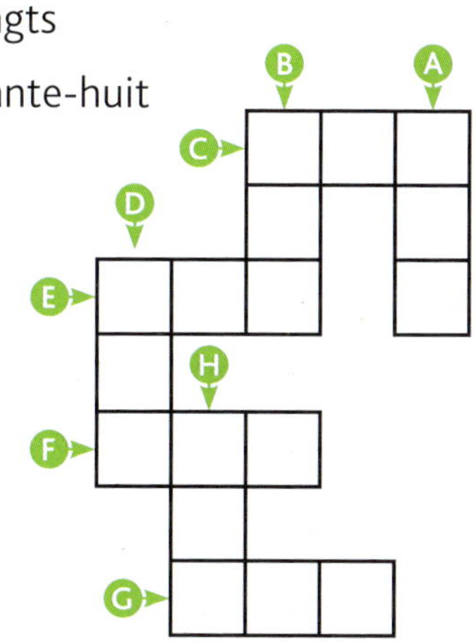

9 ★★ PROBLÈME Le président d'un concours de dessin s'apprête à annoncer le grand gagnant. L'œuvre de Samia porte le numéro 605, celle de Dan, le 645 et celle d'Ysia, le 685. Mais une partie du numéro du gagnant est effacée ! Le président dit : « Il manque un seul mot-nombre ! ».
Qui a gagné ?

10 ★★★ **Recopie les numéros du carton de loto qui n'ont pas encore été appelés.**

208			239	241			275	281
	316	328		348		369		382
400		425	436		457		476	

Les nombres appelés sont :
cinq-cent-huit ;
trois-cent-quarante-huit ;
deux-cent-quatre-vingt-onze ;
deux-cent-quarante-et-un ;
trois-cent-soixante-dix ;
quatre-cents ;
deux-cent-huit ;
quatre-cent-soixante-dix ;
quatre-cent-trente-six ;
deux-cent-quatre-vingts ;
trois-cent-seize ; trois-cent-six.

11 ★★★ **Recopie les nombres en corrigeant les erreurs.**

a. quatre-cents-trante-six
b. deux-cent-quatre-vingt
c. six-cent-quatre-vingts-dix-neuf

DÉFI MATHS

Trouve au moins 5 nombres qui s'écrivent avec 6 mots-nombres différents.

Décomposer les nombres jusqu'à 999

Activités numériques : lienmini.fr/opmce2

Cherchons

Mathéo prépare des lots pour la kermesse du village. Il a commandé des caramels vendus en boites de 100, en sachets de 10 et à l'unité. Il a reçu 6 boites, 8 sachets et 9 caramels.

- **Combien de sachets de 10 caramels pourra-t-il préparer ?**

Je retiens

- *Rappelle-toi :* La **décomposition** en **centaines**, **dizaines** et **unités** peut s'écrire de différentes façons.

Ex. : 774

Centaines c	Dizaines d	Unités u
7	7	4

774 = 700 + 70 + 4
774 = (7 × 100) + (7 × 10) + 4

- Dans chaque nombre, **une centaine** représente **10 dizaines**, **une dizaine** représente **10 unités**. Il ne faut donc pas confondre **chiffre** et **nombre** :
  – dans 638, le **chiffre des dizaines** est **3**, mais le **nombre de dizaines** est **63** ;
  – dans 638, le **chiffre des unités** est **8**, mais le **nombre d'unités** est **638**.

1 ★ **a. Aide ce vendeur à compter chaque marchandise de son présentoir.**

Ex. : Cahiers → 600 + 30 + 3 = ...

b. Le vendeur a aussi reçu 845 pinceaux. **Dessine les paquets de 100, de 10 et les pinceaux à l'unité reçus.**

2 ★ **Décompose chaque nombre comme dans l'exemple.**

Ex. : 238 = 200 + 30 + 8

519 498 605 340 106 723 92

3 ★ **Décompose chaque nombre comme dans l'exemple.**

Ex. : 238 = (2 × 100) + (3 × 10) + 8

688 186 205 802 736 410

4 ★ **Recompose chaque nombre comme dans l'exemple.**

Ex. : 200 + 30 + 8 = 238

a. 900 + 50 + 7 **c.** 600 + 70 + 7
b. 100 + 20 **d.** 700 + 9

5 ★ **Calcule cette somme d'argent.**

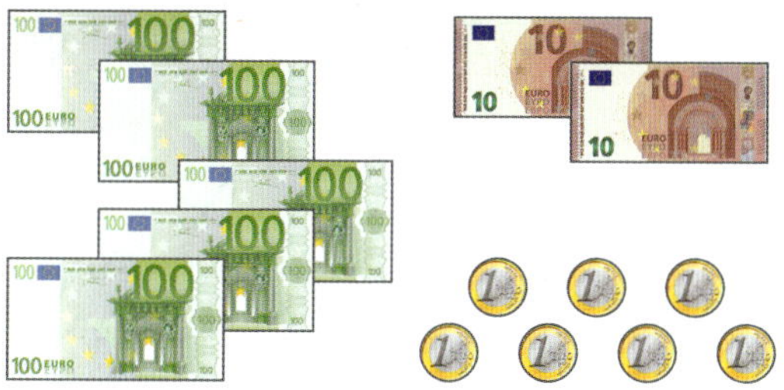

6 ★ **Recompose chaque nombre comme dans l'exemple.**

Ex. : $(2 \times 100) + (3 \times 10) + 8 = 238$

a. $(9 \times 100) + (9 \times 10) + 9$
b. $(7 \times 100) + 4$
c. $(6 \times 100) + (9 \times 10)$
d. $(1 \times 100) + (2 \times 10) + 8$
e. $(2 \times 100) + 2$
f. $(8 \times 100) + (1 \times 10) + 2$
g. $(2 \times 10) + (5 \times 100) + 9$
h. $(6 \times 10) + (9 \times 100)$
i. $(4 \times 100) + 8 + (4 \times 10)$

7 ★★ **Associe chaque nombre à sa décomposition.**

530 806 987 61 907 320 279

a. $(8 \times 100) + 6$
b. $300 + 20$
c. 6 dizaines et 1 unité
d. $(5 \times 100) + (3 \times 10)$
e. $(9 \times 100) + 7$
f. $200 + 70 + 9$
g. 9 c 8 d 7 u

8 ★★ **Corrige les égalités qui sont fausses.**

a. 8 c 6 d 1 u = $(6 \times 10) + (8 \times 100) + 1$
b. 3 c 7 d 3 u = $(3 \times 10) + (7 \times 100) + 3$
c. 5 d 4 c 9 u = $9 + 400 + 50$
d. 2 u 6 d 7 c = $700 + 60 + 2$
e. 1 c 4 u = $100 + 40$
f. 6 u 1 d = $10 + 6$

9 ★★ PROBLÈME

Combien d'œufs cette femelle a-t-elle pondus ?

10 ★★★ **Associe les décompositions égales.**

8 c 5 d 1 u •	• 506 u
9 c 7 d 3 u •	• 26 d 5 u
2 c 6 d 5 u •	• 1 u 85 d
4 u 3 d 9 c •	• 9 c 73 u
8 c 7 d •	• 93 d 4 u
6 u 5 c •	• 87 d

11 ★★★ **Recompose chaque nombre.**

a. $200 + 30 + 100 + 4 + 50 + 2$
b. $300 + 1 + 70 + 6 + 500$
c. $20 + 4 + 60 + 700 + 3$
d. $2 + 500 + 1 + 3 + 400 + 3$

12 ★★★ **Calcule cette somme d'argent.**

DÉFI MATHS

J'ai 6 dizaines, 3 centaines et 1 unité de moins que 370.
Qui suis-je ?

Comparer et ranger les nombres jusqu'à 999

Cherchons

Inès, Nabil et Bastien jouent à un jeu de société. À la fin de la partie, ils comptent leur argent :

Inès
4 billets de 
3 billets de 
3 pièces de 

Nabil
4 billets de 
3 billets de 
8 pièces de 

Bastien
4 billets de 
9 pièces de 
2 billets de 

- **Qui a gagné ?**

Je retiens

Rappelle-toi :

- Pour **comparer des nombres entre 0 et 999**, on compare d'abord les **centaines**, puis au besoin les **dizaines** et enfin les **unités**.

Ex. : 736 < 742 — 736 est **inférieur à** 742.
798 > 792 — 798 est **supérieur à** 792.
892 = 800 + 90 + 2 — 892 est **égal à** 800 + 90 + 2.
659 ≠ 600 + 50 + **8** — 659 est **différent de** 600 + 50 + 8.

- On peut **ranger les nombres** :
  – dans l'**ordre croissant** : 912 < 928 < 936 < 942
  – dans l'**ordre décroissant** : 942 > 936 > 928 > 912

Comparer des nombres

1 ✶ **Recopie le plus petit nombre de chaque ligne.**

a.	501	299	301	199
b.	436	438	432	435
c.	704	740	470	47
d.	59	509	905	95
e.	286	268	280	267
f.	393	395	391	401
g.	325	352	253	235

2 ✶ **Parmi ces tours figure la plus haute tour du monde. Laquelle est-ce ?**

Empire State Building : 443 m

Tour Burj Khalifa : 828 m

Tour Ostankino : 540 m

Tour Eiffel : 324 m

C'est cette tour qui est la plus haute.

3 ✶ **Complète avec < ou >.**

a. 98 .... 342 b. 597 .... 604 c. 369 .... 367 d. 748 728

4 Complète avec <, > ou =.

a. 800 + 95 .... 800 + 59

b. 743 .... 700 + 40 + 3

c. 201 .... 200 + 10

d. 900 + 8 + 40 .... 900 + 8 + 70

5 Complète avec = ou ≠.

a. 567 .... 500 + 60 + 7

b. 874 .... 80 + 700 + 4

c. 700 + 20 + 3 .... (2 × 10) + (7 × 100) + 3

d. 6 u + 4 d + 9 c .... 600 + 40 + 9

Ranger des nombres

6 Range dans l'ordre croissant :

621 48 901 116 899

7 Range dans l'ordre décroissant :

780 42 800 943 122

8 Range dans l'ordre croissant :

a. 501 51 511 151 515 551

b. 247 236 225 298 241 99

9 Range dans l'ordre décroissant :

a. 428 434 482 344 430 480

b. 325 253 352 523 235 532

10 PROBLÈME Kevin veut classer ses livres en fonction de leur nombre de pages.

Aide-le en les rangeant dans l'ordre décroissant.

11 PROBLÈME Dans le parc du Puy du Fou, Emma a parcouru la fauconnerie pour compter tous les oiseaux.

Lucas a-t-il raison ?

12 Recopie ces nombres rangés dans l'ordre décroissant et corrige les erreurs.

957 > 925 > 849 > 850 > 824 > 820 > 790 > 760 > 771 > 730

13 Range ces décompositions dans l'ordre croissant.

200 + 50 + 6 500 + 8 + 20 200 + 40 + 6 20 + 500 + 6 200 + 60 50 + 20 + 6

DÉFI MATHS

Mike a 150 euros dans son portefeuille. Cathy a 200 euros. James dit qu'il n'a que des billets de 10 euros et qu'il a plus d'argent que Mike mais moins que Cathy.

Que peut contenir le portefeuille de James ? Donne toutes les possibilités.

Encadrer et intercaler les nombres jusqu'à 999, les placer sur une droite numérique graduée

Cherchons

- Es-tu d'accord avec ce que dit la cliente ?
- Le prix de l'ordinateur bleu est compris entre 600 et 700 euros. Quelle est la bonne étiquette ?

Je retiens

- *Rappelle-toi* : On peut **encadrer les nombres** :
  – à la **dizaine près** : **50** < 58 < **60**
  – à la **centaine près** : **700** < 782 < **800**
- On peut aussi les **placer** sur une **droite numérique graduée** :

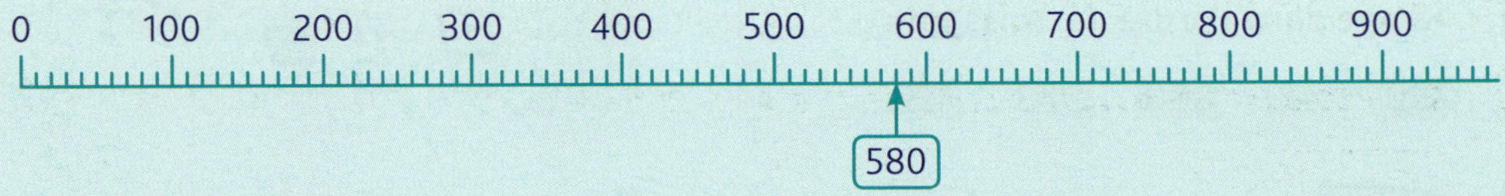

- Lorsqu'on **intercale** un nombre entre deux autres, il faut bien vérifier qu'il est plus grand que le précédent et plus petit que le suivant.
  Ex. : 400 < 452 < 500 car 452 > 400 et 452 < 500

Encadrer et intercaler des nombres

1 ✶ **Recopie seulement les nombres compris entre 350 et 420.**

332 351 405 400 423
409 300 430 379 472

2 ✶ **Encadre les nombres :**

a. **à la dizaine près ;** *Ex. : 340 < 345 < 350*

18 72 874 701 336 698

b. **à la centaine près.** *Ex. : 300 < 366 < 400*

551 786 102 673 495 830

3 ✶ **Complète chaque encadrement avec un nombre qui convient.**

a. 700 < .... < 800
500 < .... < 600
680 < .... < 690

b. 230 < .... < 240
950 < .... < 960
800 < .... < 810

4 ✶✶ **Recopie cette suite de nombres en plaçant chaque étiquette au bon endroit.**

Attention, il peut y avoir deux nombres dans le même intervalle, et tous les intervalles ne sont pas à remplir.

683 847 951 508 625

.... < 600 < .... < 700 < .... < 800 < .... < 900 < ....

5 ✶✶ **Indique si les encadrements sont justes ou faux, et corrige les erreurs.**

a. 290 < (3 × 100) < 320
b. 253 < (3 × 100) + (5 × 10) + 4 < 353
c. 700 < (5 × 10) + 9 + (6 × 100) < 800
d. 652 < (6 × 100) + (6 × 10) < 662

Repérer le rang d'un nombre

6 ★ PROBLÈME Dina et Camille participent au marathon de Paris. Elles terminent respectivement à la 857e et à la 864e place. **Combien de coureurs sont arrivés entre elles ?**

7 ★★ PROBLÈME En 2009, c'était le 220e anniversaire de la prise de la Bastille. **Quel était l'anniversaire de la prise de la Bastille en 2017 ?**

8 ★★★ PROBLÈME

En quelle position passera son avant-dernier élève ?

Placer des nombres sur une droite numérique graduée

9 ★ **Écris le nombre qui correspond à chaque lettre.**

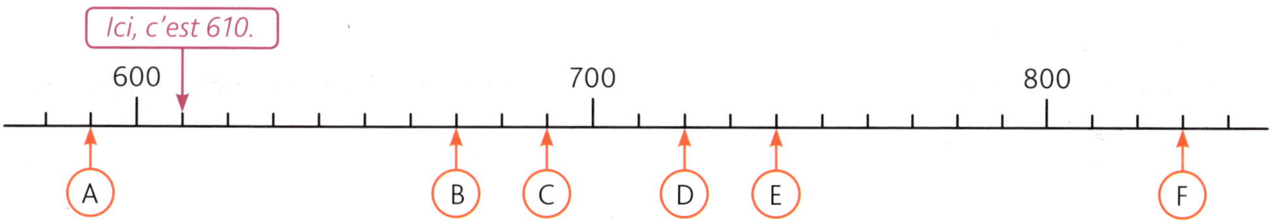

10 ★ **En t'aidant de la droite numérique graduée, recopie chaque étiquette avec la bonne couleur.**

750 | 500 | 84 | 432
280 | 611 | 598 | 810

11 ★★ **Choisis la bonne droite numérique graduée pour recopier les 3 étiquettes sur la même droite.**

520 | 600 | 580

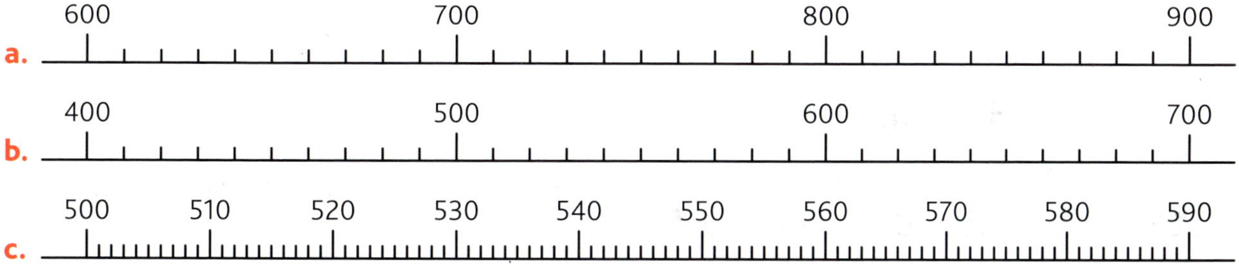

DÉFI MATHS

Je suis un nombre pair, compris entre 435 et 441, dont la somme des chiffres est égale à 8. **Qui suis-je ?**

Je révise

Dénombrer et constituer des collections

1 ★ **Indique le nombre de billes de chaque couleur.**

Ex. : Billes bleues → 400 + 30 + 5 = ….

2 ★ Clara a gagné le premier prix d'un concours de sculpture. Dans le lot qu'elle a remporté, elle a gagné 542 autocollants, rangés dans des paquets de 100, des sachets de 10 et à l'unité. **Dessine le nombre de paquets de 100, de sachets de 10 et d'autocollants à l'unité qu'elle a gagnés.**

3 ★★ **Calcule cette somme d'argent.**

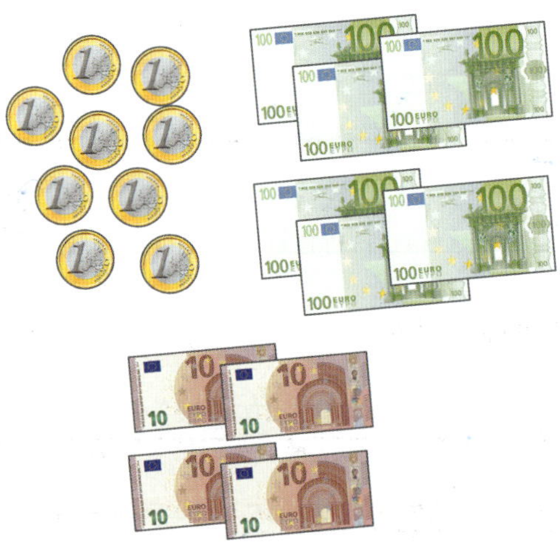

Lire, écrire et décomposer des nombres

4 ★ **Écris les nombres en lettres.**

854 412 703 894 573 281

5 ★ **Écris les nombres en chiffres.**

a. cinq-cent-vingt-huit
b. deux-cent-soixante
c. huit-cent-un
d. quatre-cent-quatre-vingt-douze
e. six-cent-soixante-dix
f. trois-cent-quatre-vingt-dix-neuf

6 ★ **Décompose chaque nombre comme dans l'exemple.** *Ex. : 228 = 200 + 20 + 8*

437 816 294 540 906 333

7 ★ **Décompose chaque nombre comme dans l'exemple.** *Ex. : 228 = (2 × 100) + (2 × 10) + 8*

375 257 941 683 460 702

8 ★★ **Recompose chaque nombre.**

a. 400 + 80 + 9
b. 200 + 30 + 1
c. 700 + 6
d. 500 + 20
e. 30 + 6 + 800
f. 90 + 100 + 3
g. (3 × 100) + (4 × 10) + 7
h. (5 × 100) + (2 × 10)
i. (9 × 10) + (6 × 100) + 5
j. 4 + (8 × 100)

9 ★★ PROBLÈME Lenny a ramassé 438 coquillages pendant ses vacances. **Combien de sachets de 10 coquillages peut-il réaliser ?**

Comparer des nombres

10 ✶ **Complète avec < ou >.**

a. 529 264
b. 139 189
c. 648 643
d. 206 260
e. 953 935
f. 499 501

11 ✶ **Complète avec = ou ≠.**

a. 903 .... 900 + 30
b. 486 .... 80 + 400 + 6
c. 299 .... 20 + 900 + 9
d. (3 × 100) + (5 × 10) + 7 357

12 ✶ PROBLÈME Depuis qu'elles sont petites, Julie a peint 6 paquets de 10 figurines et 8 cartons de 100, et Samantha en a peint 8 paquets de 10 et 6 cartons de 100.
Qui a peint le plus de figurines ?

Ranger des nombres

13 ✶ **Range dans l'ordre croissant :**

295 529 952 259 592 925

14 ✶✶ **Range dans l'ordre décroissant :**

638 624 687 631 69 690

Encadrer et intercaler des nombres

15 ✶ **Encadre les nombres à la centaine près.**

582 860 245 603 350 799

16 ✶ **Encadre les nombres à la dizaine près.**

54 481 265 929 306 691

17 ✶✶ **Recopie cette suite de nombres en plaçant chaque étiquette au bon endroit.**

357 501 249 490 316

200 < .... < 300 < .... < .... < 400 < .... < 500 < ....

Repérer le rang des nombres, les placer sur une droite numérique graduée

18 ✶ PROBLÈME
Sur 20 participants, Coline est arrivée 15e.
Combien de participants y avait-il après elle ?

19 ✶ **Écris le nombre qui correspond à chaque lettre.**

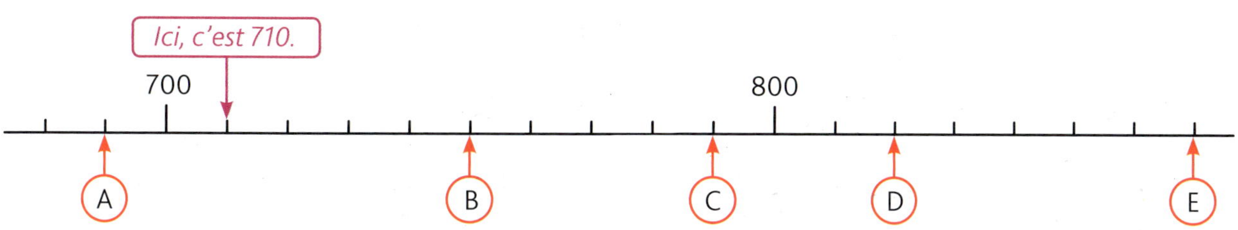

20 ✶ **Indique si chaque étiquette est bien placée ou mal placée.**

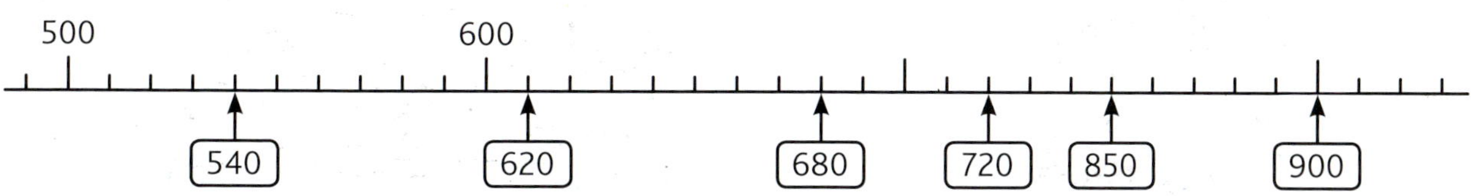

NOMBRES

Lire et écrire les nombres jusqu'à 9 999

Cherchons

Il y avait 999 passagers sur le ferry. Un nouveau passager monte à bord.

- **Combien de passagers y aura-t-il après l'embarquement du passager supplémentaire ? Des 10 prochains ? Des 100 prochains ?**

Je retiens

- Les nombres de **1 000** à **9 999** ont **4 chiffres**.

Classe des mille	Classe des unités		
unités de mille	centaines	dizaines	unités
8	7	3	4

- Pour **lire plus facilement les nombres en chiffres**, on **ajoute un espace** entre la classe des unités et la classe des mille (sauf pour les dates).
  Ex. : ~~8734~~ → 8 734 *Ex. :* ~~juin 2 020~~ → juin 2020
- On ajoute le mot **« mille »** à la fin de la classe des mille.
  Ex. : 8 734 se lit « huit-mille-sept-cent-trente-quatre ».
  7 423 se lit « sept-mille-quatre-cent-vingt-trois ».
  Attention : On ne met jamais de « s » au mot « mille ».
  Ex. : Les travaux ont couté cinq-mille euros.
- Lorsqu'on écrit les nombres en lettres, on met un **trait d'union entre chaque mot-nombre**.

1 ★ **Associe chaque nombre en lettres à son écriture en chiffres.**

a. mille-cinq-cent-soixante-trois

1000563 563 1 063 1 503 1 560 1 163 1 563

b. mille-deux

2 102 1 002 1 202 2 001 1 200 10 200 1 102

c. sept-mille-cent

7 001 70 100 7 100 1 700 1 701 7000100 1 107

d. deux-mille-vingt-quatre

22 424 4 224 2 424 2 402 2 024 2 400 2 204

2 ✶ **Associe chaque nombre en chiffres à son écriture en lettres.**

a. 7 613 — sept-mille-soixante-treize / sept-mille-six-cents-treize / sept-mille-six-cent-treize

b. 2 800 — deux-mille-huit-cents / deux-milles-huit-cents / deux-mille-huit-cent

3 ✶ **Écris les nombres en chiffres.**

N'oublie pas l'espace entre les classes.

a. neuf-mille-deux-cent-cinquante
b. quatre-mille-six-cent-vingt
c. sept-mille-trois-cent-vingt-six
d. trois-mille-huit-cent-soixante

4 ✶ **Écris les nombres en lettres.**

7 218 — 2 999 — 8 724 — 3 705
5 472 — 9 613 — 6 241 — 1 111

5 ✶ **Écris en chiffres l'altitude de ces volcans.**

Etna : trois-mille-trois-cent-trente mètres

Vésuve : mille-deux-cent-vingt-et-un mètres

Galeras : quatre-mille-deux-cent-soixante-seize mètres

6 ✶✶ **Écris les nombres en chiffres.**

a. sept-mille
b. mille-quarante-trois
c. trois-mille-soixante-sept
d. six-mille-huit

7 ✶✶ **Écris les nombres en lettres.**

a. 4 208 — 3 056 — 9 005 — 6 720 — 8 040 — 6 100 — 2 090

b. 5 309 — 3 509 — 9 053 — 3 950 — 9 035 — 3 009 — 5 905

8 ✶✶ PROBLÈME **Avec ces quatre étiquettes, forme le plus grand nombre possible, puis le plus petit. Écris ces nombres en chiffres et en lettres :** 7 1 8 5

9 ✶✶ **Complète cette grille en écrivant les nombres en chiffres.**

Horizontalement

ⓐ cinq-mille-six-cent-quatre-vingt-trois
ⓑ mille-huit-cent-trente-cinq
ⓒ quatre-mille-sept-cent-un
ⓓ deux-mille-trois

Verticalement

Ⓐ cinq-mille-cent-quarante-deux
Ⓑ six-mille-huit-cent-soixante-dix
Ⓒ huit-mille-trois-cents
Ⓓ trois-mille-cinq-cent-treize

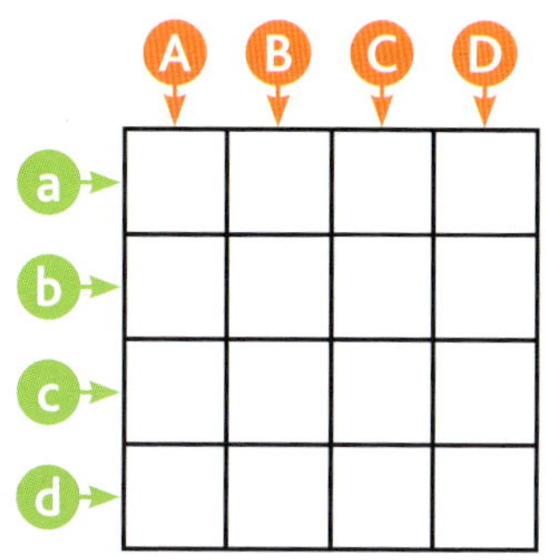

DÉFI MATHS

Trouve un nombre à quatre chiffres qui contient le plus de mots-nombres différents possible. Écris-le en lettres, puis en chiffres.

Décomposer les nombres jusqu'à 9 999

Activités numériques :
lienmini.fr/opmce2

Cherchons

À la caisse du cinéma, Danaë a reçu les nouveaux tickets.
Ils sont rangés dans :
– 4 cartons de 1 000 tickets ;
– 6 boites de 100 tickets ;
– 3 planches de 10 tickets.

- **Elle doit les ranger dans des pochettes de 100 tickets. Combien de pochettes pleines y aura-t-il ?**

Je retiens

- La **décomposition des nombres de 1 000 à 9 999** peut s'écrire de différentes façons.

Classe des mille	Classe des unités		
unités de mille	centaines	dizaines	unités
9	6	4	5

9 645 = 9 000 + 600 + 40 + 5
9 645 = (9 × 1 000) + (6 × 100) + (4 × 10) + 5

- Il faut bien distinguer **chiffre** et **nombre** :
  – dans 9 645, le **chiffre des centaines** est **6**, mais le **nombre de centaines** est **96** ;
  – dans 9 645, le **chiffre des dizaines** est **4**, mais le **nombre de dizaines** est **964** ;
  – dans 9 645, le **chiffre des unités** est **5**, mais le **nombre d'unités** est **9 645**.

1 ★ **Décompose chaque nombre comme dans l'exemple.**

Ex. : 4 238 = 4 000 + 200 + 30 + 8

2 345	9 599	1 523	7 869
6 472	8 879	7 952	4 216

2 ★ **Décompose chaque nombre comme dans l'exemple.**

Ex. : 4 238 = (4 × 1 000) + (2 × 100) + (3 × 10) + 8

5 742	6 334	2 198	1 711
8 884	7 654	3 626	4 987

3 ★ **Recompose chaque nombre comme dans l'exemple.**

Ex. : 2 000 + 400 + 30 + 8 = 2 438

a. 4 000 + 200 + 20 + 3
b. 7 000 + 30 + 8
c. 2 000 + 90
d. 1 000 + 1

4 ★ **Recompose chaque nombre comme dans l'exemple.**

Ex. : (2 × 1 000) + (3 × 100) + 8 = 2 308

a. (6 × 1 000) + (2 × 100) + (3 × 10) + 4
b. (3 × 1 000) + (1 × 100) + (8 × 10) + 9
c. (6 × 1 000) + (5 × 10) + 1
d. (1 × 1 000) + (2 × 100) + 6

5 ★ Gabin a fait un exercice de mathématiques mais il y a des erreurs. **Corrige-les.**

Décompose les nombres.
4 562 = 4 000 + 500 + 60 + 2
6 247 = 6 000 + 200 + 4 + 7
9 713 = 900 + 7 000 + 10 + 3

6 Décompose chaque nombre comme dans l'exemple.

Ex. : 5 306 = 5 000 + 300 + 6

6 902 | 3 280 | 7 025 | 9 608 | 4 050 | 1 007 | 2 900

7 Décompose chaque nombre comme dans l'exemple.

Ex. : 4 038 = (4 × 1 000) + (3 × 10) + 8

2 015 | 1 809 | 2 940 | 4 008 | 6 090 | 8 300 | 7 031

8 Recompose chaque nombre.

a. 6 000 + 40 + 800 + 9
b. 500 + 3 + 2 000 + 60
c. 3 000 + 2 + 70
d. 900 + 8 + 4 000
e. (3 × 10) + (7 × 1 000)
f. 6 + (2 × 100) + (5 × 1 000)
g. (8 × 10) + 9 + (2 × 1 000)
h. 1 + (7 × 1 000)

9 Associe chaque nombre écrit avec m, c, d, u à sa décomposition.

3 m 5 c 3 d 4 u | 1 c 8 d 7 u | 3 u 9 m 6 c | 1 m 8 d 7 u | 8 m 6 u | 7 d 2 c

a. 600 + 9 000 + 3
b. 200 + 70
c. (3 × 1 000) + (5 × 100) + (3 × 10) + 4
d. 80 + 100 + 7
e. 7 + 80 + 1 000
f. (8 × 1 000) + 6

10 Pour chaque nombre, indique le nombre de dizaines.

3 529 | 7 680 | 5 067 | 2 009

11 Pour chaque nombre, indique le nombre de centaines.

1 427 | 2 683 | 7 041 | 952

12 PROBLÈME Jamie la Terreur et Black Sammy ont découvert sur l'ile des Promesses un trésor de 2 700 pièces d'or. **Pour rapporter leur butin sur leur bateau, combien de sacs de 100 pièces doivent-ils prévoir ?**

13 Associe les décompositions égales.

6 m 8 c 4 d 2 u •	• 486 d 2 u
6 c 8 d 4 u •	• 68 c 2 u
4 m 8 c 6 d 2 u •	• 48 c 2 d 6 u
6 m 8 c 2 u •	• 68 d 2 u
4 m 8 c 2 d 6 u •	• 68 c 4 d 2 u
6 c 8 d 2 u •	• 68 d 4 u

14 PROBLÈME Si l'on voulait représenter les intestins d'un être humain avec des bandes de papier, il faudrait utiliser environ 70 bandes de 10 cm. **Combien de centimètres les intestins d'un être humain mesurent-ils en tout ?**

DÉFI MATHS

Valentin le bucheron a coupé 2 345 buches. Il veut les stocker dans des cagettes de 10, des palettes de 100 et des remorques de 1 000 buches. **Sachant qu'il veut avoir moins de 10 buches non rangées, trouve au moins deux façons de ranger les buches de Valentin.**

Comparer, ranger et encadrer les nombres jusqu'à 9 999

Cherchons

Au club de football, Samir, Noah et Clara s'entrainent à tirer au but. Voici les scores après l'exercice :

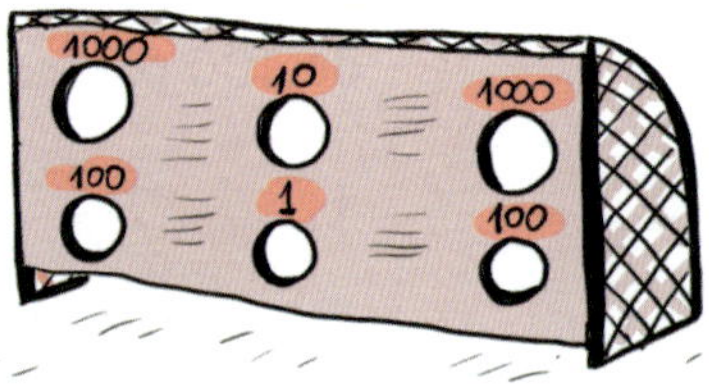

- **Range les scores du plus grand au plus petit.**

Je retiens

- Pour **comparer des nombres entre 1 000 et 9 999**, on compare les **unités de mille**, puis au besoin les **centaines**, les **dizaines** et enfin les **unités**.

Ex. : 2 083 < 3 410 — 2 083 est **inférieur à** 3 410.
4 882 > 3 072 — 4 882 est **supérieur à** 3 072.
7 452 = 7 000 + 400 + 50 + 2 — 7 452 est **égal à** 7 000 + 400 + 50 + 2.
5 6**80** ≠ 5 000 + 600 + **8** — 5 680 est **différent de** 5 000 + 600 + 8.

Rappelle-toi :

- On peut **ranger les nombres** :
  - dans l'**ordre croissant** : 1 105 < 2 083 < 3 410 < 5 807
  - dans l'**ordre décroissant** : 5 807 > 3 410 > 2 083 > 1 105
- On peut les **encadrer** : **2 000** < 2 083 < **3 000**
- Lorsqu'on **intercale** un nombre entre deux autres, il faut bien vérifier qu'il est plus grand que le précédent et plus petit que le suivant.
- On peut aussi les **placer** sur une **droite numérique graduée** :

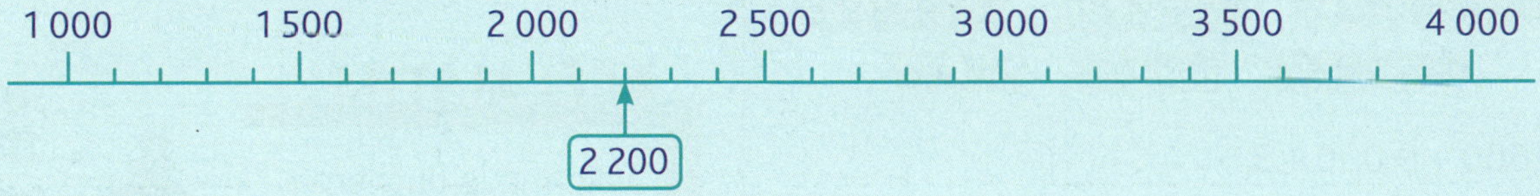

Comparer et ranger des nombres

1 ⋆ **Recopie le plus grand nombre de chaque ligne.**

a.	8 425	5 604	7 124	9 901	1 275
b.	7 010	6 999	6 099	7 001	6 900
c.	6 040	6 004	6 400	6 044	6 404

2 ⋆ **Complète avec < ou >.**

a. 7 412 .... 8 541
3 427 .... 1 289
9 804 .... 9 408
2 003 .... 3 002

b. 5 127 .... 5 147
6 089 .... 6 809
4 865 .... 4 856
9 888 .... 8 999

3 ⁑ **Complète avec = ou ≠.**

a. 5 674 .... 5 000 + 600 + 70 + 4
b. 500 + 80 + 3 + 9 000 .... 5 839
c. 8 000 + 300 + 20 + 7 .... 8 317
d. 6 048 .... 8 + 40 + 6 000
e. 3 000 + 40 + 800 .... 3 804
f. 5 930 .... 30 + 5 000 + 900

4 ⁑ **Range les nombres dans l'ordre décroissant.**

3 098	3 248	3 056	3 105
3 200	3 408	3 150	3 048

Encadrer et intercaler des nombres

5 ⁎ **Recopie seulement les nombres compris entre 7 820 et 7 920.**

7 862	7 884	7 951	7 816
7 916	6 860	7 990	7 890

6 ⁑ **Encadre les nombres à la centaine près.**

Ex. : 2 500 < 2 550 < 2 600

3 210	6 759	5 128	9 599
8 870	1 044	3 028	4 647

Repérer le rang des nombres, les placer sur une droite numérique graduée

7 ⁎ PROBLÈME Clémence et Kalil participent à un concours national de dictée. Au classement général, Kalil termine à la 1 459e place et Clémence, à la 1 560e place. **Combien de participants se sont classés entre eux deux ?**

8 ⁎ **Place ces dates d'invention sur la droite numérique graduée, puis entoure l'invention la plus ancienne.**

Machine à coudre
1830

Automobile
1770

Télévision en couleurs
1950

Balance de Roberval
1670

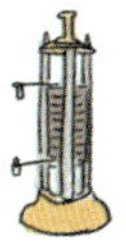
Pile électrique
1800

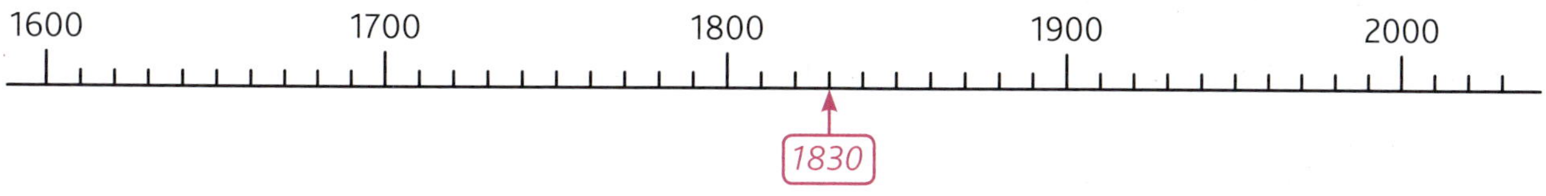

9 ⁎ **Indique si chaque étiquette est bien placée ou mal placée.**

Ex. : 1 100 est bien placé.

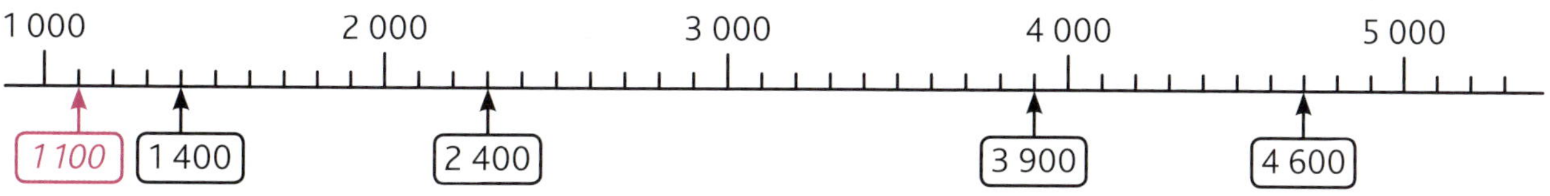

DÉFI MATHS

Paul a perdu le code de son cadenas de vélo.
Aide-le à le retrouver en te servant de ces indices.

- *C'est un nombre à 4 chiffres.*
- *Il est compris entre 4 560 et 4 600.*
- *Il se termine par 5.*
- *Le chiffre de ses dizaines est 9.*

Je révise

Lire, écrire et décomposer des nombres

1 ★ **Écris en lettres le nombre de places de chaque parking.**

Parking A : 891 places
Parking B : 2 404 places

2 ★ **Écris les nombres en chiffres.**

a. cent-trois
b. deux-cent-soixante-quatorze
c. quatre-mille-vingt-six

3 ★ **Décompose chaque nombre comme dans l'exemple.**

Ex. : 6 230 = 6 000 + 200 + 30

5 823 — 2 739 — 4 150 — 8 060 — 6 209

4 ★ **Associe chaque nombre à la bonne décomposition.**

a. deux-mille-trois-cent-dix-sept

$(2 \times 1\,000) + (3 \times 10) + 7$
$(2 \times 1\,000) + (3 \times 100) + (1 \times 10) + 7$
$(2 \times 1\,000) + (3 \times 100) + (7 \times 10)$

b. quatre-mille-cinq-cent-vingt-et-un

$(4 \times 1\,000) + (5 \times 100) + (2 \times 10) + 1$
$(4 \times 1\,000) + (5 \times 100) + 1$
$(4 \times 1\,000) + (2 \times 10) + 1$

c. huit-mille-trois-cent-onze

$(8 \times 1\,000) + (3 \times 100) + 1$
$(8 \times 1\,000) + (3 \times 100) + (1 \times 10) + 1$
$(8 \times 1\,000) + (3 \times 10) + 1$

5 ★★ **Jules a décomposé ces nombres, mais il s'est parfois trompé. Corrige les décompositions fausses.**

a. $2\,521 = (2 \times 1\,000) + (5 \times 100) + (2 \times 10) + 1$
b. $1\,205 = 1\ m + 2\ d + 5\ u$
c. $3\,085 = (3 \times 1\,000) + 5 + (8 \times 10)$
d. $3\,700 = 3\,000 + 7\,000$

6 ★★ **Recompose chaque nombre.**

a. $(3 \times 1\,000) + (6 \times 100) + (4 \times 10) + 9$
b. $(3 \times 100) + 8 + (2 \times 10) + (7 \times 1\,000)$
c. $(5 \times 1\,000) + 4 + (9 \times 100)$
d. $5 + (4 \times 1\,000) + (6 \times 100)$
e. $(8 \times 10) + (5 \times 100) + (9 \times 1\,000) + 1$

7 ★★ **Utilise toutes les étiquettes pour écrire un nombre en lettres, puis réécris-le en chiffres.**

dix — quatre — neuf — cent — mille

8 ★★ **Recopie chaque nombre, souligne le chiffre des dizaines et entoure le nombre de dizaines.**

234 — 456 — 2 345 — 7 809 — 5 670

9 ★★ **Recopie chaque nombre, souligne le chiffre des centaines et entoure le nombre de centaines.**

1 430 — 2 456 — 4 099 — 107 — 6 000

Comparer et ranger des nombres

10 ★ **Range dans l'ordre croissant.**

3 763 — 1 101 — 1 099 — 3 765 — 529

11 ★ **Complète avec < ou >.**

a. 8 654 .... 8 645
b. 8 604 .... 8 640
c. 2 541 .... 2 451
d. 2 514 .... 2 154
e. 9 634 .... 9 643
f. 8 420 .... 8 240

12 Complète avec = ou ≠.

a. 300 + 20 + 1 .... 300 + 21

b. 4 000 + 400 + 4 .... 4 400 + 44

c. (5 × 1 000) + (5 × 100) + (5 × 10) + 5 .... 5 000 + 50 + 505

d. 2 m + 4 c + 1 .... 2 000 + 40 + 1

e. 46 c 38 u .... 4 m 638 u

13 Range les nombres dans l'ordre décroissant.

4 802 4 283 4 823 4 832 4 382 4 830 4 803 4 328

14 Complète avec < ou >.

a. (1 × 100) + 4 .... (1 × 100) + (4 × 10)

b. (3 × 100) + (6 × 10) + 3 .... (3 × 100) + 6

c. (5 × 1 000) + (5 × 10) .... (5 × 100) + (5 × 1 000)

d. (6 × 100) + 9 + (2 × 1 000) .... (2 × 1 000) + (9 × 100)

Encadrer et intercaler des nombres

15 Encadre les nombres à la centaine près : 346 899 1 763 8 182

16 Encadre les nombres à l'unité de mille près : 3 450 6 500 5 678 4 100

17 PROBLÈME Voici les profondeurs maximales atteintes par l'homme dans les océans.

- Océan Antarctique : 7 230 m
- Océan Atlantique : 9 200 m
- Océan glacial Arctique : 4 000 m
- Océan Indien : 7 450 m

a. **Quelle profondeur places-tu entre 1 000 et 5 000 ?**

b. **Quelles profondeurs places-tu entre 5 000 et 9 999 ?**

Repérer le rang des nombres, les placer sur une droite numérique graduée

18 PROBLÈME Sonia a gagné la dernière course de natation de la journée. Son amie est arrivée dernière de la course, et 4 nageuses se sont placées entre elles.
Combien de sportives ont participé à cette dernière épreuve ?

19 Indique si chaque étiquette est bien placée ou mal placée.

Ex. : 1 000 est bien placé.

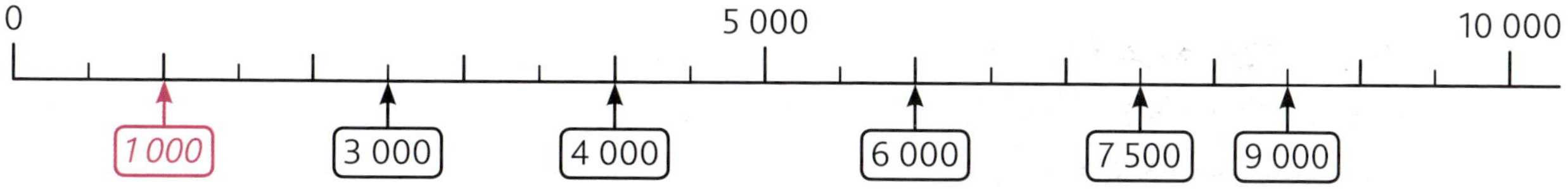

Je résous des problèmes

Lire et écrire des nombres

1 ★ Les parents de Paula souhaitent acheter une piscine et ont un budget de 7 700 €.
Le vendeur leur propose trois modèles :

A
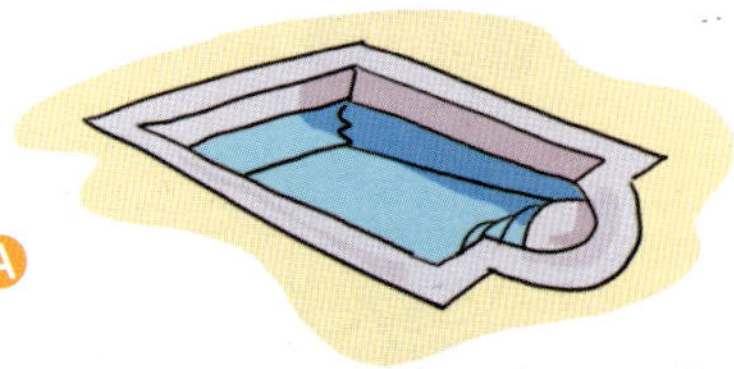

sept-mille-six-cent-soixante-dix-sept euros

B
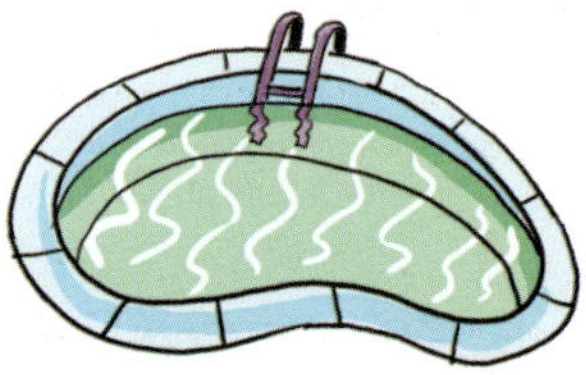

sept-mille-huit-cents euros

C

sept-mille-cinq-cents euros

a. Quels modèles peuvent-ils acheter ?
b. Ils mettent en vente leur ancien abri de piscine au prix de 7 700 €. **Prépare le prix écrit en lettres pour l'annonce du magasin.**

Décomposer des nombres

2 ★ Un imprimeur a prévu de livrer 8 500 prospectus. Pour cela, il les a rangés et comptés : 8 tas de 100 et 5 paquets de 1 000 prospectus.
A-t-il assez de prospectus pour effectuer sa livraison ?

3 ★ Au concours de calcul mental :
– huit groupes de 100 élèves passent l'épreuve des mégajuniors ;
– cinq groupes de 10 élèves passent l'épreuve des superjuniors ;
– trois groupes de 1 000 élèves passent l'épreuve des minijuniors ;
Combien d'élèves participent à ce concours ?

4 ★★ La mère de Christopher présente sa collection de timbres à un ami. Elle lui montre ses 5 albums de 1 000 timbres et ses 52 pochettes de 10 timbres.
Combien de timbres possède-t-elle ?

5 ★★ Leïla et le bibliothécaire organisent le rangement des 5 670 livres. Ils doivent commander des présentoirs pouvant porter 10 livres, des bacs pouvant contenir 100 livres et des étagères pouvant porter 1 000 livres.
Combien de présentoirs, bacs et étagères doivent-ils prévoir pour ranger tous les livres ?

6 ★★ La mairie a équipé une école de 6 ordinateurs. Elle paie l'équipement avec 36 billets de 100 € et 7 billets de 10 €.
Combien les ordinateurs ont-ils couté ?

7 ★★ Les ingénieurs d'une usine doivent équiper leurs 8 320 robots d'une pile chacun.
Combien de cartons de 100 piles et de paquets de 10 piles doivent-ils commander ?

8 ★★★ Une fabricante de bonbons doit envoyer 8 640 sucettes. Elle peut les mettre dans des sacs de 1 000 et des sachets de 10 sucettes. **Comment va-t-elle répartir sa marchandise ?**

Comparer, ranger et encadrer des nombres

9 ★ Delphine doit choisir un code de sécurité pour son casier de lycée. Celui-ci doit être compris entre 7 580 et 7 608.
Elle hésite entre 7 680, 7 569, 7 590, 7 509, 7 610. **Quel code pourra-t-elle utiliser ?**

10 ★ À l'époque des pharaons (3 000 ans avant J.-C.), les Égyptiens utilisaient des hiéroglyphes pour désigner les nombres.

Temple d'Amon à Karnak, en Égypte

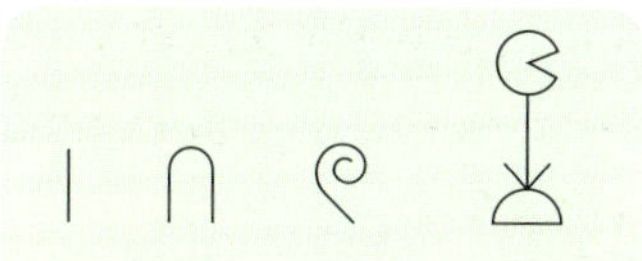

Quel est ce nombre ?

11 ★★ Trois ogres se disputent.
Martin, le premier, dit : « J'ai gobé 2 000 œufs aujourd'hui. »
Lorenzo, le deuxième, lui répond : « Moi, j'en ai gobé moins de 3 000. »
Roméo, le troisième, conclut : « C'est forcément Lorenzo qui en a gobé le plus ! »
Qu'en penses-tu ?

12 ★★ Les stocks de livres de plusieurs librairies ont été comptés :

- Librairie du centre : 340 dizaines
- Librairie du port : 29 centaines
- Librairie de l'hippodrome : 3 unités de mille

Écris en chiffres le nombre de livres de chaque librairie, puis range-les dans l'ordre décroissant.

13 ★★ Lors d'un jeu vidéo, Manon a battu 2 781 monstres, Pauline 5 025, Nicolas 5 200 et Anaïs 2 780.

a. Range les scores dans l'ordre décroissant.

b. Quentin a battu 3 770 monstres.
Si l'on classait de nouveau les enfants, quelle serait la position de Quentin ?

14 ★★ Aux Jeux olympiques de Rio 2016, 25 participants ont terminé le décathlon. Voici dans le désordre les cinq meilleurs décathloniens de la compétition :

- Damian Warner  : 8 666 points
- Larbi Bourrada  : 8 521 points
- Kevin Mayer  : 8 834 points
- Ashton Eaton  : 8 893 points
- Kai Kazmirek  : 8 580 points

Range les scores dans l'ordre décroissant et indique le vainqueur.

15 ★★★ Sur le marché aux fleurs, il y a 362 bouquets de 10 roses et 37 bacs de 100 tulipes.

Y a-t-il plus de roses ou de tulipes ?

Vers le cycle 3 : les nombres jusqu'à 999 999

Activités numériques :
lienmini.fr/opmce2

Cherchons

La collection permanente de minéraux du Muséum national d'histoire naturelle à Paris compte environ cent-trente-mille pièces.

- **Comment peut-on écrire ce nombre en chiffres ?**

Je retiens

- Pour lire et écrire les nombres, chaque classe est composée de 3 chiffres.
  Ainsi, dans la **classe des mille**, il peut y avoir **3 chiffres**.

Classe des mille			Classe des unités		
centaines de mille	dizaines de mille	unités de mille	centaines	dizaines	unités
5	7	6	9	4	3

Le nombre 576 943 contient 576 milliers, dans la classe des mille.

- Pour **lire plus facilement** les nombres en chiffres, **on ajoute un espace** entre les classes.
  Pour lire les nombres jusqu'à 999 999, on ajoute donc un espace entre la classe des unités et la classe des mille.
  Ex. : ~~576943~~ → 576 943
- *Rappelle-toi :* pour dire les nombres jusqu'à 999 999, on ajoute le mot « **mille** » après la classe des mille.
  Ex. : 576 943 se lit « cinq-cent-soixante-seize-**mille**-neuf-cent-quarante-trois ».
- **Attention, souviens-toi :**
  – « mille » ne prend jamais de « s » ;
  – dans les nombres écrits en lettres, on met un trait d'union entre chaque mot-nombre.

1 ★ **Associe chaque nombre en lettres à son écriture en chiffres.**

a. trente-trois-mille-cinq-cent-soixante-huit : 331000568 — 33 568 — 3 568

b. cinquante-deux-mille-vingt-cinq : 52100025 — 5 225 — 52 025

c. douze-mille-trois : 121000300 — 123 — 12 003

2 ★ **Associe chaque nombre en chiffres à son écriture en lettres.**

253 625 — 546 372 — 813 568 — 945 531 — 794 613

a. neuf-cent-quarante-cinq-mille-cinq-cent-trente-et-un

b. sept-cent-quatre-vingt-quatorze-mille-six-cent-treize

c. deux-cent-cinquante-trois-mille-six-cent-vingt-cinq

d. cinq-cent-quarante-six-mille-trois-cent-soixante-douze

e. huit-cent-treize-mille-cinq-cent-soixante-huit

3 ✶ **Corrige la phrase qui est fausse.**

a. 79 452 s'écrit soixante-neuf-mille-quatre-cent-cinquante-deux.

b. 163 612 s'écrit cent-soixante-trois-mille-six-cent-douze.

c. 818 629 s'écrit huit-cent-dix-huit-mille-six-cent-vingt-neuf.

4 ✶ PROBLÈME Vingt-cinq-mille supporters souhaitent entrer dans le stade de football.
Pourquoi les derniers sont-ils refusés ?

5 ✶ **Écris les nombres en lettres :** 39 158 97 165 534 672 661 277 765 418

6 ✶ **Écris les nombres en chiffres.**

a. trente-six-mille-deux-cent-soixante-six

b. quatre-vingt-douze-mille-huit-cent-vingt

c. deux-cent-vingt-cinq-mille-deux-cent-soixante-sept

d. six-cent-quatre-vingt-dix-mille-neuf-cent-trente-trois

7 ✶✶ **Écris les nombres en lettres :** 98 503 35 008 540 067 700 012 105 050

8 ✶✶ **Écris les nombres en chiffres.**

a. deux-cent-mille-six-cent-trois

b. cinq-cent-vingt-mille-huit-cent-quarante

c. quatre-vingt-dix-mille-trente

d. trois-cent-trois-mille-soixante-et-onze

e. huit-cent-quatre-mille-cinquante

f. soixante-dix-mille-quarante-quatre

g. quatre-vingt-quatorze-mille-deux

h. trois-cent-mille-six-cents

9 ✶✶ En France, il existe différentes catégories de forêts classées selon les types d'arbres.

740 000 hectares de châtaigniers

580 000 hectares de charmes

910 000 hectares de pins sylvestres

L'hectare est une unité qui permet d'exprimer une surface.

Écris en lettres le nombre d'hectares de chaque surface.

10 ✶✶ **Écris trois nombres de six chiffres avec ces étiquettes :**

mille cent huit soixante deux

11 ✶✶ **Complète cette grille en écrivant les nombres en chiffres.**

Ⓐ deux-cent-soixante-dix-huit-mille-cent-trente-neuf

Ⓑ cent-soixante-douze-mille-cent-quarante-huit

Ⓒ six-cent-soixante-mille-un

Ⓓ sept-cent-quarante-et-un-mille-trois-cent-vingt-six

Ⓔ neuf-cent-quatre-mille-un

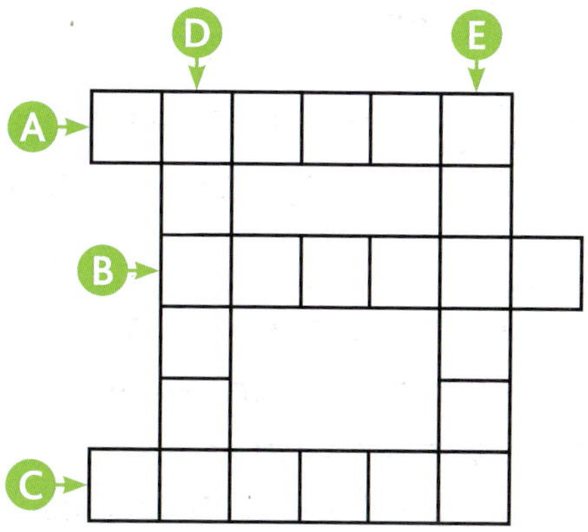

J'utilise les maths pour questionner le monde

Élaborer des frises historiques

Pour représenter le temps qui passe, on peut utiliser une frise chronologique ; elle permet de ranger les périodes et les évènements du plus ancien au plus récent, et d'obtenir une vue organisée de l'Histoire.

Voici une frise présentant les différentes périodes de l'Histoire.

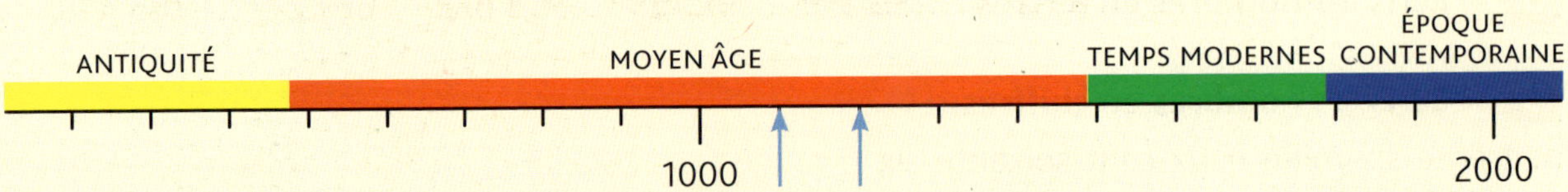

1 **Observe bien la frise et donne la valeur des deux graduations fléchées en bleu.**

2 L'Antiquité est la première période de l'Histoire, qui suit la préhistoire. Elle a débuté à l'invention de l'écriture ; les hommes ont alors commencé à écrire leur histoire. Elle a duré environ 3 800 ans.
À ton avis, pour quelle raison ne voit-on pas entièrement cette période sur la frise ?

3 **Environ combien de temps ont duré :**
a. le Moyen Âge ? **b.** les Temps modernes ? **c.** l'époque contemporaine ?

4 **Associe chaque évènement qui a marqué un changement de période à la lettre qui correspond :**

1789 Révolution française	476 Chute de l'Empire romain	1492 Découverte des Amériques

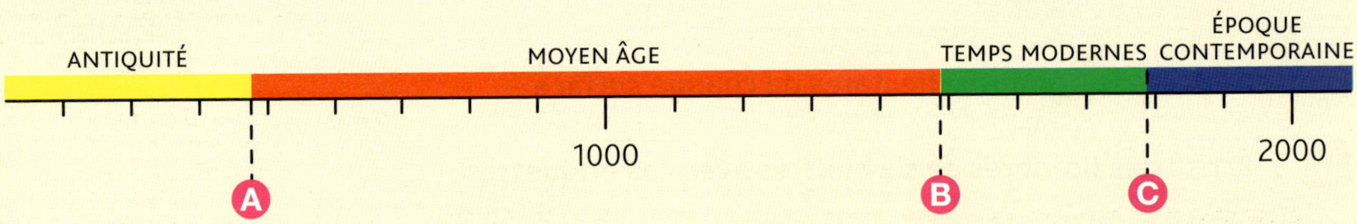

5 C'est durant l'époque contemporaine que la République démocratique est née en France.
La première république française fut-elle proclamée en 1592, en 1692 ou en 1792 ?

6 L'Empire romain d'Orient, dont la capitale était Constantinople (aujourd'hui appelée Istanbul), fut fondé en 330 et dura jusqu'en 1453.
Indique à quelle période historique cet empire a commencé, et à quelle période il s'est terminé.

Reconnaitre différents paysages (massifs montagneux notamment) de la planète

Sur Terre, les paysages sont divers ; les zones montagneuses sont parmi les plus complexes à apprivoiser pour l'Homme. Elles ne sont donc pas les zones les plus peuplées de la planète.

- Sur la carte suivante, on a repéré quelques-uns des plus grands sommets du monde : L'Aconcagua (6 962 m), le Denali (6 190 m), l'Elbrouz (5 642 m), l'Everest (8 848 m), le Kilimandjaro (5 892 m), le massif Vinson (4 892 m) et le Puncak Jaya (4 884 m) sont les sommets les plus hauts des sept continents de la planète.

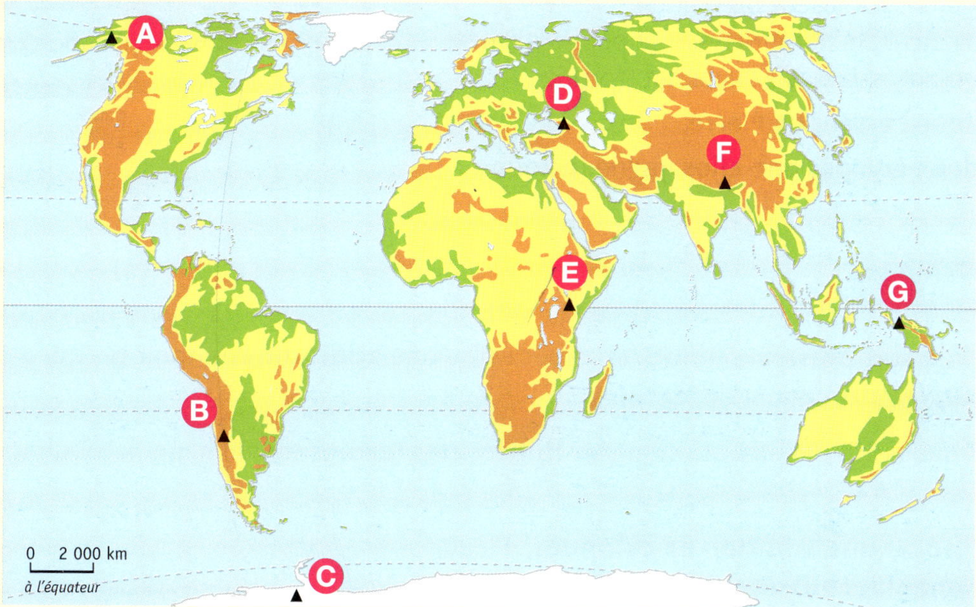

❶ Recopie le tableau, puis, en t'aidant de leur altitude, replace les sommets du plus élevé au moins élevé.

	SOMMET	ALTITUDE	CONTINENT
Sommet le plus élevé			Asie
			Amérique du Sud
			Amérique du Nord
			Afrique
			Europe
			Antarctique
Sommet le moins élevé			Océanie

❷ En t'aidant du tableau, associe le nom de chacun de ces sommets à la bonne lettre sur la carte.

❸ En quelle couleur sont repérées les zones montagneuses ?

❹ Comment s'appelle le sommet le plus haut du monde ? Sur quel continent se situe-t-il ?

❺ Quelle est la différence d'altitude entre le plus élevé et le moins élevé des sommets de la carte ?

Additionner deux nombres entiers

Activités numériques :
lienmini.fr/opmce2

Cherchons

Lors d'une rencontre d'athlétisme, l'équipe de Pierre a remporté 48 points et celle de Flore, 45 points. Pour obtenir la coupe, il faut que les deux équipes totalisent 80 points.
Pierre a calculé le nombre total de points gagnés, mais la maitresse lui dit qu'il s'est trompé.

- **Explique l'erreur de Pierre.**
- **Les deux équipes ont-elles gagné la coupe ?**

Je retiens

- Pour **ajouter plusieurs nombres**, on effectue une **addition**. Les nombres que l'on additionne s'appellent des **termes**.
- Dans une addition, on peut **changer l'ordre des termes** sans changer le résultat.
  Ex. : 38 + 27 = 27 + 38 = 65
- Pour **poser une addition en colonnes**, il faut :
  – **aligner les chiffres** : les unités sous les unités, les dizaines sous les dizaines, etc.
  – **additionner** d'abord les **unités**, puis les **dizaines**, etc.

	①	
	3	8
+	2	7
	6	5

❶ **J'ajoute les unités :**
8 + 7 = 15 J'écris 5 sous les unités
et je retiens 1 au-dessus des dizaines.
❷ **J'ajoute les dizaines :**
1 + 3 + 2 = 6 J'écris 6 sous les dizaines.

- Pour **vérifier la vraisemblance du résultat**, on évalue un **ordre de grandeur**.
  Ex. : 38 + 27 est proche de 40 + 30, donc de 70.

Évaluer un ordre de grandeur du résultat

1 ★ PROBLÈME Les parents d'Elsa et d'Antoine veulent acheter une balançoire à 399 € et un bac à sable à 88 €.

a. Recopie et complète : *Le prix de la balançoire est proche de ….* .
Le prix du bac à sable est proche de …. .

b. Elsa pense qu'au total cela coutera environ 500 €. Antoine pense que cela coutera environ 600 €. **Qui est le plus proche du résultat ?**

c. Si les parents achètent un toboggan à 145 € à la place de la balançoire, combien dépenseront-ils environ ?

2 Pour chaque opération, recherche un ordre de grandeur du résultat et recopie l'étiquette la plus proche.

a. 204 + 108	→	300	350	400
b. 29 + 198	→	200	230	260
c. 31 + 222	→	200	230	250
d. 399 + 39	→	500	440	460

Additionner : technique opératoire

Lorsque c'est nécessaire, n'oublie pas les retenues.

3 Effectue les additions.

a.

	5	2
+	4	4

b.

	4	3	1
+		4	6

4 Pose et effectue les additions.

a. 358 + 131 b. 237 + 51

5 Pose et effectue les additions.

a. 166 + 225
554 + 25

b. 26 + 463
136 + 251

6 PROBLÈME

Un théâtre compte 326 places assises. Après son agrandissement, il y aura 125 places de plus.
Combien de sièges y aura-t-il ?

7 Pose et effectue les additions.

a. 329 + 168 b. 72 + 228

8 Pose et effectue les additions.

a. 178 + 145
284 + 227

b. 155 + 379
163 + 328

9 Complète les additions.

a.

	3	4	6
+	.	.	.
	4	9	9

b.

	2	5	.
+	1	.	5
	.	4	7

10 PROBLÈME Lors du Tour de France 2016, les cyclistes ont effectué le 15 juillet une étape de 162 km, et le 16 juillet une étape de 208 km. **Quelle distance totale ont-ils parcourue en deux jours ?**

11 Pose et effectue les additions.

a. 219 + 26 + 146 b. 143 + 122 + 37

12 Pose et effectue les additions.

a. 149 + 348 + 54
281 + 25 + 246

b. 196 + 262 + 5
111 + 131 + 58

13 PROBLÈME En France, le Sénat est composé de 348 élus. L'Assemblée nationale compte 229 élus de plus que le Sénat.
Combien d'élus y a-t-il à l'Assemblée nationale ?

La salle de l'Assemblée nationale

14 PROBLÈME Dans le TGV, il y a 182 places en première classe et 328 en seconde classe.
Combien de places y a-t-il dans le TGV ?

15 PROBLÈME Pour se rendre à Paris, Boris part de Lyon et s'arrête à Beaune pour visiter les Hospices. Il a déjà parcouru 156 kilomètres. Ensuite, il s'arrête à Troyes pour déjeuner. Entre Beaune et Troyes, il y a 228 kilomètres. De Troyes à Paris, il lui reste 174 kilomètres à effectuer. **Combien de kilomètres Boris aura-t-il fait lorsqu'il arrivera à destination ?**

DÉFI MATHS

Le plus rapidement possible, additionne deux de ces nombres pour obtenir 520.

451 472 379 48 123 69

Additionner et soustraire en ligne

Activités numériques :
lienmini.fr/opmce2

Cherchons

- **Pourquoi voit-on « 302 » dans la case C3 ?**
- **Sur le tableur d'un ordinateur, tape les mêmes nombres et opérations que Paul, et observe si tu obtiens le même nombre en C3.**

Je retiens

- Pour **additionner** ou **soustraire en ligne**, il faut :
  - connaitre la valeur des chiffres en fonction de leur position et **calculer rang par rang**, c'est-à-dire **ajouter les unités, puis les dizaines, puis les centaines** ;
  - utiliser ses connaissances des **techniques de calcul**.
  Ex. : ajouter 9 c'est ajouter 10 puis retirer 1 ; ajouter 11 c'est ajouter 10 et encore 1, etc.
- Quand on **utilise un tableur** pour additionner ou soustraire, il faut saisir :
  - dans la première colonne un premier nombre ;
  - dans la deuxième colonne le second nombre ;
  - dans la troisième colonne la formule qui permet d'additionner ou soustraire ces nombres.

Ajouter 10 et des dizaines entières

1 ✶ **Calcule.**

a. 59 + 10
70 + 10

b. 259 + 10
170 + 10

2 ✶✶ **Calcule.**

a. 80 + 20
150 + 50
230 + 70

b. 390 + 10
400 + 80
410 + 80

Ajouter 100 et des centaines entières

3 ✶ **Calcule.**

a. 34 + 100
76 + 100
158 + 100

b. 267 + 100
136 + 100
377 + 100

4 ✶✶ **Calcule.**

a. 56 + 200
234 + 200

b. 23 + 400
51 + 300

Ajouter un nombre sans retenue

5 ✶ **Calcule.**

a. 71 + 25
178 + 21
246 + 42

b. 324 + 45
412 + 37
457 + 42

6 ✶ **Calcule.**

a. 50 + 46
167 + 21
214 + 45

b. 262 + 33
306 + 53
345 + 42

7 ✶ **Calcule.**

a. 125 + 124
147 + 31

b. 238 + 51
372 + 27

8 ✶✶ PROBLÈME **a.** Pierre a 34 images dans sa collection. Zineb en a 232.
Combien ont-ils d'images ensemble ?

b. Perrine ajoute ses 121 images.
Combien en ont-ils en tout ?

9 ⁑ PROBLÈME Un écureuil fait des provisions de noisettes pour l'hiver. Il cache dans le tronc de l'arbre 234 noisettes pendant le mois de septembre, et 125 noisettes pendant le mois d'octobre.
Combien de noisettes l'écureuil a-t-il cachées pour l'hiver ?

Soustraire 10 et des dizaines entières

10 * **Calcule.**

a. 67 – 10
78 – 10
178 – 10

b. 267 – 20
356 – 50
488 – 30

11 ⁑ **Calcule.**

a. 70 – 20
90 – 30
180 – 50

b. 200 – 20
300 – 70
400 – 80

Soustraire 100 et des centaines entières

12 * **Calcule.**

a. 127 – 100
334 – 100
471 – 200
365 – 300

b. 287 – 200
398 – 300
438 – 400
476 – 400

Soustraire un nombre sans retenue

13 * **Calcule.**

a. 87 – 27
123 – 23
278 – 18
253 – 53

b. 355 – 45
462 – 32
499 – 89
341 – 41

14 ⁑ **Calcule.**

a. 46 – 23
134 – 12
256 – 25

b. 398 – 36
487 – 45
278 – 78

15 ⁑ PROBLÈME Dans l'école du Bois des Pins, il y a 129 élèves pendant l'année scolaire. En juin, 26 élèves de CM2 partent au collège.

a. **Combien d'élèves reste-t-il ?**

b. En septembre, 23 élèves de CP entreront à l'école. **Combien d'élèves y aura-t-il l'année scolaire prochaine ?**

c. **Vérifie ce dernier calcul sur un tableur.**

16 ⁑ **À l'aide d'un tableur, calcule le résultat de la soustraction composée des deux nombres affichés sur l'ordinateur.**

17 ⁑ PROBLÈME **À l'aide d'un tableur, résous le problème.**

Mme Durand achète 2 rouleaux de 140 mètres de grillage. Elle en pose 170 mètres. Combien de mètres de grillage lui reste-t-il ?

DÉFI MATHS

Voici une suite de nombres, trouve le suivant :

10 ; 15 ; 20 ; 16 ; 12 ; 18 ; ....

Soustraire deux nombres entiers sans retenue

Activités numériques :
lienmini.fr/opmce2

Cherchons

Clémentine possède 448 allumettes.
Elle en a déjà utilisé 125 pour commencer une tour Eiffel.

- **Combien lui en reste-t-il pour finir ?**

Je retiens

- Pour **calculer une différence** ou **un écart entre deux nombres**, on effectue une **soustraction**.
- Pour **poser une soustraction en colonnes**, il faut :
  - écrire le **plus grand nombre sur la première ligne** ;
  - **aligner les chiffres** : les unités sous les unités, les dizaines sous les dizaines, etc. ;
  - **soustraire** d'abord les **unités**, puis les **dizaines**, etc.

	4	3	8
–	2	1	2
	2	2	6

2 pour aller à 8 → 6. J'écris 6 sous les unités.
1 pour aller à 3 → 2. J'écris 2 sous les dizaines.
2 pour aller à 4 → 2. J'écris 2 sous les centaines.

- Pour **vérifier** la vraisemblance du résultat, on évalue un **ordre de grandeur**.
  Ex. : 438 – 212 *est proche de* 440 – 210 = 230.
- Pour **vérifier** le résultat d'une soustraction, on peut effectuer une **addition**.
  Ex. : 438 – 212 = 226 → 226 + 212 = 438

Évaluer un ordre de grandeur du résultat

1 ✶ PROBLÈME À la kermesse de l'école, les élèves ont mis en vente 168 plants de haricots. À la fin de la journée, il leur en reste 43.

a. Recopie et complète : *Le nombre de plants mis en vente est proche de* .... .
Le nombre de plants restants est proche de .... .

b.

Qui a raison ?

2 ✶✶ **Pour chaque opération, recherche un ordre de grandeur du résultat et recopie l'étiquette la plus proche.**

a. 494 – 102 → 300 | 350 | 400

b. 454 – 53 → 380 | 400 | 420

c. 482 – 279 → 100 | 200 | 300

Soustraire : technique opératoire sans retenue

3 ✶ **Effectue les soustractions.**

a.

	3	8	6
–	2	5	4

b.

	4	7	4
–	3	5	2

4 ✶ PROBLÈME Le ouistiti pygmée est le plus petit singe du monde (15 cm) et le gorille est le plus grand (168 cm).

Quel est l'écart de taille entre ces deux singes ?

5 ✶ **Pose et effectue les soustractions.**

a. 449 – 336

b. 314 – 203

6 ✶ **Pose et effectue les soustractions.**

a. 545 – 125
414 – 210

b. 549 – 336
454 – 222

7 ✶ PROBLÈME Au départ d'une course automobile, il y a 492 voitures.
151 s'arrêtent avant la fin de la course.
Combien de voitures reste-t-il à l'arrivée ?

8 ✶✶ **Pose une soustraction en colonnes pour calculer :**

a. la différence entre 469 et 427 ;

b. la différence entre 65 et 289.

9 ✶✶ **Pose une soustraction en colonnes pour calculer :**

a. la différence entre 548 et 216 ;

b. la différence entre 487 et 126 ;

c. la différence entre 56 et 568.

10 ✶✶ PROBLÈME Pendant la journée, un bus de tourisme parcourt 287 km. À l'arrivée, son compteur indique 598 km.
Combien de kilomètres le compteur du bus indiquait-il au moment du départ ?

11 ✶✶ **Pose et effectue les soustractions.**

a. 437 – 112

b. 298 – 157

12 ✶✶ **Pose et effectue les soustractions.**

a. 528 – 410
549 – 510

b. 305 – 103
570 – 130

13 ✶✶✶ PROBLÈME Dans le stock du supermarché, il y a 248 paquets de sucre. Après que le vendeur en a mis en rayon, il reste 226 paquets dans le stock.
Combien de paquets de sucre le vendeur a-t-il mis en rayon ?

14 ✶✶✶ PROBLÈME Pendant l'été, Louise a parcouru 486 km à vélo. Elle a voyagé 163 km de plus qu'Andréa. **Combien de kilomètres Andréa a-t-elle parcourus ?**

DÉFI MATHS

J'ai 2 centaines de moins que 479.
Mon chiffre des dizaines est deux fois plus petit que celui des centaines.
Je me termine par 1. **Qui suis-je ?**

Soustraire deux nombres entiers avec retenue

Activités numériques :
lienmini.fr/opmce2

Cherchons

Zoé a déjà 52 autocollants pour son album de football. Sofiane en a 38.

- **Calcule l'écart entre les nombres d'autocollants.**

La buraliste offre 10 autocollants à Zoé et une dizaine d'autocollants à Sofiane.

- **La buraliste leur a-t-elle offert la même quantité d'autocollants ?**
- **Combien d'autocollants a chacun des enfants à présent ?**
- **Calcule l'écart entre les deux nouvelles quantités. Que constates-tu ?**

Je retiens

- *Rappelle-toi :*
  Pour **poser une soustraction en colonnes**, il faut :
  – écrire le **plus grand nombre sur la première ligne** ;
  – **aligner les chiffres :** les unités sous les unités, les dizaines sous les dizaines, etc. ;
  – **soustraire** d'abord les **unités**, puis les **dizaines**, etc.

	3	6	₁2
–	1	3	5
		(1)	
	2	2	7

5 pour aller à 2… Je ne peux pas. J'ajoute **10** à 2 et **une dizaine** à 3.
5 pour aller à 12 → 7. J'écris 7 sous les unités.
3 + **1** = 4.
4 pour aller à 6 → 2. J'écris 2 sous les dizaines.
1 pour aller à 3 → 2. J'écris 2 sous les centaines.

Soustraire : technique opératoire avec retenue

1 ★ **Effectue les soustractions.**

a.

	5	4	6
–	3	6	4

b.

	7	2	6
–	4	4	4

c.

	1	7	4
–		5	6

d.

	2	2	4
–	1	7	3

2 ✶ PROBLÈME Younes avait 358 pin's. Il en a offert 86 à Samira.
Combien lui en reste-t-il ?

3 ✶✶ **Pose et effectue les soustractions.**

a. 328 – 269 b. 601 – 378

4 ✶✶ **Pose et effectue les soustractions.**

a. 213 – 157
541 – 383

b. 800 – 684
406 – 377

5 ✶✶ PROBLÈME Mégane a gagné 89 des 134 billes de Mathieu. **Combien de billes Mathieu a-t-il à présent ?**

6 ✶✶ PROBLÈME La lumière met 250 minutes pour aller du Soleil à Neptune et 43 minutes pour aller du Soleil à Jupiter. **Quel est l'écart de temps entre les deux trajets ?**

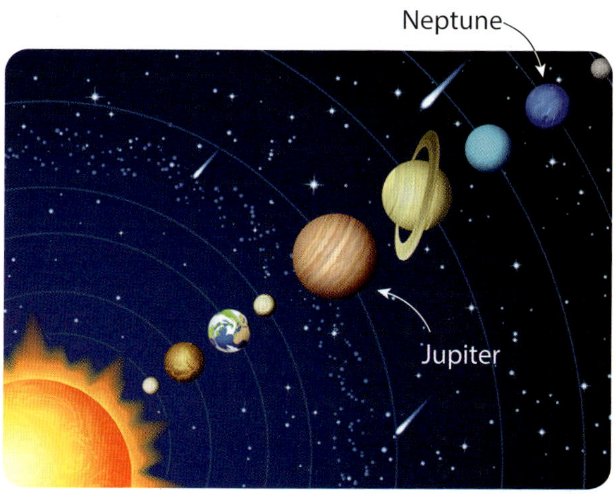

7 ✶✶ **Pose une soustraction en colonnes pour calculer :**

a. la différence entre 462 et 284 ;
b. la différence entre 98 et 405 ;
c. la différence entre 823 et 606 ;
d. la différence entre 748 et 552.

8 ✶✶ PROBLÈME **Pendant les soldes, quel vélo bénéficie de la plus grosse réduction ?**

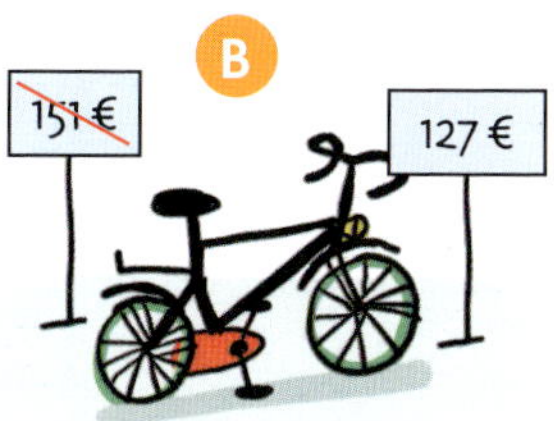

9 ✶✶ PROBLÈME La superficie du Territoire de Belfort est de 609 km². Il a une superficie supérieure de 373 km² à celle de la Seine-Saint-Denis. **Quelle est la superficie de la Seine-Saint-Denis ?**

La superficie d'un département est la place qu'il occupe.

10 ✶✶ PROBLÈME Juliette a une collection de 326 fèves. Elle voudrait bien en avoir autant que son cousin Quentin qui en possède 614.
Combien de fèves manque-t-il à Juliette ?

11 ✶✶✶ PROBLÈME La distance entre Brest et Lyon est de 972 kilomètres. Paule, qui part de Lyon, s'arrête à Rennes pour déjeuner. Il lui reste alors 229 kilomètres à parcourir.
Quelle est la distance entre Lyon et Rennes ?

12 ✶✶✶ PROBLÈME Denis a répondu à la question du problème. **Es-tu d'accord avec lui ? Justifie ta réponse.**

> Le Rhône parcourt 812 km depuis sa source en Suisse jusqu'au delta de Camargue. En France, il parcourt 545 km. Combien de kilomètres parcourt-il en Suisse ?
>
> Réponse : *Il parcourt plus de 999 kilomètres en Suisse.*

DÉFI MATHS

L'arrière-grand-père de Sophie a 93 ans. Il a 25 ans de plus que son grand-père, qui a lui-même 23 ans de plus que son père. Son père a 28 ans de plus qu'elle.
Quel est l'âge de Sophie ?

CALCULS

Utiliser un tableau, un graphique pour résoudre un problème

Cherchons

Nombre de dents en fonction de l'âge

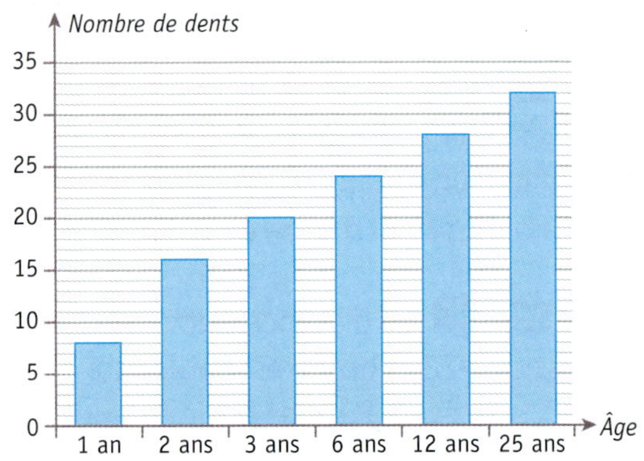

- **Combien de dents poussent chez un être humain entre 1 et 25 ans ?**

1 ★ PROBLÈME Mme Duchapiteau calcule le nombre de billets vendus chaque jour dans son cirque.

Vente de billets dans la semaine

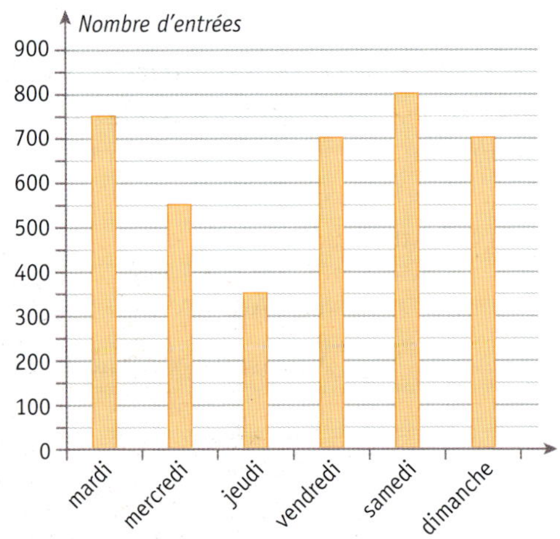

a. Combien d'entrées de différence y a-t-il entre le jeudi et le samedi ?

b. Quels jours y a-t-il le double d'entrées du jeudi ?

2 ★ PROBLÈME Observe ce graphique.

Hauteur de monuments parisiens

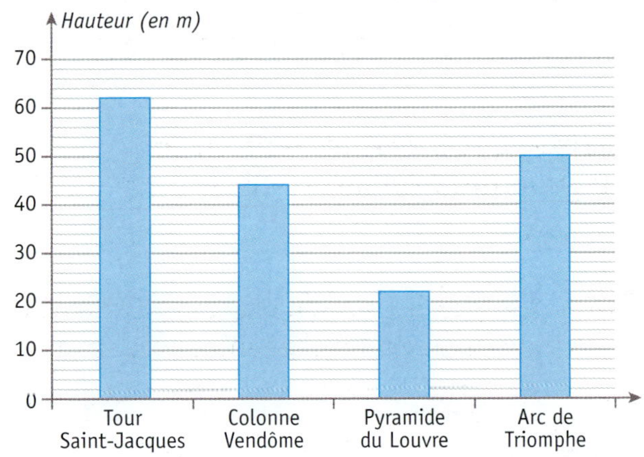

Combien d'écart de hauteur y a-t-il entre l'Arc de Triomphe et la colonne Vendôme ?

La colonne Vendôme

3 ★ PROBLÈME Le tableau ci-contre représente le nombre d'élèves des 5 classes de l'école des Peupliers. **Quel est le nombre total d'élèves dans l'école des Peupliers ?**

Classes	CP	CE1	CE2	CM1	CM2
A	25				
B		28			
C		12	13		
D				29	
E					24

4 ✶ PROBLÈME Une bibliothécaire demande à 7 enfants de remettre sur l'étagère les romans empruntés.

a. En t'aidant du graphique, indique combien de romans ont lus les 7 enfants.

b. Sur l'étagère des romans, il y a maintenant 167 livres. **Combien y en avait-il avant que les 7 enfants rendent leurs livres ?**

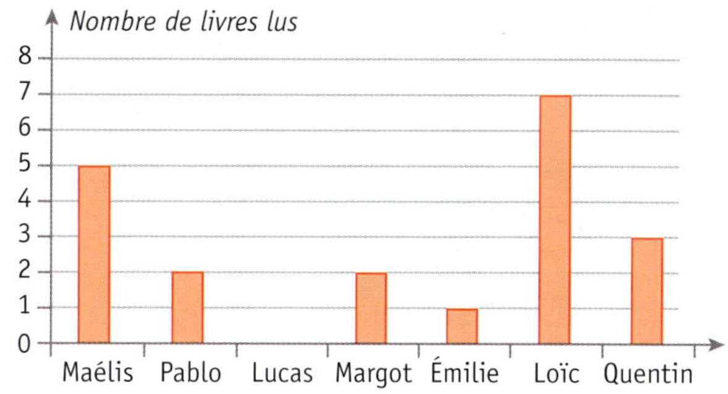

5 ✶✶ PROBLÈME Voici, à gauche, la courbe de poids de Pauline et, à droite, un graphique indiquant le nombre de fois par an où elle est allée chez le médecin.

Évolution du poids de Pauline

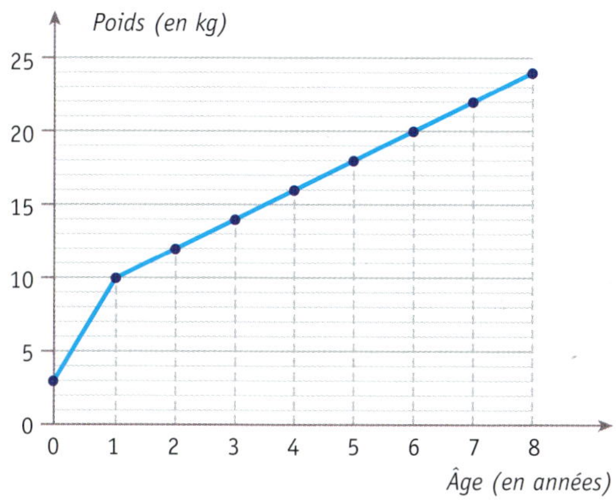

Visites chez le médecin

a. Entre 2 et 8 ans, de combien de kilogrammes Pauline a-t-elle grossi ?

b. Quelle est la différence entre le nombre de visites de Pauline chez le médecin à 4 ans et à 8 ans ?

6 ✶✶✶ PROBLÈME L'office du tourisme a affiché un tableau présentant le nombre de sièges de chacune de ses salles de spectacle.

Salle / Type de siège	L'Étoile	Le Globe	Le Molière
1re catégorie	178	128	282
2e catégorie	154	80	122
Strapontins	17	12	14

Quel est le nombre total de sièges de l'ensemble de ces salles ?

DÉFI MATHS

Comme par magie !

Complète ce tableau à l'aide des indices.

?	?
?	?

- *La somme des nombres de chaque ligne et de chaque colonne donne toujours le même résultat.*
- *La somme des quatre nombres du tableau est égale à 12.*

Je révise

Évaluer un ordre de grandeur du résultat

1 ⭑ PROBLÈME À l'école, la bibliothèque contient 196 albums et 148 romans.

a. Complète :
Le nombre d'albums est proche de ....
Le nombre de romans est proche de ....

b. Es-tu d'accord avec Léo ? Justifie ta réponse.

2 ⭑⭑ **Pour chaque opération, recherche un ordre de grandeur du résultat et recopie l'étiquette la plus proche.**

a. 247 + 259	→	400	500	600
b. 898 – 302	→	500	550	600
c. 205 + 410	→	600	650	700
d. 112 + 147	→	200	250	300
e. 702 – 592	→	100	150	200
f. 132 – 28	→	50	100	150

Additionner et soustraire en ligne

3 ⭑ **Calcule.**

a. 346 + 10
478 + 20
145 + 100
215 + 200

b. 434 + 62
183 + 14
295 + 4
392 + 105

4 ⭑ **Calcule.**

a. 432 – 10
284 – 20
257 – 100
386 – 300

b. 254 – 54
369 – 19
478 – 35
187 – 24

Additionner : technique opératoire

5 ⭑ **Pose et effectue les additions.**

a. 236 + 543 **b.** 307 + 521

6 ⭑ **Pose et effectue les additions.**

a. 498 + 243
654 + 328

b. 108 + 237
512 + 74

7 ⭑ **Pose et effectue les additions.**

a. 327 + 278 + 136 **b.** 53 + 32 + 465

8 ⭑⭑ **Pose et effectue les additions.**

a. 239 + 79 + 414
237 + 245 + 89

b. 56 + 147 + 251
43 + 194 + 228

9 ⭑⭑ PROBLÈME Depuis que la vendeuse lui a appliqué une réduction de 49 €, la console vidéo que veut David coute 289 €. **Combien coutait la console avant la réduction ?**

Soustraire : technique opératoire

10 ⭑ **Pose et effectue les soustractions.**

a. 789 – 526 **b.** 874 – 262

11 ⭑ **Pose et effectue les soustractions.**

a. 578 – 263
189 – 158
947 – 43

b. 648 – 317
795 – 682
176 – 56

12 ⭑⭑ **Pose et effectue les soustractions.**

a. 810 – 178 **b.** 402 – 298

13 Pose et effectue les soustractions.

a. 623 – 497
251 – 184
907 – 789

b. 703 – 584
501 – 346
608 – 479

14 PROBLÈME Depuis qu'elle a commencé le tennis, Manon a participé à 204 entrainements. Mathias, lui, n'a participé qu'à 48 entrainements. **Combien de séances d'entrainement lui manque-t-il pour en faire autant que Manon ?**

Additionner et soustraire

15 PROBLÈME Anne a 453 pin's. Lors d'un vide-grenier, elle en vend 67.

a. **Combien de pin's a-t-elle après le vide-grenier ?**

b. La semaine suivante, elle achète 54 pin's à un collectionneur. **Combien de pin's a-t-elle maintenant ?**

16 Remplis cette grille de nombres.

Horizontalement

a 325 + 180 + 40
b 128 + ... = 161
c 940 – 139

Verticalement

A 558 + 195
B 714 – 146
C 661 – 247

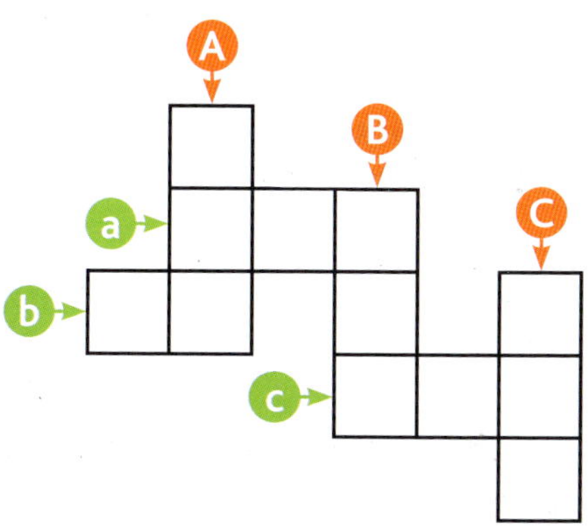

Additionner et soustraire avec un tableur

17 PROBLÈME Hugues Capet, premier roi capétien en France, régna de 987 à 996. **Combien d'années fut-il roi ?**

18 PROBLÈME Utilise un tableur pour effectuer les calculs et répondre aux questions.

Séances de cinéma pour les élèves de l'école La Bruyère :
– le matin, 1re séance, 125 élèves ;
2e séance, 146 élèves ;
– l'après-midi, 1re séance, 134 élèves ;
2e séance, 168 élèves.

a. **Combien d'élèves sont allés au cinéma le matin ? L'après-midi ?**

b. **Combien d'élèves sont allés au cinéma lors de cette journée ?**

19 PROBLÈME Aïssa connait le nom et le numéro de 39 départements sur les 96 de la France métropolitaine. **Combien de départements lui reste-t-il à apprendre pour les connaitre tous ?**

Utiliser un tableau, un graphique pour résoudre un problème

20 PROBLÈME Trois enfants ont noté le nombre de points gagnés lors de leurs parties de cartes. **Complète le tableau.**

	Partie 1	Partie 2	Partie 3	Partie 4
Dina	5	7	5	8
Adrien		6	3	
Jessie	12	8	7	4
Total	22			28

Je résous des problèmes

1 Florence achète pour son fils un vélo à 63 euros et un casque à 35 euros.
Combien dépense-t-elle au total ?

2 La directrice de l'école a commandé 288 briques de jus de fruits. Elle en a distribué 171.
Combien lui en reste-t-il ?

3 Oscar a 56 € dans sa tirelire. Margot a 35 € de plus que lui. **Combien d'euros Margot a-t-elle dans sa tirelire ?**

4 Léna a perdu 27 petites assiettes de sa dinette. Elle en avait 42.
Combien d'assiettes lui reste-t-il ?

5 Sacha a 58 petites voitures. Jade en a 26 de moins. **Combien de petites voitures Jade a-t-elle ?**

6 Clovis, premier roi de ce qui devint la France, mourut en 511 après 30 ans de règne.
À quelle date son règne débuta-t-il ?

7 La semaine dernière, Alice avait déjà lu 38 pages de son livre. Cette semaine, elle a lu 39 pages supplémentaires.

a. Combien de pages a-t-elle lues au total ?

b. Sachant que le livre comporte 111 pages, combien de pages lui reste-il à lire ?

8 Voici les jouets achetés par la mère de Clara :

a. Combien a-t-elle payé ?

b. Combien aurait-elle payé si les articles n'avaient pas été soldés ?

c. Quel est le montant total de la réduction ?

9 Au restaurant, Corinne commande des pâtes à la carbonara à 11 € et un tiramisu à 5 €. Ali prend une salade, une pizza et une mousse au chocolat. Il paye 7 € de plus que Corinne.

a. Combien coute le repas de Corinne ?

b. Combien coute le repas d'Ali ?

c. Quelle somme payent-ils au total ?

10 Après avoir reçu 579 masques de chirurgien, l'hôpital Bellevue possède une réserve de 965 masques.
Combien de masques l'hôpital avait-il avant de recevoir le colis ?

11 À midi, Astérix mange 36 sangliers et Obélix 25 de plus. Le soir, Obélix en mange encore 45.
Combien de sangliers Obélix mange-t-il par jour ?

12 Voici l'altitude de quatre capitales :

Canberra (Australie) : 605 mètres
Moscou (Russie) : 144 mètres
Paris (France) : 35 mètres
Vienne (Autriche) : 200 mètres

Quelle est la différence d'altitude entre :

a. Canberra et Moscou ?

b. Canberra et Paris ?

c. Paris et Moscou ?

d. Moscou et Vienne ?

Moscou

13 Le gavial du Gange est une espèce de crocodile qui a 110 dents ! Il en possède 44 de plus que le crocodile du Nil.

a. Combien de dents le crocodile du Nil possède-t-il ?

b. La girafe adulte a 32 dents.
Combien de dents le gavial du Gange a-t-il de plus qu'une girafe ?

c. Le gorille, lui, a 78 dents de moins que le gavial du Gange.
Combien de dents a-t-il ? Que constates-tu ?

Gavial du Gange

14 Dans un parc de la ville, les jardiniers plantent 55 arbres. Il y en a maintenant 132.

a. Combien d'arbres y avait-il avant ?

b. Malheureusement 36 arbres meurent.
Combien en reste-t-il ?

15 Pendant le mois de juillet, un centre de loisirs a reçu 56 enfants la 1re semaine, 71 enfants la 2e et 85 enfants la 3e.

a. Combien d'enfants ont fréquenté le centre de loisirs pendant ces trois semaines ?

b. Les 3 premières semaines du mois d'aout, il y a eu 46 enfants de moins qu'au mois de juillet. **Combien d'enfants y a-t-il eu pendant ces trois semaines d'aout ?**

16 On peut atteindre le 2e étage de la tour Eiffel en montant les 704 marches de l'escalier !

a. Patricia a déjà monté 325 marches.
Combien lui en reste-t-il à monter ?

b. Quand elle sera à 39 marches de l'arrivée, combien de marches aura-t-elle déjà montées ?

c. 161 mètres séparent le 2e étage du 3e étage. Le 3e étage est à 276 mètres.
À combien de mètres se situe le 2e étage ?

17 Un bus de ramassage scolaire va de l'école Romain Rolland au collège Édouard Vaillant.

- La conductrice fait monter 28 enfants au départ de la ligne.
- Au 1er arrêt, 12 enfants descendent et 14 enfants montent.
- Au 2e arrêt, 26 enfants montent.

En arrivant au terminus, combien d'enfants y a-t-il dans le bus ?

Réviser le sens de la multiplication

Cherchons

- Voici le plan de la plage de Tom. **Combien de parasols y a-t-il dans la première colonne ? La deuxième ? La troisième ?**
- **Complète : .... + ... + ... → .... fois ....**
- Tom dit qu'en comptant les parasols, il calcule : 3 + 3 + 3 + 3 + 3 + 3 + 3. **Es-tu d'accord avec lui ?**
- **Complète : 3 + 3 + 3 + 3 + 3 + 3 + 3 → .... fois ....**
- **Complète : 3 × 7 = ... × ....**

Je retiens

- Pour **ajouter plusieurs fois le même nombre**, on peut effectuer une **multiplication**. Dans la multiplication, les **nombres** s'appellent des **facteurs**. Le **résultat** s'appelle le **produit**.

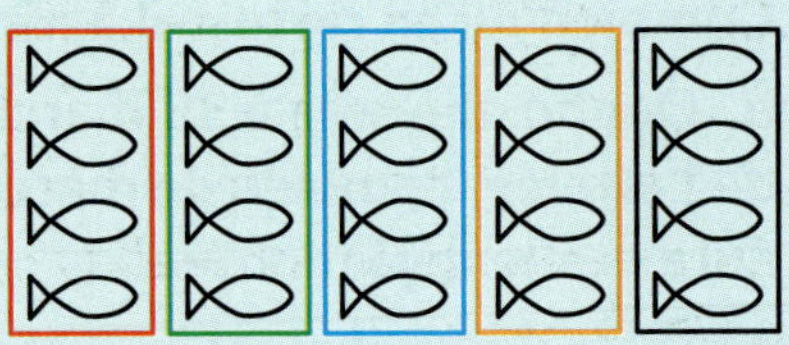

4 + 4 + 4 + 4 + 4 = 20
5 fois 4 est égal à 20.

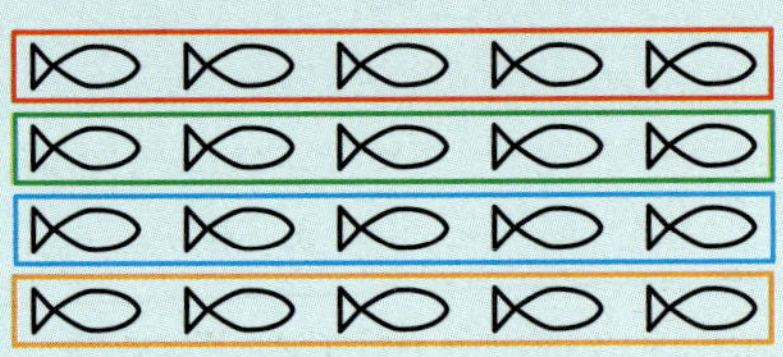

5 + 5 + 5 + 5 = 20
4 fois 5 est égal à 20.

- On écrit 5 × 4 = 20 ou 4 × 5 = 20.
- **5 × 4 = 4 × 5 →** On peut **échanger les facteurs** sans modifier le résultat.

Reconnaitre une situation de multiplication

1 ★ **Pour chaque phrase, recopie l'étiquette qui convient.**

a. Éva a acheté 4 paquets de 15 biscuits.
4 + 15 biscuits | 4 fois 15 biscuits

b. Léa a 3 petits livres et 15 grands livres.
3 + 15 livres | 3 fois 15 livres

c. Eddy a ramassé 5 poires et 30 cerises.
5 + 30 fruits | 5 fois 30 fruits

d. Le serveur a apporté 3 plateaux de 12 cafés.
3 + 12 cafés | 3 fois 12 cafés

2 ★ **Pour chaque phrase, recopie l'étiquette qui convient.**

a. Zoé a utilisé 3 cahiers de 48 pages.
3 + 48 pages | 3 fois 48 pages

b. Assia a fait 6 colliers et 14 bracelets.
6 + 14 bijoux | 6 fois 14 bijoux

c. Le fermier a 4 vaches et 13 moutons.
4 + 13 animaux | 4 fois 13 animaux

d. Anita a lu 5 livres de 412 pages.
5 + 412 pages | 5 fois 412 pages

Comprendre une situation de multiplication

3 ✶ **Traduis chaque dessin comme dans l'exemple.**

Ex. :

→ *4 + 4*
→ *2 fois 4*

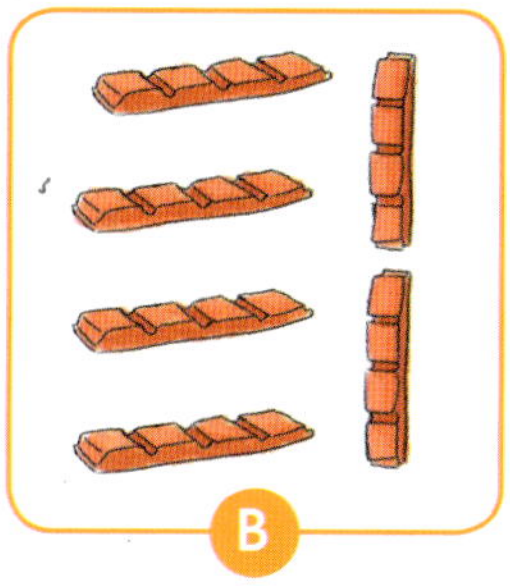

4 ✶ **Traduis chaque dessin comme dans l'exemple.**

Ex. :

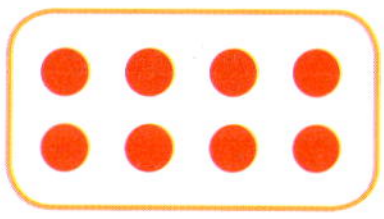

→ *4 × 2*
→ *2 × 4*

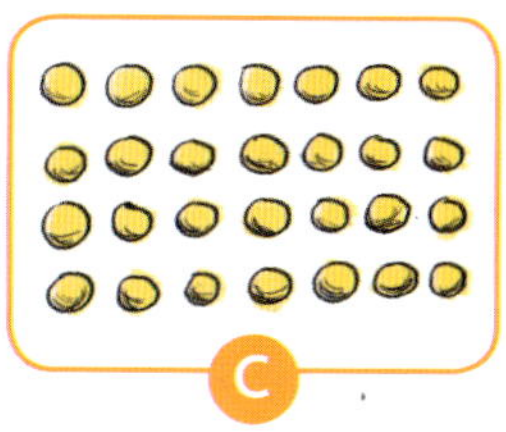

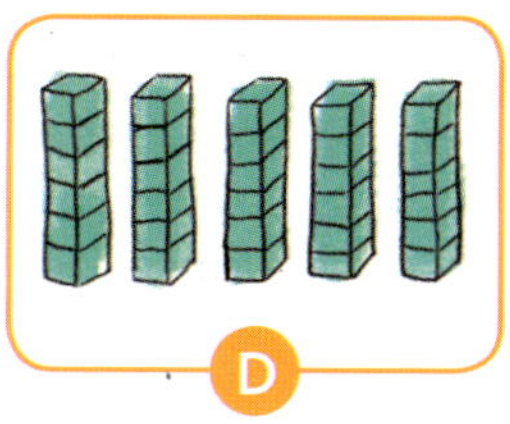

5 ✶ **Écris une multiplication qui correspond à chaque ensemble de bouquets.**

a. 3 bouquets de 5 roses
b. 2 bouquets de 9 tulipes
c. 4 bouquets de 3 lys
d. 5 bouquets de 6 anémones

6 ✶✶ **Écris chaque addition sous la forme d'une multiplication et chaque multiplication sous la forme d'une addition.**

a. 4 + 4 + 4 + 4 + 4 + 4
b. 48 + 48 + 48 + 48
c. 6 × 2
d. 7 × 5

Résoudre une situation de multiplication

Pour les exercices 7, 8, 9 et 10, tu peux répondre à l'aide d'un schéma ou d'un calcul.

7 ✶ PROBLÈME Deux équipes de huit joueurs s'affrontent à la balle aux prisonniers. **Combien de joueurs y a-t-il ?**

8 ✶ PROBLÈME Robin prépare 4 assiettes contenant chacune 6 asperges. **Combien d'asperges prépare-t-il ?**

9 ✶ PROBLÈME M. Collet achète 3 packs de 6 bouteilles d'eau pétillante. **Combien de bouteilles va-t-il rapporter ?**

10 ✶ PROBLÈME Les athlètes ont réalisé 8 courses de 7 minutes. **Pendant combien de minutes ont-ils couru ?**

11 ✶✶✶ PROBLÈME À son jeu vidéo, Louise a remporté 3 manches à 15 points, 8 manches à 9 points et 4 manches à 22 points. **Combien de points a-t-elle marqués à la fin de la partie ?**

12 ✶✶✶ PROBLÈME Pour la rentrée, la maitresse a acheté trois paquets de huit feutres bleus, deux paquets de huit feutres rouges et trois paquets de huit feutres jaunes. **Combien de feutres a-t-elle achetés en tout ?**

13 ✶✶✶ PROBLÈME Sur une main, quatre doigts comportent chacun trois phalanges et un doigt comporte deux phalanges. **En tout, combien de phalanges y a-t-il sur les doigts des deux mains ?**

DÉFI MATHS

Dans le cinéma de Calculbien, il y a 30 rangées de 9 places. Les places sont numérotées de 1 à 270, en commençant par le premier rang.
Dans quelle rangée se trouve le siège 137 ?

Multiplier en ligne : distributivité, multiplication par 10, 100, 1 000

Cherchons

La maitresse demande à Maéva comment résoudre cette opération en ligne.

- **Écris en ligne ce que propose Maéva en utilisant des parenthèses.**
- **Calcule le résultat.**

Je retiens

Pour **multiplier en ligne**, on peut procéder **par étapes**.

- Multiplier un nombre à deux chiffres par 2, c'est multiplier ses dizaines par 2 puis ses unités par 2.
  Ex. : 48 × 2 = (40 × 2) + (8 × 2) = 80 + 16 = 96
- Pour multiplier par 10, 100, 1 000, il faut savoir que :
  – 5 × **10**, c'est 5 paquets de **10**, c'est-à-dire **50** → j'ajoute un zéro au 5 ;
  – 5 × **100**, c'est 5 paquets de **100**, c'est-à-dire **500** → j'ajoute deux zéros au 5…
- Multiplier par 20, c'est multiplier par 2 dizaines.
- Multiplier un nombre par un autre, c'est **effectuer la multiplication pour chaque rang de numération**, en utilisant toutes les connaissances précédentes.
  Ex. : 54 × 3 = (50 × 3) + (4 × 3) = 150 + 12 = 162

Multiplier un nombre quelconque par 2

1 ⋆ **Calcule.**

a. 34 × 2 **b.** 53 × 2 **c.** 74 × 2

2 ⋆ **Calcule.**

a. 22 × 2
84 × 2
b. 92 × 2
45 × 2
c. 64 × 2
38 × 2

3 ⋆⋆ **Calcule.**

a. 122 × 2 **b.** 369 × 2 **c.** 598 × 2

4 ⋆⋆ **Calcule.**

a. 222 × 2 **b.** 436 × 2 **c.** 911 × 2

5 ⋆⋆ **Calcule.**

a. 664 × 2
553 × 2
b. 712 × 2
938 × 2
c. 843 × 2
359 × 2

6 ⋆⋆ PROBLÈME Ce matin, le papa de Karima a fait 138 km à vélo. Cet après-midi, il en fera le double.

a. Combien de kilomètres le papa de Karima fera-t-il cet après-midi ?

b. Combien de kilomètres le papa de Karima fera-t-il dans la journée ?

Multiplier par 10, 100, 1 000

7 ⋆ **Calcule.**

a. 2 × 10
8 × 10
67 × 10
b. 76 × 10
32 × 10
45 × 10

8 ⋆⋆ **Calcule.**

a. 285 × 10
327 × 10
40 × 10
b. 208 × 10
490 × 10
100 × 10

9 Calcule.

a. 7 × 100
9 × 100
24 × 100

b. 89 × 100
40 × 100
30 × 100

10 Calcule.

a. 7 × 10
19 × 100
4 × 1 000

b. 80 × 100
40 × 10
3 × 1 000

11 PROBLÈME Au début de la partie de billes, Bastien avait 24 billes. À la fin, il en a 10 fois plus. **Combien de billes Bastien a-t-il à la fin de la partie ?**

12 PROBLÈME La jardinière du château a acheté 8 paquets de 100 graines d'œillets, 7 paquets de 100 graines de marguerites et 9 paquets de 100 graines de coquelicots. **De combien de graines la jardinière dispose-elle ?**

Multiplier par des dizaines entières, des centaines entières

13 Calcule.

a. 5 × 20
6 × 30
9 × 50
4 × 40

b. 8 × 40
3 × 60
7 × 80
2 × 70

14 Calcule.

a. 6 × 300
5 × 400
8 × 200
3 × 300

b. 9 × 400
7 × 300
4 × 200
6 × 500

Multiplier un nombre quelconque par un nombre à un chiffre

15 Calcule comme dans l'exemple.

Ex. : 42 × 4 = (40 × 4) + (2 × 4)
= 160 + 8 = 168

a. 57 × 6
74 × 4
88 × 7

b. 93 × 8
35 × 9
27 × 5

16 PROBLÈME Pour un voyage scolaire, la directrice commande 124 déjeuners à 7 euros. **Combien dépensera la directrice ?**

17 PROBLÈME Thomas a déjà ramassé 58 champignons. Il en veut 5 fois plus.
Combien de champignons Thomas aura-t-il quand il aura atteint son objectif ?
Calcule en utilisant les parenthèses.

18 PROBLÈME La pâtissière commande 5 paquets de 1 250 perles de sucre. Elle a besoin de 8 000 perles de sucre. **En a-t-elle commandé assez ? Justifie ta réponse.**

19 PROBLÈME Le vendeur d'une animalerie commande 132 poissons rouges pour ses clients. Il en vend 75 à 2 euros et le reste à 3 euros. **Combien le vendeur encaissera-t-il ?**

DÉFI MATHS

Voici une suite logique de multiplications.
Trouve les 3 manquantes.

4 × 1	5 × 10	6 × 100	....	....
....	10 × 1	11 × 10	12 × 100	

Connaitre et utiliser la technique opératoire de la multiplication : multiplicateur à un chiffre

ACTIVITÉS NUMÉRIQUES :
lienmini.fr/opmce2

Cherchons

Éline, Anna et Léo préparent 6 tables de 14 enfants à la cantine. Pour savoir combien d'assiettes il leur faut, ils écrivent une multiplication en ligne.

Le cuisinier leur dit qu'ils peuvent aussi la calculer en colonnes, en commençant par les unités.

Ils se sont trompés tous les trois.

- **Peux-tu expliquer leurs erreurs ?**

Je retiens

- Pour **poser une multiplication en colonnes**, il faut :
  – connaitre par cœur les résultats des **tables de multiplication** ;
  – commencer par **multiplier les unités**, puis les **dizaines**, puis les **centaines**, etc.

	1	4	8	
×			6	④ ②
	8	8	8	

6 × 8 = 48. J'écris 8 et je retiens 4.
6 × 4 = 24. 24 plus la retenue 4 font 28.
J'écris 8 et je retiens 2.
6 × 1 = 6. 6 plus la retenue 2 font 8. J'écris 8.

Multiplier par un nombre à un chiffre : technique opératoire

1 ✶ **Effectue les multiplications.**

a.

	2	4
×		3

b.

	4	7	1
×			2

2 ✶ **Pose et effectue les multiplications.**

a. 26 × 3
234 × 3

b. 151 × 6
138 × 2

3 ✶ **Pose et effectue les multiplications.**

a. 347 × 2
241 × 4
53 × 9

b. 432 × 6
197 × 5
365 × 6

4 ✶ PROBLÈME Nouria a confectionné 7 boites de 64 chocolats. **Combien de chocolats a-t-elle utilisés ?**

5 ✶ PROBLÈME Le requin mako est le plus rapide des requins. Il peut parcourir 75 km en une heure. **S'il nage pendant 4 heures, combien de kilomètres parcourra-t-il ?**

6 Pose et effectue les multiplications.

a. 672 × 4
327 × 7

b. 704 × 3
501 × 8

7 PROBLÈME Dans le répertoire de la mère de Paul, il y a 148 numéros de téléphone. Dans celui de son père, il y en a trois fois plus.
Combien de numéros y a-t-il dans le répertoire de son père ?

8 Pose et effectue les multiplications.

a. 154 × 3
815 × 5

b. 258 × 2
176 × 5

9 PROBLÈME Le grand orgue de Notre-Dame de Paris est le plus grand de France.
Il comporte 5 claviers de 56 notes.
Combien de notes compte-t-il en tout ?

10 PROBLÈME Une femelle hamster peut avoir en moyenne 8 petits par portée et cela tous les mois.
Combien de petits une femelle hamster peut-elle avoir en 18 mois ?

11 PROBLÈME Dans la salle de restauration de l'entreprise *Gourmandine*, il y a 25 tables de 6 places.
Combien de places y a-t-il au total ?

12 PROBLÈME Monsieur Durand a ramassé ses pommes dans le verger. Il remplit des cagettes. Dans chaque cagette, il y a 6 rangées de 18 pommes.

a. **Combien de pommes Monsieur Durand a-t-il dans une cagette ?**

b. Monsieur Durand remplit 7 cagettes.
Combien de pommes Monsieur Durand a-t-il ramassées en tout ?

13 PROBLÈME La propriétaire d'un golf reçoit 3 cartons de 655 balles et 5 cartons de 1 185 balles. **Combien de balles reçoit-elle au total ?**

14 PROBLÈME Le directeur d'un camping a installé un récupérateur d'eau de pluie pour arroser une partie de son terrain. Le récupérateur peut contenir jusqu'à 950 litres. **Si le directeur installait 8 récupérateurs d'eau sur toute la surface du camping, quelle quantité d'eau de pluie pourrait-il stocker ?**

DÉFI MATHS

Voici une suite logique de nombres :

5 – 15 – 12 – 48 – 44 – ...

Quel est le nombre suivant ?

Connaitre et utiliser la technique opératoire de la multiplication : multiplicateur à deux chiffres

Activités numériques :
lienmini.fr/opmce2

Cherchons

Lors d'un tour en montgolfière, Jérémy compte le nombre de fleurs de ce champ.

- **Écris la multiplication qui correspond au nombre total de fleurs. Puis, écris celles qui correspondent au nombre de fleurs rouges et au nombre de fleurs jaunes.**

Je retiens

- Pour **multiplier par un nombre à deux chiffres**, on **multiplie** d'abord par les **unités**, puis par les **dizaines**.

	1	6	2	
×		2	4	② ①
	6	4	8	
3	2	4	•	
3	8	8	8	

❶ **Je multiplie par les unités : 162 × 4 unités**
4 × 2 = 8 J'écris 8.
4 × 6 = 24 J'écris 4 et je retiens 2.
4 × 1 = 4 4 plus la retenue 2 font 6. J'écris 6.

❷ **Je multiplie par les dizaines : 162 × 2 dizaines**
Je décale la 2e ligne vers les dizaines.
2 × 2 = 4 J'écris 4.
2 × 6 = 12 J'écris 2 et je retiens 1.
2 × 1 = 2 2 plus la retenue 1 font 3. J'écris 3.

❸ **J'additionne les deux produits.**

Multiplier par un nombre à deux chiffres : technique opératoire

1 ✶ **Effectue les multiplications.**

a.

	4	9
×	1	2

b.

	6	7
×	3	5

c.

	1	2	3
×		4	5

d.

	3	7	8
×		2	6

2 ✶ **Pose et effectue les multiplications.**

a. 31 × 13
43 × 22

b. 128 × 41
450 × 15

3 ✶ PROBLÈME La Princesse au petit pois dort sur 23 matelas. **Si chaque matelas fait 25 cm d'épaisseur, à quelle distance du sol la princesse dort-elle ?**

4 ✶ PROBLÈME Pour une fondue bourguignonne, on prévoit 250 grammes de viande par personne. **Quelle quantité de viande faut-il pour une table de 14 personnes ?**

5 ✶✶ **Pose et effectue les multiplications.**

a. 56 × 28
127 × 64

b. 148 × 59
218 × 23

6 ✶✶ PROBLÈME Maïa est passionnée de fleurs. Elle a déjà confectionné 29 herbiers de 165 fleurs chacun ! **Combien de fleurs a-t-elle fait sécher au total ?**

7 ✶✶✶ PROBLÈME Pour laver une voiture à la main, on utilise environ 350 litres d'eau. **Combien de litres d'eau faut-il pour laver deux voitures, une fois par mois, pendant un an ?**

8 ✶✶✶ PROBLÈME **Complète la commande faite par la directrice de la crèche.**

Article	Quantité	Prix à l'unité	Prix total
Paquet de couches	76	14 €	
Paquet de 4 tétines	24	12 €	
Boite de lait	19	15 €	
		TOTAL	

9 ✶✶✶ PROBLÈME Chaque jour, pendant deux semaines, Yoann apporte des provisions à ses grands-parents. Le chemin entre sa maison et la leur mesure exactement 299 m. **Combien de mètres aura-t-il parcourus au bout des deux semaines ?**

10 ✶✶✶ PROBLÈME Chaque avion de la patrouille de France a un réservoir de 1 960 litres de carburant.
Combien de litres faut-il pour faire le plein de carburant de 3 des 8 avions de la patrouille de France ?

DÉFI MATHS

Observe cette suite d'égalités et trouve la suivante.

240 × 13 = 120 × 26 = 60 × 52
= .... × ....

Je révise

Reconnaitre une situation de multiplication

1 ✶ **Recopie l'étiquette qui correspond à chaque quantité.**

a. 3 paquets de 25 règles
3 + 25 règles   3 fois 25 règles

b. 4 stylos rouges et 13 stylos bleus
4 + 13 stylos   4 fois 13 stylos

c. 37 boites de 60 craies
37 + 60 craies   37 fois 60 craies

d. 5 bandes dessinées et 18 romans
5 + 18 livres   5 fois 18 livres

Comprendre une situation de multiplication

2 ✶ **Écris une multiplication correspondant à chaque cadre.**

3 ✶ **Dessine :**

a. 5 fois 4 fleurs   **b.** 6 fois 3 carrés   **c.** 2 fois 8 rectangles   **d.** 8 fois 2 losanges

4 ✶ **Dessine :**

a. 5 fois 8 ronds   **b.** 7 fois 6 triangles   **c.** 9 fois 7 croix   **d.** 8 fois 7 cœurs

5 ✶✶ **Écris chaque addition sous la forme d'une multiplication et chaque multiplication sous la forme d'une addition.**

a. 6 + 6 + 6 + 6 + 6 + 6
b. 3 × 5
c. 74 + 74 + 74
d. 29 × 4
e. 8 + 8 + 8 + 8 + 8
f. 12 × 4

Résoudre une situation de multiplication

6 ✶ PROBLÈME Les enfants des classes de la maternelle ont fait cuire des cookies pour la fête de l'école. Ils ont rempli 5 boites de 9 cookies.
Combien de cookies ont-ils préparés ?

Multiplier en ligne

7 ✶ **Calcule.**

a. 34 × 2
48 × 2
54 × 2

b. 57 × 2
126 × 2
138 × 2

8 ✶ **Calcule.**

a. 37 × 10
94 × 10
15 × 100
340 × 10
38 × 100

b. 487 × 10
80 × 100
40 × 10
8 × 1 000
600 × 10

9 ✶ **Calcule comme dans l'exemple.**

Ex. : 54 × 7 = (50 × 7) + (4 × 7)
= 350 + 28
= 378

a. 23 × 3
16 × 8

b. 56 × 5
48 × 7

c. 78 × 3
89 × 6

10 ✶ PROBLÈME Alexandre a 6 paquets de 20 vignettes pour son album de football. Clara en a 3 paquets.
Combien de vignettes ont-ils à eux deux ?

Multiplier : technique opératoire

11 ✶ PROBLÈME Pour échapper à ses prédateurs et se déplacer d'arbre en arbre, la grenouille Wallace est capable de réaliser d'incroyables vols planés.
Si elle fait 15 vols planés de 9 mètres, combien de mètres aura-t-elle parcourus ?

12 ✶ **Pose et effectue les multiplications.**

a. 347 × 6 b. 129 × 5

13 ✶ **Pose et effectue les multiplications.**

a. 286 × 34 b. 198 × 42

14 ✶ **Pose et effectue les multiplications.**

a. 456 × 19 b. 324 × 23

15 ✶ PROBLÈME Alexia a 4 boites de 144 cubes.
Combien de cubes a-t-elle ?

16 ✶ PROBLÈME Les élèves d'une classe de CE2 réalisent une mosaïque représentant un bord de mer. Ils font des rangées de 257 carreaux de grès bleu. Ils ont déjà fait 17 rangées.
Combien de carreaux ont-ils utilisés ?

17 ✶ PROBLÈME Le molosse de Cestonie est une chauve-souris qui bat des ailes 16 fois par seconde !
Combien de fois bat-elle des ailes en 3 minutes ?

Rappelle-toi :
1 minute = 60 secondes

18 ✶ PROBLÈME Aux championnats du monde de tir à l'arc, l'archère se positionne à 4 distances différentes de la cible.
À chaque distance, elle tire 6 séries de 6 flèches.
Combien de flèches tire-t-elle en tout ?

Je résous des problèmes

1 ★ Chloé avait un classeur de 147 fiches de découverte des animaux. Son grand-père lui offre un complément de 54 fiches.

Combien de fiches possède-t-elle ?

2 ★ Joey la Nippe a dérobé 2 868 diamants. Mais son sac était troué et il ne lui reste que 889 diamants lorsqu'il rentre chez lui.

Combien de pierres précieuses a-t-il perdues en chemin ?

3 ★ **Combien de pattes un groupe de 658 autruches comporte-t-il ?**

4 ★ Pour veiller sur sa tombe, l'empereur de Chine Qin fit fabriquer une armée en terre cuite, composée de milliers de guerriers à taille humaine. En 1974, on déterra les premières statues.
Les trois premières rangées comportaient chacune 68 guerriers.

Combien de statues cela représente-t-il ?

5 ★★ Le plus grand immeuble de la ville a 98 étages. Il y a 62 fenêtres par étage.

Combien de fenêtres l'immeuble a-t-il en tout ?

6 ★★ Ce matin, dans les vergers de M. Compotine, les cueilleurs ont ramassé 456 pêches et 578 prunes. Cet après-midi, ils ont encore cueilli 843 abricots.

Combien de fruits ont-ils ramassés aujourd'hui ?

7 ★★ La propriétaire d'un centre aquatique veut refaire le carrelage de ses douze vestiaires. Un artisan a calculé qu'il faudrait 738 carreaux pour carreler un vestiaire.

Sachant que les vestiaires ont tous la même taille, combien de carreaux faut-il pour tous les carreler ?

8 ★★ Un écrivain fait le compte des ventes de son dernier roman. L'année dernière, le livre s'est vendu à 6 845 exemplaires. Depuis sa parution, il s'est vendu à 9 053 exemplaires.

Combien d'exemplaires ont été vendus avant l'année dernière ?

9 ★★ La princesse Amandine veut décorer le lustre de l'entrée du château avec des diamants. Elle veut en mettre 120 sur chacune des 24 branches.

Combien de diamants seront nécessaires ?

10 Les lynx ibériques sont l'espèce de félins la plus menacée dans le monde, du fait de la disparition de leur proie principale, le lapin.

Sachant qu'un lynx mange en moyenne 15 kg de viande par semaine, combien de kilogrammes de nourriture faudrait-il pour nourrir pendant une semaine les 312 lynx ibériques répertoriés en 2013 ?

11 Un navire *Pretty Ferry* peut transporter 2 080 passagers. Ce navire et un autre, *Joli Bateau*, peuvent transporter ensemble 4 730 passagers.

Combien de passagers le navire *Joli Bateau* peut-il transporter ?

12 Le 11 novembre, 8 bouquets de 79 fleurs sont déposés au monument aux morts.

Combien de fleurs ont été nécessaires pour composer les 8 bouquets ?

13 En France, une personne consomme environ 139 g de pain par jour.

Combien de grammes de pain un Français consomme-t-il en moyenne par semaine ?

14 L'altitude du lac Blanc à l'Alpe d'Huez est de 2 550 mètres. Depuis la gare intermédiaire du téléférique, il ne reste plus que 459 mètres d'altitude à faire à pied pour atteindre le lac.

Quelle est l'altitude de la gare intermédiaire du téléférique ?

15 Les quatre athlètes de la course de relai parcourent chacun 400 mètres.

Combien de mètres parcourent-ils au total ?

16 En allant chez sa mère-grand, le Petit Chaperon rouge s'amuse sur le chemin.

- Elle part d'un bel arbre centenaire et fait 846 mètres en avant.
- Elle revient sur ses pas de 288 mètres pour ramasser sa cape tombée à terre, et avance à nouveau de 27 mètres.
- Puis elle repart en arrière de 579 mètres pour voir de plus près l'animal qu'elle entend au loin.

Finalement, combien de mètres la séparent de l'arbre ?

17 Les parents d'élèves du collège Jean Jaurès vendent pendant 4 jours des cartes de Noël pour financer le voyage en classe de mer de leurs enfants.
Ils vendent le lundi 56 paquets de 15 cartes, le mardi 17 paquets de 20 cartes, le jeudi 24 paquets de 12 cartes. En tout, ils ont vendu 2 469 cartes.

Combien de cartes à l'unité ont-ils vendues le vendredi ?

18 Le zoo *Zanimo* comprend 2 fois plus d'animaux que le zoo *Fauvinia*, qui en comporte lui-même 1 234 de plus que le zoo *Singecity*.

a. **Sachant que le zoo *Singecity* a 3 378 animaux, combien d'animaux y a-t-il dans le zoo *Fauvinia* ?**

b. **Combien d'animaux y a-t-il dans le zoo *Zanimo* ?**

Comprendre le sens de la division : groupements

Cherchons

Manon, Émeric et Quentin ont ramassé 38 œufs dans le poulailler. Ils remplissent des boites de 4 œufs pour les vendre au marché avec leur grand-mère.

- **Que penses-tu des affirmations de la grand-mère, de Manon et d'Émeric ?**
- **À ton avis, combien de boites peuvent-ils remplir au maximum ? Combien d'œufs restera-t-il ?**

Je retiens

- La **division** permet de **grouper en parts égales**.
  Ex. : Pierre veut ranger 24 biscuits dans des boites de 6.
  6 × **4** = 24. Pierre remplira **4** boites.
  6 × 4 = 24 peut s'écrire **24 : 6 = 4**. Cela se lit « 24 **divisé par** 6 égale 4 ».
- Parfois, **après avoir formé les parts, il reste une quantité**, trop petite pour faire une nouvelle part : c'est le **reste**.
  Ex. : Pierre veut ranger 27 biscuits dans des boites de 6. → **27 : 6**

24	25	26	27	28	29	30	31
6 × 4						6 × 5	

27 est compris entre 6 × 4 et 6 × 5.
27 = (6 × 4) + **3**. Pierre remplira 4 boites et il restera 3 biscuits.
↑ **reste**

Comprendre une situation de groupement

1 ★ PROBLÈME Laurine a ramassé 33 coquillages. Elle veut les regrouper par sachets de 4.

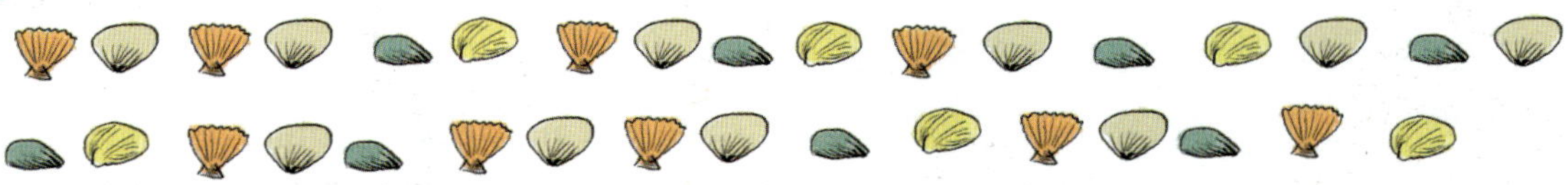

a. **Entoure les sachets possibles.**

b. **Recopie et complète :** *Dans 33, il y a .... fois 4 ; il reste ..... → 33 = (.... × 4) + ...*

Diviser sans reste

2 ✶ **a.** Dans 15, combien de fois 3 ?
b. Dans 36, combien de fois 6 ?
c. Dans 45, combien de fois 5 ?
d. Dans 72, combien de fois 8 ?
e. Dans 49, combien de fois 7 ?
f. Dans 63, combien de fois 9 ?

3 ✶ **a.** Dans 24, combien de fois 4 ?
b. Dans 32, combien de fois 8 ?
c. Dans 56, combien de fois 7 ?
d. Dans 72, combien de fois 9 ?
e. Dans 42, combien de fois 6 ?

4 ✶ PROBLÈME Le pâtissier veut disposer ses 35 éclairs au chocolat sur des plateaux qui peuvent en contenir cinq.
Combien de plateaux le pâtissier peut-il remplir ?

5 ✶✶ **Calcule et justifie comme dans l'exemple.**
45 : 9 = 5 car 45 = 9 × 5

a. 32 : 4
b. 14 : 7
c. 64 : 8
d. 81 : 9

6 ✶✶ PROBLÈME Audrey veut ranger ses 40 barrettes dans des sachets. **Combien peut-elle faire de sachets de 5 barrettes ? De 8 barrettes ? De 10 barrettes ?**

7 ✶✶✶ PROBLÈME **Sachant qu'une souris mange en moyenne 5 g de nourriture par jour, combien de souris peut-on nourrir chaque jour avec un sac de 1 kg de nourriture ?**

1 kg = 1 000 g

Diviser avec ou sans reste

8 ✶✶ **Calcule comme dans l'exemple.**
47 : 5 → (5 × 9) < 47 < 5 × 10
→ 47 = (5 × 9) + 2

a. 22 : 5
b. 38 : 9
c. 74 : 8
d. 54 : 7

9 ✶✶ **Recopie et complète.**

a. 23 = (7 × ....) + ...
b. 17 = (4 × ....) + ...
c. 86 = (9 × ....) + ...
d. 47 = (9 × ....) + ...

10 ✶✶ **Réponds aux questions.**

Indique le reste s'il y en a un.

a. Combien de fioles de 10 cL peut-on remplir avec 80 cL d'eau ?
b. Combien de pansements de 8 cm peut-on couper dans une bande de 50 cm ?
c. Combien de livres à 9 € peut-on acheter avec 40 € ?
d. Combien de paquets de 100 trombones peut-on remplir avec 800 trombones ?

11 ✶✶✶ PROBLÈME Dans le magasin de sport, la vendeuse range sur des présentoirs 67 paires de lunettes de plongée. Chaque présentoir peut contenir 9 paires de lunettes. **Combien de présentoirs seront complets ? Restera-t-il des paires de lunettes non rangées ? Si oui, combien de paires ?**

DÉFI MATHS

Aksana veut ranger ses 80 crayons dans des trousses. Elle veut faire des groupes qui contiennent tous le même nombre de crayons, sans qu'il lui en reste.
Indique toutes les façons possibles de ranger les crayons d'Aksana.

Comprendre le sens de la division : partages

Cherchons

L'animateur du centre de loisirs veut distribuer 32 abricots aux 6 enfants qui l'accompagnent au pique-nique.

- **Combien d'abricots au maximum peut-il donner à chacun des six enfants ?**
- **Combien d'abricots restera-t-il ?**

Je retiens

- La **division** permet de **partager en parts égales**.

Ex. : Anaé veut partager équitablement 62 tulipes entre ses 8 cousines. → **62 : 8**

↑ **diviseur** (8)

54	55	56	57	58	59	60	61	62	63	64	65
		8 × 7								8 × 8	

62 est compris entre 8 × 7 et 8 × 8.

62 = (8 × **7**) + **6**. Chaque cousine aura 7 tulipes et il en restera 6.

quotient (7) **reste** (6)

Attention : le reste doit toujours être inférieur au diviseur.

Comprendre une situation de partage

1 ★ PROBLÈME Trois écureuils se partagent les 26 noisettes qu'ils ont ramassées.

a. Partage les noisettes entre les trois écureuils.

b. Recopie et complète : *Dans 26, il y a .... fois 3 ; il reste .... → 26 = (.... × 3) + ...*

Partager sans reste

2 ✶ **Calcule et justifie comme dans l'exemple.** *72 : 8 = 9 car 72 = 8 × 9*

a. 56 : 8
b. 36 : 4
c. 81 : 9
d. 45 : 5

3 ✶ PROBLÈME Un escargot parcourt en moyenne 30 mètres en 6 heures.
Combien de mètres parcourt-il en moyenne en 1 heure ?

4 ✶✶ PROBLÈME **Sachant qu'une file de 9 tortues musquées mesure 72 cm, combien de centimètres mesure une tortue en moyenne ?**

5 ✶✶ PROBLÈME Pour prendre l'avion, le poids de chaque bagage à main en cabine ne doit pas dépasser 12 kg. Une famille part avec 5 bagages à main qui ont tous le même poids. Lorsque Léa pèse les 5 bagages ensemble, la balance affiche 45 kg. **Chaque bagage est-il assez léger pour être gardé en cabine ?**

Partager avec ou sans reste

6 ✶ **a. Écris les nombres de 10 à 50.**
b. Entoure les nombres que l'on peut partager en 8 sans qu'il y ait un reste.
c. Souligne les nombres que l'on peut partager en 8 avec un reste de 3.

7 ✶✶ **Calcule les divisions comme dans l'exemple.**
84 : 9 → (9 × 9) < 84 < 9 × 10
→ 84 = (9 × 9) + 3

a. 66 : 7
b. 25 : 4
c. 37 : 5

8 ✶✶ PROBLÈME Pour jouer à la bataille, Nicolas partage des cartes entre 6 enfants. Il veut savoir combien de cartes il doit donner à chacun et combien de cartes il lui restera.
Complète ce tableau.

Nombre de cartes à distribuer	32	33	34	35	36	37	38	39	40	41	42	43	44	45	46	47	48
Nombre de cartes reçues par chaque enfant	5	5	5	5	6	6	6	6	6	6	6	7	7	7	7	7	7
Reste	2	3	4	5	0	1	2	3	4	5	6	0	1	2	3	4	5

9 ✶✶ PROBLÈME Sur le cahier de coloriage de Margot, il y a 62 cœurs. Elle veut les colorier avec 4 couleurs de façon à ce qu'il y en ait autant de chaque couleur. **Combien de cœurs aura-t-elle de chaque couleur ? En restera-t-il ?**

DÉFI MATHS

Six amis ramassent 48 marrons. **Combien de marrons Célia aura-t-elle ?**

Diviser en ligne

Cherchons

Rayan veut partager ses 45 billes entre ses 5 camarades.

- **Combien de billes aura chacun des enfants ?**

Je retiens

- Pour **diviser par 2**, il faut **calculer la moitié**, en plusieurs étapes si nécessaire.
  Ex. : 86 : 2 = 43 car 86 : 2 = (80 : 2) + (6 : 2) = 40 + 3 = 43
  70 : 2 = 35 car 70 : 2 = (60 : 2) + (10 : 2) = 30 + 5 = 35
- Pour **diviser par 3**, on peut aussi faire le calcul par étapes.
  Ex. : 60 : 3 = 20 car 20 × 3 = 60.
  96 : 3 = 32 car 96 : 3 = (90 : 3) + (6 : 3) = 30 + 2 = 32

Diviser par 2

1 ✶ **Calcule.**

a. 8 : 2
16 : 2

b. 14 : 2
18 : 2

2 ✶ **Associie chaque résultat à l'opération correspondante.**

50 20 5 10 30 40

a. 20 : 2
b. 10 : 2
c. 60 : 2
d. 40 : 2
e. 80 : 2
f. 100 : 2

3 ✶ PROBLÈME
Un voyagiste commande deux cars pour transporter ses 86 clients. Il installe autant de clients dans chaque car. **Combien y aura-t-il de passagers dans chacun ?**

4 ✶✶ **Calcule.**

a. 12 : 2
26 : 2
44 : 2

b. 64 : 2
88 : 2
68 : 2

5 ✶✶ **Calcule.**

a. 30 : 2
70 : 2
50 : 2
90 : 2

b. 700 : 2
500 : 2
300 : 2
900 : 2

6 ✶✶ **Calcule.**

a. 100 : 2
120 : 2
240 : 2

b. 400 : 2
660 : 2
482 : 2

7 ✶✶ PROBLÈME Rose a un ordinateur à 842 € et Louis en a un qui coute deux fois moins cher.
Quel est le prix de l'ordinateur de Louis ?

8 Calcule.

a. 110 : 2
250 : 2
340 : 2
580 : 2

b. 730 : 2
910 : 2
542 : 2
768 : 2

9 PROBLÈME Dans la forêt bleue, il y a un village avec 120 lutins bleus. Dans la forêt verte, il y a un village avec 2 fois moins de lutins verts que de lutins bleus.

Combien de lutins verts y a-t-il ?

Diviser par 3, par 5

10 Calcule.

a. 9 : 3
24 : 3
30 : 3
12 : 3

b. 15 : 3
21 : 3
27 : 3
18 : 3

11 Calcule.

a. 15 : 5
30 : 5
25 : 5
35 : 5

b. 10 : 5
40 : 5
50 : 5
45 : 5

12 PROBLÈME La fleuriste veut faire 3 bouquets de roses avec ses 33 roses.

Combien de roses y aura-t-il dans chaque bouquet ?

13 PROBLÈME Une cultivatrice bretonne range ses 45 artichauts dans des cartons de 5.

Combien de cartons remplira-t-elle ?

14 Calcule.

a. 33 : 3
66 : 3
36 : 3

b. 69 : 3
39 : 3
99 : 3

15 Calcule.

a. 336 : 3
145 : 5
250 : 5

b. 333 : 3
123 : 3
216 : 3

16 PROBLÈME Dans le village de vacances *Bleu Océan*, il y a 129 personnes à loger dans des mobil-homes de 3 places. **Combien de mobil-homes seront nécessaires ?**

17 PROBLÈME Le papa d'Émie, Fleur et Samuel achète six paquets de 100 images. Il en donne autant à chacun.

Combien d'images Émie, Fleur et Samuel auront-ils ?

18 PROBLÈME La postière a 155 timbres rangés dans des carnets de 5 timbres.

Combien de carnets la postière peut-elle vendre ?

DÉFI MATHS

Caroline a dix fois moins de billes que Lény, qui lui-même en a cinq fois moins que Théo, qui en a 400.

Calcule le nombre de billes de Caroline et de Lény.

Utiliser les touches des opérations de la calculatrice

Cherchons

Léon tape des opérations sur sa calculatrice.
Il dit qu'en appuyant sur les touches
[ON], [1], [3], [4], [5], [+], [2], [8], [7], [8] et [=],
il fait une addition.

- **Es-tu d'accord avec lui ?**
- **Si oui, quelle addition a-t-il faite ?**
- **Tape la même chose que Léon sur ta calculatrice et écris le résultat que tu obtiens.**

Je retiens

- Une calculatrice sert à **effectuer un calcul rapidement**. Elle te permet aussi de **vérifier le résultat d'une opération**.
- Il faut bien connaitre la fonction de chaque touche.

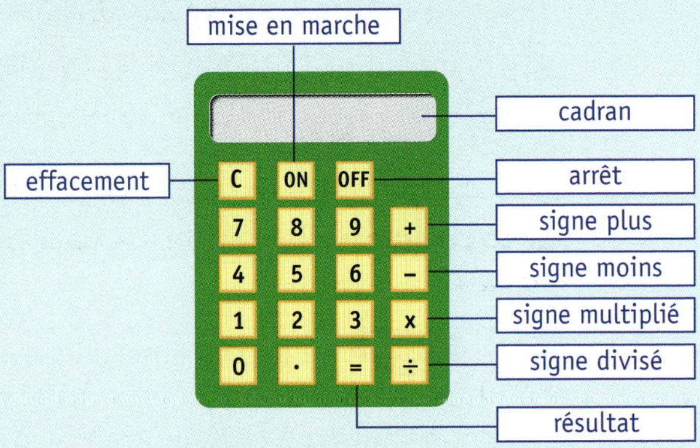

Attention : sur la calculatrice, le signe « diviser » peut être écrit [:], [÷] ou [/].

Connaitre les touches de la calculatrice

1 ★ **Tape sur les touches suivantes de ta calculatrice, puis écris le résultat de l'opération.**

a. [ON] [3] [4] [5] [8] [+] [3] [6] [7] [7] [=]
b. [C] [6] [7] [1] [–] [3] [5] [8] [=]
c. [C] [9] [8] [5] [:] [5] [=]
d. [C] [5] [9] [×] [1] [5] [2] [=]
e. [C] [6] [7] [6] [:] [5] [2] [=]
f. [C] [2] [5] [×] [2] [3] [1] [=]

Utiliser la calculatrice à bon escient

2 ★ **Essaie de calculer mentalement les opérations. Si tu n'y arrives pas, utilise ta calculatrice.**

a. 345 + 25
b. 1 659 – 25
c. 8 654 – 3 241
d. 1 677 – 677

3 ★ **Même exercice.**

a. 25 × 3
b. 150 × 4

4 ★ **Même exercice.**

a. 2 934 : 6
b. 568 × 17
c. 100 : 2
d. 6 240 : 32

Utiliser la calculatrice pour effectuer des opérations

5 ★ **Effectue les opérations à l'aide de ta calculatrice.**

a. 5 489 − 3 867
b. 367 + 7 654
c. 8 655 − 187
d. 5 681 + 3 490

6 ★ **Effectue les opérations à l'aide de ta calculatrice.**

a. 876 × 6
b. 5 103 : 9
c. 128 : 8
d. 1 287 × 7

7 ★★ PROBLÈME Pour peindre les 37 pièces de son château, le comte de La Barbouille a besoin de 5 328 litres de peinture.
Combien de litres de peinture, en moyenne, le comte utilisera-t-il pour chacune des pièces ?

Utiliser la calculatrice pour vérifier un résultat

8 ★ **À l'aide de ta calculatrice, vérifie les résultats des opérations et recopie celui qui est juste.**

a. 3 678 − 156 = 3 578
b. 856 × 3 = 2 500
c. 4 120 : 8 = 515

9 ★ PROBLÈME **À l'aide de ta calculatrice, vérifie la réponse d'Antoine. Corrige-la si elle est fausse.**

> La Seine mesure 777 km de long.
> De Paris à la mer, elle mesure 365 km.
> Quelle est sa longueur en kilomètres depuis le plateau de Langres, où elle prend sa source, jusqu'à Paris ?
>
> Réponse : La longueur de la Seine entre le plateau de Langres et Paris est de 440 km.

10 ★★ **Évalue un ordre de grandeur de chaque opération. Vérifie avec ta calculatrice et recopie la bonne étiquette.**

a.	963 − 897	→	674	6	66
b.	3 478 + 1 698	→	1 756	7 651	5 176
c.	125 + 456 + 987	→	798	1 568	2 668
d.	498 − 242	→	526	256	166
e.	2 148 + 1 514	→	4 062	4 620	3 662

11 ★★ PROBLÈME **À l'aide de ta calculatrice, vérifie la réponse de Morgane. Corrige-la si elle est fausse.**

> L'entrée du cirque est de 4 € par enfant.
> Le directeur de l'école maternelle inscrit 4 classes de 24 élèves.
> Combien coutera la sortie pour l'ensemble de l'école ?
>
> 
>
> Réponse : Il y a au total 96 élèves.
> La sortie coutera 384 €.

12 ★ **Vérifie le résultat de ces divisions sur ta calculatrice. Corrige les opérations fausses.**

a. 5 634 : 9 = 626
b. 582 : 2 = 290
c. 8 320 : 4 = 280
d. 459 : 9 = 51
e. 4 182 : 51 = 82

DÉFI MATHS

Sur une calculatrice, trouve une opération dont le résultat affiche, en retournant la machine, le mot SOLEIL.

Commence par chercher le nombre qui te donne le mot SOLEIL lorsque tu retournes ta calculatrice.

Je révise

Grouper et partager

1 ✶ PROBLÈME M. Joly a ramassé 54 endives dans son jardin. **Combien de gratins de 6 endives peut-il faire ?**

2 ✶ PROBLÈME Avec 90 cL de lait, le cafetier sert 9 verres. **Quelle quantité de lait contient chaque verre ?**

3 ✶ PROBLÈME Louise a 64 autocollants qu'elle répartit équitablement sur la couverture de ses 8 cahiers. **Combien d'autocollants met-elle sur chaque cahier ?**

4 ✶ PROBLÈME **Combien de coffrets de 6 CD le disquaire peut-il préparer avec 55 CD ?**

Diviser en utilisant les tables

5 ✶ **Calcule.**

a. 28 : 4
54 : 6
49 : 7
27 : 3
24 : 8
18 : 2

b. 14 : 7
30 : 5
72 : 8
18 : 6
12 : 3
63 : 9

6 ✶✶ **Associie chaque résultat à l'opération correspondante.**

7 6 4 8 9 5

a. 56 : 7
b. 24 : 6
c. 30 : 6
d. 42 : 6
e. 72 : 8
f. 54 : 9

7 ✶✶ PROBLÈME Un chaton d'une semaine boit environ 35 millilitres de lait par jour, répartis en moyenne sur 7 repas. **Quelle quantité de lait ce chaton boit-il par repas ?**

8 ✶✶ **Calcule comme dans l'exemple.**

38 : 9 → (9 × 4) < 38 < 9 × 5
→ 38 = (9 × 4) + 2

a. 50 : 6
b. 25 : 4
c. 33 : 7
d. 85 : 9

9 ✶✶ PROBLÈME Le lapin de Pâques a caché 48 œufs en chocolat dans le jardin.
5 enfants les cherchent puis se les partagent équitablement.
Combien d'œufs chaque enfant aura-t-il dans son panier ? Combien en restera-t-il ?

Diviser en ligne

10 ✶ **Calcule.**

a. 33 : 3
45 : 5
66 : 3
35 : 5
36 : 3

b. 105 : 5
200 : 2
420 : 2
555 : 5
333 : 3

11 ✶ PROBLÈME Amina veut partager ses 88 cartes à jouer en 2 piles. **Combien de cartes aura-t-elle dans chacune des piles ?**

12 ✶✶ **Pour chaque phrase, écris si c'est VRAI ou FAUX. Corrige au besoin.**

a. 64 pommes rangées dans des sachets de 2 pommes, cela fait 32 sachets.

b. 44 pommes rangées dans des sachets de 4 pommes, cela fait 24 sachets.

c. 99 pommes rangées dans des sachets de 3 pommes, cela fait 33 sachets.

13 ✶ PROBLÈME Au village indien, Grande Flèche est un très grand chasseur : au cours de sa vie, il est allé 636 fois à la chasse.
Son petit-fils, Petite Flèche, y est allé 3 fois moins.

Combien de fois Petite Flèche est-il parti à la chasse ?

14 ✶ PROBLÈME Un fleuriste reçoit une caisse de 100 tulipes.

Combien de tulipes restera-t-il lorsqu'il aura fait le maximum de bouquets de 5 tulipes ?

15 ✶ PROBLÈME Avant l'invention de l'imprimerie au XVe siècle, les livres étaient copiés à la main par des moines copistes.

Sachant qu'un moine pouvait copier 3 pages par jour, combien de jours lui fallait-il pour copier un livre de 390 pages ?

Utiliser les touches de la calculatrice

16 ✶ PROBLÈME **Résous ce problème à l'aide de ta calculatrice.**

L'animatrice du centre aéré reçoit 168 crayons de couleur. Elle les range dans des boites de 6.
Combien de boites aura-t-elle ?

17 ✶ **À l'aide de ta calculatrice, vérifie les opérations. Corrige si c'est faux.**

a. 3 657 + 1 543 = 5 203
b. 7 146 – 119 = 7 108
c. 1 276 : 2 = 638
d. 879 : 3 = 300

18 ✶ PROBLÈME **À l'aide de ta calculatrice, vérifie la réponse de Yanis à ce problème, et corrige-la si nécessaire.**

L'entrée de l'aquarium de La Rochelle coute :
– 12 € pour les moins de 17 ans ;
– 16 € pour les autres.
Combien paiera une famille de 6 personnes composée des 2 parents, du fils aîné de 19 ans et des 3 frères et sœurs de 15, 12 et 10 ans ?

Réponse : La famille paiera 85 €.

Utiliser un tableur

19 ✶ PROBLÈME **Effectue les calculs à l'aide d'un tableur.**

La directrice d'un magasin de jouets reçoit 6 441 petites figurines.
a. Elle les répartit dans 3 bacs.
Combien de figurines contient chaque bac ?
b. Elle reçoit ensuite 1 575 petites voitures qu'elle range dans 5 bacs.
Combien de voitures contient chaque bac ?
c. Combien de jouets la directrice du magasin a-t-elle rangés dans les bacs ?

Je résous des problèmes

1 ✶ Laure partage de façon égale 60 cL de jus de raisin entre ses trois garçons.

Quelle quantité de jus de raisin aura chaque enfant ?

2 ✶ Pour faire un bol de chocolat chaud, il faut 3 cuillerées de cacao en poudre.

Combien de bols de chocolat chaud peut-on préparer avec 369 cuillerées ?

3 ✶ Le glacier Perito Moreno, en Patagonie, a une épaisseur de 200 m dont 120 m sont immergés dans l'eau.

Quelle épaisseur de glace se situe à l'extérieur de l'eau ?

4 ✶✶ Yann achète pour son fils Dorian des skis à 288 €, des chaussures à 179 €, un pantalon à 149 € et une veste à 200 €.

Combien doit-il payer au total ?

5 ✶✶ L'éleveur de la ferme *Aux Mille Poules* veut ranger ses 844 œufs dans des boites de 4.

Combien de boites seront nécessaires ?

6 ✶✶ La moto de Nathalie affiche 398 km au compteur. Celle de Jean-Marc en affiche 23 fois plus.

Combien de kilomètres la moto de Jean-Marc affiche-t-elle au compteur ?

7 ✶✶ En seulement 6 minutes, une araignée peut tisser 3 m de fil pour sa toile !

Combien de centimètres de fil tisse-t-elle en une minute ?

3 m = 300 cm

8 ✶✶ La princesse Gloria est très gâtée ! Dans son dressing, elle a 674 robes de bal. Pour son anniversaire, la reine lui en offre 76 et sa marraine 180.

Combien de robes Gloria a-t-elle à présent ?

9 ✶✶ Dans l'océan, chaque litre d'eau contient 37 g de sel. C'est 7 fois moins que dans la mer Morte qui est très salée.

Combien de grammes de sel contient un litre d'eau de la mer Morte ?

Cristaux de sel formés sur les bords de la mer Morte

10 Un orchestre est composé de :

- 64 instruments à cordes ;
- 16 instruments de la famille des bois ;
- 5 cuivres ;
- 1 clavier.

Combien d'instruments y a-t-il dans cet orchestre ?

11 Pendant les vacances, Mika va à la piscine chaque jour pendant les 31 jours du mois de juillet. Elle paye l'entrée 3 €.

a. Quelle somme dépense-t-elle en 31 jours ?

b. Au début des vacances, elle possédait 100 € pour payer ses entrées. **Quelle somme lui reste-t-il à la fin du mois de juillet ?**

12 En France, entre 1970 et 2008, la consommation moyenne d'eau minérale par an et par personne a augmenté de 112 litres. En 2008, cette consommation était de 151 litres.

Quelle était la consommation moyenne d'eau minérale par an et par personne en France, en 1970 ?

13 M. Lélevage a deux chevaux et trois vaches.
Chacun de ses chevaux boit chaque jour 30 litres d'eau.
Chacune de ses vaches boit chaque jour 80 litres d'eau.

Combien de litres d'eau M. Lélevage doit-il avoir dans son abreuvoir chaque jour ?

14 Sur ses 8 tentacules, une pieuvre possède au total 16 centaines de ventouses.

Combien de centaines de ventouses a-t-elle environ sur chaque tentacule ?

15 Camille achète une carte de cinéma de 4 entrées au prix de 24 €.

a. Quel est le prix d'une entrée avec la carte de Camille ?

b. Une place de cinéma au tarif normal coute 9 €. **Grâce à sa carte, quel est le montant de l'économie réalisée par Camille pour une entrée ?**

c. Quel est le montant de l'économie réalisée par Camille pour 4 entrées ?

16 Noan paie 74 € pour l'achat d'un porte-clés à 2 € et de 6 DVD.

Quel est le prix d'un DVD ?

17 La planète naine Pluton fait un tour sur elle-même en six jours.

a. Combien de tours complets Pluton peut-elle faire en 126 jours ?

b. En 131 jours, combien de jours manque-t-il à Pluton pour effectuer un tour supplémentaire ?

Vers le cycle 3 : la division posée

Activités numériques :
lienmini.fr/opmce2

Cherchons

3 pirates ont posé sur une table leur butin du jour, en 7 piles de 10 pièces d'or et 4 pièces supplémentaires.

❶ Les trois pirates se partagent d'abord les piles de 10.

- **Combien de piles ont-ils chacun ? Combien de piles reste-t-il ?**

❷ Ils étalent les 10 pièces de la pile qui reste sur la table, à côté des 4 pièces déjà présentes. Ils se partagent alors les 14 pièces d'or.

- **Combien de pièces ont-ils chacun ? Combien en reste-t-il ?**

Après s'être partagé les 74 pièces d'or, combien de pièces ont-ils chacun au total ? Combien en reste-t-il ?

Je retiens

- Pour **poser une division**, il faut :
  – écrire l'opération **dans une potence** ;
  – effectuer le calcul **de gauche à droite**.

	7	6	5	
−	5		1	
	2			

Dividende : 76 — Diviseur : 5

	7	6	5	
−	5		1	5
	2	6	Quotient	
−	2	5		
	0	1		

Reste : 1

❶ **Je partage les dizaines :**
Dans 7, combien de fois 5 ?
5 × **1** = 5. J'écris **1** au quotient.
Je retire les 5 dizaines distribuées.
7 – 5 = 2. Il reste 2.

❷ **Je partage les unités :**
J'abaisse les 6 unités du dividende.
Dans 26, combien de fois 5 ?
5 × **5** = 25. J'écris **5** au quotient.
Je retire les 25 unités distribuées.
26 – 25 = 1. Il reste 1.

- Pour calculer les restes, **on peut effectuer les soustractions mentalement**.
- **Attention :** à la fin de l'opération, le reste doit être inférieur au diviseur.

Diviser : technique opératoire

1 ★ **Effectue la division.**

8	5	5

2 ★ **Pose et effectue les divisions.**

a. 94 : 4 **b.** 78 : 3

3 ★ **Pose et effectue les divisions.**

a. 61 : 5
48 : 3

b. 76 : 4
65 : 3

c. 85 : 4
95 : 5

4 ✶ PROBLÈME Les 3 enfants qui restent au périscolaire ont ramassé 53 fraises dans le jardin de l'école. Ils doivent se les partager. **Combien de fraises chaque enfant aura-t-il ? Combien de fraises restera-t-il après le partage ?**

5 ✶ **Effectue les divisions et indique le reste s'il y en a un.**

Pose les divisions uniquement quand c'est nécessaire.

a. 35 : 5
84 : 3
17 : 3

b. 59 : 4
22 : 2
75 : 5

6 ✶ PROBLÈME Charly part en vacances. Au bout de 3 jours, il a parcouru 936 km. **Combien de kilomètres a-t-il parcourus en moyenne chaque jour ?**

7 ✶✶ **Pose et effectue les divisions.**

a. 457 : 3
574 : 4
941 : 5
667 : 3
732 : 4

b. 729 : 4
682 : 3
855 : 5
964 : 4
583 : 5

8 ✶✶ PROBLÈME **Sachant qu'un volant de badminton pèse 5 grammes, combien de volants y a-t-il dans un lot pesant 685 grammes ?**

9 ✶✶ **Pose et effectue les divisions.**

a. 745 : 6
862 : 7
937 : 8
849 : 7
976 : 8

b. 668 : 6
779 : 7
999 : 9
666 : 5
898 : 6

10 ✶✶ PROBLÈME Un parc anin
quatre vétérinaires pour s'occu
des 552 animaux. **S'ils se parta
équitablement le nombre d'ani
combien d'animaux chaque véte
soignera-t-il ?**

11 ✶✶ PROBLÈME Avec 82 roses, Anne e
Vincent font des bouquets. **Combien peuvent-ils faire de bouquets de 6 roses ? De bouquets de 7 roses ?**

12 ✶✶✶ **Pose et effectue les divisions.**

a. 5 876 : 4
6 473 : 5
4 379 : 3
8 762 : 5
4 373 : 3

b. 9 697 : 8
7 595 : 6
8 668 : 7
9 672 : 6
8 985 : 8

13 ✶✶✶ PROBLÈME Un papetier a 4 655 cartes de vœux. Il veut faire des pochettes de 3 cartes et offrir les cartes restantes au premier client qui achètera une pochette.

a. **Combien de pochettes les employés peuvent-ils préparer ?**

b. **Combien de cartes aura le premier acheteur s'il achète une seule pochette ?**

DÉFI MATHS

Complète cette division avec les nombres : 0 , 1 , 2 , 3 , 4 , 5 .

Attention ! Tu dois effectuer les soustractions dans ta tête.

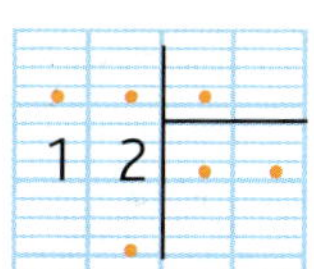

…tise les maths pour questionner le monde

Questionner le monde de la matière : étude des changements d'état de l'eau

L'eau existe sous plusieurs formes : solide (la glace), liquide (l'eau qui coule) et gazeuse (la vapeur).

A) La fusion

• Observe l'évolution de la température pendant la fonte de glaçons :

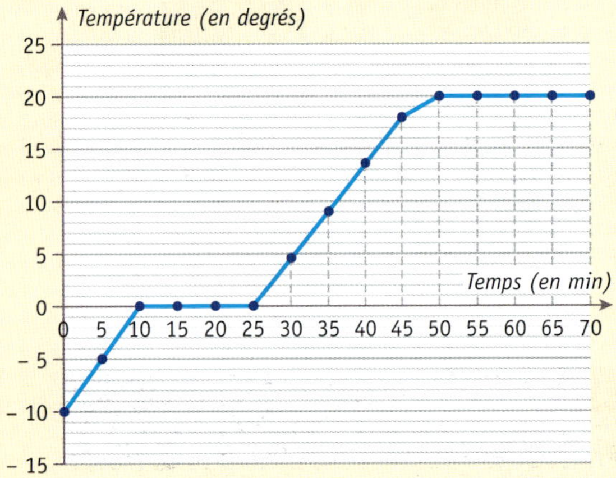

Étape 1. Au départ, les glaçons étaient à la température imposée par leur environnement, c'est-à-dire le congélateur.

1 À quelle température était réglé le congélateur ?

Étape 2. En les sortant du congélateur, on a placé les glaçons dans un autre environnement, celui de l'air ambiant, et leur température s'est ajustée à ce nouvel environnement.

2 Qu'a fait la température des glaçons ?

Étape 3. Lorsque l'eau change d'état, sa température se stabilise tout au long de ce changement, puis peut reprendre son évolution. Ainsi, lorsqu'un glaçon commence à fondre, pendant la **fusion**, sa température connait un palier. Ensuite, lorsque l'eau du glaçon est devenue complètement liquide, la température peut à nouveau augmenter.

3 À quelle température observe-t-on ce palier ?

4 À quelle température l'eau s'est-elle stabilisée en fin d'expérience ?

5 En combien de temps les glaçons ont-ils fondu ?

Le sais-tu ?

Lorsqu'elle est salée, l'eau gèle à une température plus basse que 0 °C (entre – 7 °C et – 10 °C environ). C'est pour cela que l'on répand du sel sur les routes l'hiver : cela empêche la formation de gel dangereux pour les voitures dès 0 °C.

6 Recopie et complète la conclusion de l'expérience.

Conclusion

La température de fusion de l'eau (passage de l'état solide à l'état liquide) est de .... .

B) La vaporisation

Lorsque l'eau est liquide, on peut augmenter sa température jusqu'à changer à nouveau son état ; elle est alors sous forme gazeuse. C'est la **vaporisation**, qui produit de la vapeur d'eau. Pour cela, il faut atteindre une température 5 fois supérieure à la température de la fin de l'expérience précédente.

7 À quelle température l'eau devient-elle de la vapeur ?

8 Avec les informations que tu connais à présent, indique le bon schéma de l'évolution de la température de l'eau pendant sa vaporisation.

Température de l'eau pendant la vaporisation

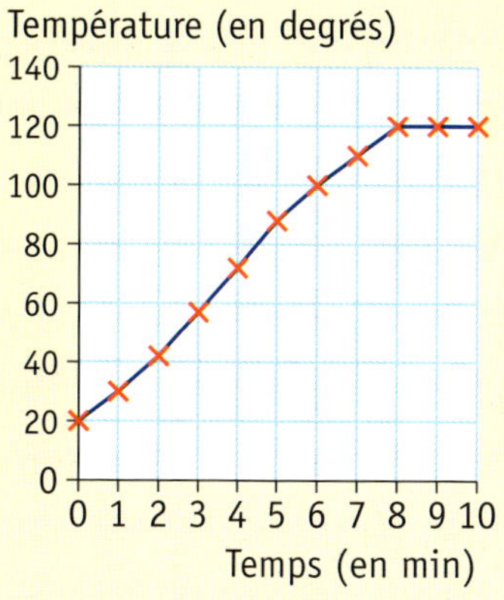

A

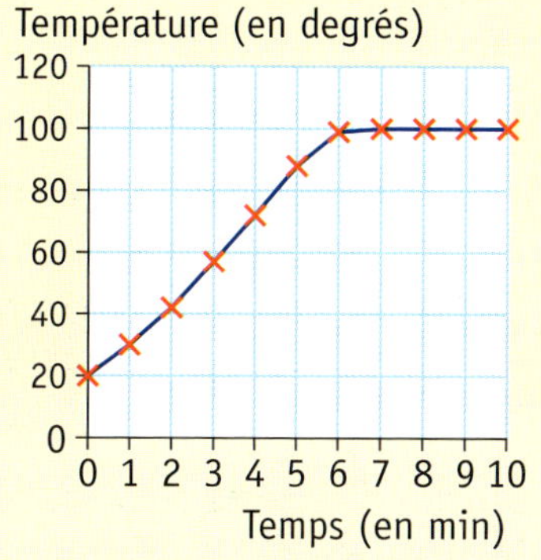

B

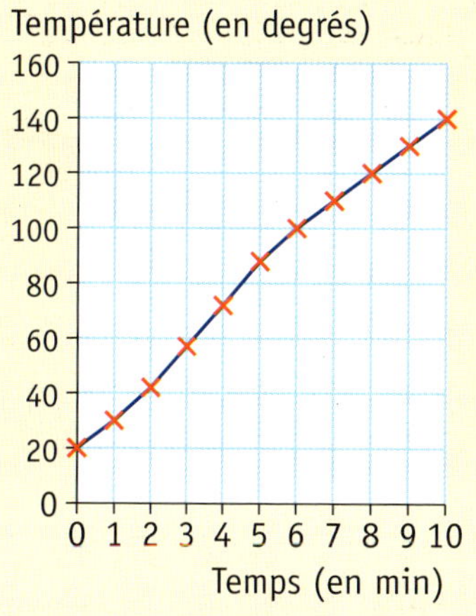

C

Langue vivante étrangère : découvrir quelques aspects culturels. Comparaison de différents temps scolaires entre la France et l'Angleterre

Voici quelques informations sur l'organisation des enseignements dans les écoles en France et en Angleterre.

	France	Angleterre
Jours de classe dans l'année	180	190
Durée des vacances d'été	9 semaines	6 semaines
Temps de pause méridien	2 heures	1 heure
Obligation de scolarité	De 6 à 16 ans	De 5 à 16 ans
Date de l'enseignement secondaire obligatoire	1933	1944

1 Combien de jours de classe les élèves anglais ont-ils en plus des élèves français ?

2 En été, combien de jours de vacances ont-ils en moins par rapport aux élèves français ?

3 Dans quel pays la scolarité obligatoire est-elle la plus longue ? Combien d'années représente-t-elle ?

4 De combien de minutes supplémentaires les élèves français disposent-ils pour manger par rapport aux élèves anglais ?

5 Combien d'années d'écart y a-t-il entre la France et l'Angleterre pour l'obligation de l'enseignement secondaire ?

6 En France, on compte 11 jours fériés, c'est-à-dire 3 jours fériés de plus qu'en Angleterre. Combien de jours fériés y a-t-il en Angleterre ?

Connaitre la relation entre euro et centime d'euro

Cherchons

- Écris en centimes d'euro la somme d'argent que possède Charlotte. Puis, écris cette somme en euros et centimes d'euro.
- Que penses-tu de ce que dit la boulangère ?

Je retiens

- La **monnaie** utilisée en France est l'**euro**. Son symbole est **€**. La France partage cette monnaie avec d'autres pays européens.

Les billets	Les pièces
	les euros  les centimes d'euro 

- **1 euro** équivaut à **100 centimes d'euro**. 1 € = 100 c

Utiliser la monnaie

1 ★ Dessine les billets nécessaires pour chaque somme. Utilise le moins de billets possible.

130 €   370 €   490 €   145 €

2 ★ Dessine les pièces nécessaires pour chaque somme. Utilise le moins de pièces possible.

7 €   3 € 50 c   4 € 75 c   8 € 17 c

Convertir des sommes

3 ✶ **Convertis chaque somme en centimes d'euro.**

Ex. : 3 € = 300 c

4 € 2 € 5 € 1 €

4 ✶ **Convertis chaque somme en euros.**

Ex. : 200 c = 2 €

400 c 500 c 100 c 300 c

5 ✶✶ **Convertis chaque somme en centimes d'euro.**

Ex. : 3 € 50 c = 300 c + 50 c = 350 c

4 € 50 c 2 € 21 c 3 € 10 c 3 € 1 c

6 ✶✶ **Convertis chaque somme en euros et centimes d'euro.**

Ex. : 350 c = 300 c + 50 c = 3 € 50 c

250 c 405 c 320 c 101 c 299 c

Comparer des sommes

7 ✶ PROBLÈME Marie a 2 €. Julie a 230 c. Sacha possède 2 € 28 c.

Qui a le plus d'argent ? Qui en a le moins ?

8 ✶✶ Voici le prix d'un litre de gasoil dans différents pays européens.

France : 1 € 20
Espagne : 111 c
Grèce : 1 € 16
Allemagne : 1 € 19
Danemark : 128 c
Suède : 1 € 43

Range ces prix du litre de gasoil dans l'ordre décroissant.

Calculer des sommes

9 ✶ PROBLÈME Léonie avait 4 € dans sa tirelire. Elle ajoute 2 billets de 10 €, 2 pièces de 2 € et 1 pièce de 50 c.

Quelle somme d'argent a-t-elle à présent ?

10 ✶✶ **Complète.**

a. 4 € 50 c + ... = 5 €

b. 9 € 75 c + ... = 10 €

c. 12 € 10 c + ... = 15 €

d. 8 € 87 c + ... = 20 €

11 ✶✶ PROBLÈME Lenny a un billet de 50 €.

Combien lui rendra-t-on s'il achète :

a. un skateboard à 23 € ?

b. des gants de boxe qui valent le double du skateboard ?

c. une combinaison de plongée à 46 € 50 c ?

d. une paire de chaussures de football à 42 € 80 c ?

12 ✶✶✶ PROBLÈME La maman de Nicolas veut acheter une tablette qui coute 376 € 50 c. Elle possède 400 € en billets de 10 €.

a. Combien de billets de 10 € va-t-elle donner pour payer son achat ?

b. Quelle somme d'argent va-t-on lui rendre ?

13 ✶✶✶ PROBLÈME Éléonore possède un billet de 5 €. Elle souhaite acheter des cartes postales qui coutent 1 € 20 c l'une.

a. Combien de cartes postales peut-elle acheter au maximum ?

b. Quelle somme va-t-elle payer si elle achète trois cartes postales ? Combien lui rendra-t-on ?

DÉFI MATHS

Tu as des billets de 10 €, des billets de 5 €, des pièces de 2 € et des pièces de 1 €.

Trouve plusieurs façons de réunir 13 €.

Il existe 16 solutions !

Lire l'heure

Cherchons

- Observe la montre de Thomas.
  – Que signifie le « 8 » ?
  – Que signifie le « 10 » ?
- Observe l'horloge de l'entrée.
  – Quelle aiguille indique les heures ?
  – Quelle aiguille indique les minutes ?

Je retiens

- Sur une horloge ou une montre à aiguilles, la **petite aiguille** indique les **heures**, la **grande aiguille** indique les **minutes**.
- Entre deux chiffres qui se suivent :
  – l'aiguille des heures parcourt 1 heure ;
  – l'aiguille des minutes parcourt 5 minutes. →

Il est 10 h 15 ou 10 heures et quart.

Il est 10 h 30 ou 10 heures et demie.

Il est 10 h 45 ou 11 heures moins le quart.

- On ne lit pas les heures de la même façon le matin et l'après-midi.

Heure du matin : 10 h 20
Heure du soir : 22 h 20

Lire l'heure

1 ✶ **Observe l'horloge.**
Colorie en orange la partie parcourue par la grande aiguille si 15 minutes s'écoulent.

2 ✶ **Observe l'horloge.**
Colorie en orange la partie parcourue par la grande aiguille si 35 minutes s'écoulent.

3 ✶ **Quelle heure est-il ?**

A

B

4 ✶ **Quelle heure est-il ?**

A

B

C

5 **Écris de deux façons différentes l'heure indiquée sur ces horloges.**

Ex. : 10 h 55 et 11 heures moins cinq

A

B

6 **Complète ce tableau.**

Heure du matin	Heure de l'après-midi
8 h 15	*20 h 15*
10 h 45	
	20 h 50
6 h 30	
	23 h 45
	21 h 40
3 h 20	

7 **Place les aiguilles sur les horloges en fonction des heures indiquées.**

8 h 30

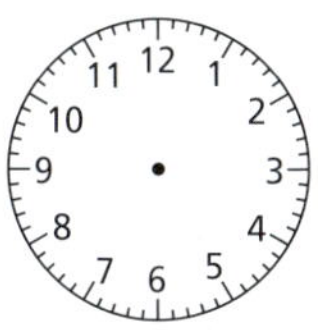
A

16 h 50

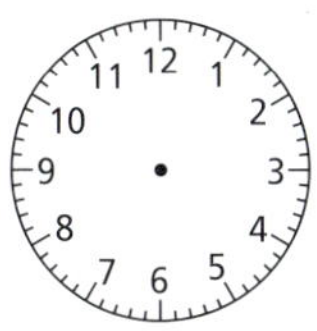
B

19 h 40

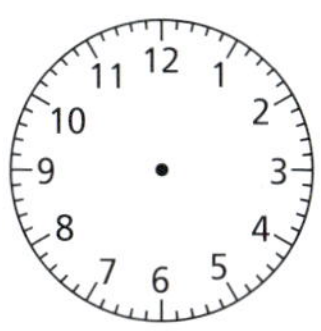
C

Calculer des durées

8 PROBLÈME Damien plonge dans la piscine à 10 h 20 et nage pendant un quart d'heure.
Quelle heure est-il quand il ressort ?

9 PROBLÈME **En combien de temps Loïc a-t-il préparé la pièce montée ?**

Début : 7 h 10

Fin : 9 h 40

10 PROBLÈME

Par mes deux oreilles, si j'arrive en retard, la duchesse se fâchera !

Jean Lapin est parti à 8 h 10 et arrive chez la duchesse un quart d'heure plus tard.
À quelle heure arrive-t-il ?

11 PROBLÈME À midi, Stella et Laura partent à la cantine. 45 minutes plus tard, elles sortent jouer dans la cour.

a. **À quelle heure sortent-elles dans la cour ?**

b. Elles rentrent en classe à 13 h 30.
Pendant combien de temps ont-elles joué dans la cour ?

12 PROBLÈME Le labre nettoyeur est un poisson qui nettoie et soigne les autres poissons. Pour nettoyer 100 poissons, il met 2 heures.
S'il commence à 9 heures moins le quart, à quelle heure termine-t-il ?

DÉFI MATHS

Yanis prend un avion pour Montréal.
Il décolle à 10 h de Paris pour 8 h de vol.
Lorsqu'il atterrit à Montréal, il est midi.
À ton avis, que s'est-il passé ?

Connaitre les relations entre les unités de temps

Cherchons

L'orque est un mammifère marin qui peut rester environ 20 minutes sous l'eau sans respirer !

Au maximum de sa vitesse, elle met en moyenne 65 secondes pour parcourir 1 km.

Elle a une gestation d'environ 18 mois.

- **La gestation de l'orque dure-t-elle plus ou moins d'un an ? Plus ou moins de deux ans ?**
- **L'orque met-elle plus ou moins d'une minute pour parcourir un kilomètre ? Plus ou moins de deux minutes ?**
- **L'orque peut-elle rester plus ou moins d'une heure sous l'eau ? Plus ou moins de 2 heures ?**

Je retiens

- Le **temps** peut se mesurer en **millénaires**, **siècles**, **années**, **mois**, **jours**, **heures**, **minutes**, **secondes**.

Dans 1 millénaire, il y a 1 000 ans.
Dans 1 siècle, il y a 100 ans.
Dans 1 année, il y a 12 mois. Il y a aussi 365 jours (366 les années bissextiles).
Dans 1 mois, il y a 30 ou 31 jours (28 ou 29 en février).
Dans 1 jour, il y a 24 heures.
Dans 1 heure, il y a 60 minutes : **1 h = 60 min.**
Dans 1 minute, il y a 60 secondes : **1 min = 60 s.**
Dans 1 heure, il y a 3 600 secondes : **1 h = 3 600 s.**

- Lorsqu'on veut **comparer des durées**, on doit d'abord les **exprimer avec la même unité**. On dit qu'on les convertit.

Estimer des mesures de durées

1 ★ **Associe la durée de chaque évènement à l'unité qui convient.**

a. une nuit de sommeil	siècles
b. l'âge du bronze	heures
c. la vie d'un chat	secondes
d. un plongeon	mois
e. une saison	années
f. le Moyen Âge	millénaires

Convertir des durées : années, mois, jours

2 ★ **Convertis les durées en mois.**

a. 1 an
b. 2 ans
c. 4 ans 1 mois
d. 3 ans 6 mois

3 ★ **a.** Vénus tourne autour du Soleil en 225 jours. **Est-ce plus ou moins d'une année ?**

b. La Terre tourne autour du Soleil en 365 jours. **À combien d'années cela correspond-il ?**

4 PROBLÈME Jules reçoit de ses parents 10 € chaque mois pendant 48 mois.
Pendant combien d'années reçoit-il cette somme ?

5 PROBLÈME Aujourd'hui, 24 novembre 2016, Kadiatou a 8 ans. Sa mère lui promet que pour ses 10 ans, elle lui achètera un nouveau vélo. **Combien de mois Kadiatou attendra-t-elle ?**

Convertir des durées : heures, minutes, secondes

6 **Convertis les durées en minutes.**

Rappelle-toi : 1 heure = 60 minutes.

a. 2 h
b. 5 h
c. 4 h
d. 3 h
e. 1 h 30 min
f. 2 h 10 min

7 PROBLÈME Estelle a mis 180 minutes pour lire *La Petite Sirène*. **Combien d'heures cela représente-t-il ?**

8 **Convertis les durées en secondes.**

Rappelle-toi : 1 minute = 60 secondes.

a. 3 min
b. 9 min
c. 10 min 40 s
d. 2 min 10 s

9 PROBLÈME Louise a 2 minutes de trajet entre la maison et son cours de judo.
Combien de secondes met-elle pour revenir de son cours ?

10 **Convertis les durées en heures et minutes.**

Ex. : 65 min = 60 min + 5 min = 1 h 5 min

a. 63 min
b. 70 min
c. 122 min
d. 86 min
e. 247 min
f. 320 min

11 PROBLÈME **Combien d'épisodes de *Yakari* de 10 min peut-on regrouper sur un DVD de 2 h ?**

12 PROBLÈME Sur la planète Turbo, deux génies ont créé un vaisseau dont la réserve de carburant permet de voyager pendant un siècle sans se ravitailler. **Après le départ, combien de fois devra-t-on faire le plein de carburant pour voyager pendant un millénaire ?**

13 PROBLÈME Pour s'endormir, la petite sœur de Maelys écoute des comptines sur un CD de 10 minutes. Chaque comptine dure 30 secondes. **Combien de comptines pourra-t-elle écouter en tout ?**

Comparer des durées

14 PROBLÈME Manon a 26 mois.
a. **Indique son âge en années et en mois.**
b. Son grand frère fête ses 3 ans.
Combien de mois a-t-il de plus qu'elle ?

15 PROBLÈME Michèle est partie travailler pendant 4 ans au Mexique. Axelle, elle, est partie pendant 30 mois. Virginie est partie pendant 300 jours.
Laquelle est partie le plus longtemps ?

16 **Complète avec <, > ou =.**

a. 55 min .... 1 h
b. 4 h .... 260 min
c. 2 h .... 120 min
d. 2 h .... 85 min
e. 160 min .... 3 h
f. 3 600 s .... 1 h

DÉFI MATHS

Simon et Julien sont partis faire le tour du monde. Simon est parti deux fois plus longtemps que Julien. Julien est parti 12 mois de moins que Simon. **Combien d'années chaque garçon est-il parti ?**

Mesurer des capacités

Cherchons

Pour préparer 1 litre de son cocktail préféré, Anita a besoin de :
– 50 cL de jus d'orange ;
– 35 cL de jus d'ananas ;
– 15 cL de jus de citron vert.

- **D'après cette recette, combien de centilitres faut-il pour faire un litre de boisson ?**

Je retiens

- Pour exprimer des **mesures de capacités**, on utilise souvent le **litre (L)** ou le **centilitre (cL)**.
- Pour **exprimer une mesure de capacité**, il faut choisir la **bonne unité**.
  Ex. : On mesure le contenu d'un verre en centilitres. On peut aussi le mesurer en décilitres.
  Un verre de 10 cL peut contenir la même quantité qu'un verre de 1 dL.
  On mesure le contenu d'une bouteille en litres (une bouteille d'eau peut contenir 2 L).
- Lorsqu'on veut **comparer** ou **calculer des capacités**, il faut d'abord les **exprimer dans la même unité**. On dit qu'on les convertit.
  Pour cela, on peut utiliser un tableau de conversion :

Unités de capacité		
L	dL	cL
1	0	0
	1	0

1 L = 10 dL = 100 cL

1 dL = 10 cL

Estimer des mesures de capacités

1 ⋆ **Mesure-t-on ces capacités en litres (L) ou en centilitres (cL) ?**

a. un verre de jus de fruits
b. une baignoire remplie d'eau
c. une bouteille de sirop contre la toux
d. une brique de lait
e. un biberon
f. un réservoir d'eau de jardin
g. une petite bouteille d'eau
h. un arrosoir
i. un bol de chocolat chaud

2 ⋆⋆ **Associe chaque capacité à l'objet qui lui correspond.**

200 L — 10 cL — 1 L — 25 L
2 L — 1 cL — 1 500 L — 25 cL

a. un évier
b. un verre de soda
c. une piscine en plastique
d. une gourde d'eau
e. un grand aquarium de salon
f. une seringue
g. une bouilloire
h. une tasse à café

Convertir des capacités

3 ✶ **Convertis les capacités en centilitres.**

Ex. : 2 L = 200 cL

Tu peux t'aider d'un tableau de conversion.

a. 5 L	**d.** 76 L
b. 12 L	**e.** 60 L
c. 8 L	**f.** 98 L

4 ✶ **Convertis les capacités en litres.**

Ex. : 200 cL = 2 L

a. 100 cL	**d.** 5 000 cL
b. 400 cL	**e.** 3 000 cL
c. 1 000 cL	**f.** 600 cL

5 ✶✶ **Convertis en centilitres.**

Ex. : 2 L 40 cL = 200 cL + 40 cL = 240 cL

a. 3 L 50 cL	**d.** 4 L 20 cL
b. 8 L 1 cL	**e.** 25 L 30 cL
c. 32 L 70 cL	**f.** 10 L 3 cL

6 ✶✶ **Encadre les mesures de capacités, au litre près.**

Ex. : 3 L < 350 cL < 4 L

Pour t'aider, tu peux convertir ces mesures en litres et centilitres.

a. 250 cL	**d.** 670 cL
b. 480 cL	**e.** 3 480 cL
c. 1 603 cL	**f.** 708 cL

Comparer des capacités

7 ✶ PROBLÈME Voici la consommation d'eau par jour et par habitant dans certains pays d'Europe.

Pologne : 9 800 cL
Suisse : 202 L
Autriche : 153 L
Allemagne : 129 L

Range ces consommations d'eau dans l'ordre croissant.

Pense à tout convertir dans la même unité.

8 ✶✶ PROBLÈME Pour réaliser la recette du lait à la fraise pour 5 enfants, il faut 2 L de lait. Pour faire 4 pots de confiture de lait, il faut 100 cL de lait. **Pour quelle recette faut-il le plus de lait ? Justifie ta réponse.**

9 ✶✶ **Complète avec <, > ou =.**

a. 680 cL .... 6 L 80 cL
b. 3 L .... 340 cL
c. 600 cL .... 5 L 10 cL
d. 609 cL .... 6 L 9 cL

Calculer des capacités

10 ✶ PROBLÈME **Combien de fioles de 2 dL peut-on remplir avec une bouteille de 1 L de parfum ?**

11 ✶✶ PROBLÈME Dans sa maquette de train à vapeur, Simon peut verser un demi-litre d'eau dans le réservoir. Il n'a à portée de main que des gobelets de 5 cL.

Combien de gobelets d'eau devra-t-il verser pour remplir son réservoir ?

12 ✶✶ PROBLÈME Pour arroser son potager, Mme Matou a besoin de 9 000 cL d'eau.

a. **Combien de litres d'eau cela représente-t-il ?**

b. Elle a un arrosoir de 10 L. **Combien de fois devra-t-elle le remplir ?**

DÉFI MATHS

Le savais-tu ?

Il faut 400 L de lait pour confectionner une meule de gruyère AOC Suisse de 35 kg.

Sachant qu'une vache produit en moyenne 5 000 cL de lait par jour, de combien de vaches a-t-on besoin pour fabriquer une meule dans une journée ?

Mesurer des masses

Cherchons

Chris confectionne un décor en pâte d'amande pour le gâteau d'anniversaire de sa sœur.

- **En utilisant ce que disent Chris et sa mère, combien de grammes faut-il pour faire un kilogramme ?**

Je retiens

- Pour **exprimer des mesures de masses**, on utilise souvent le **gramme (g)**, le **kilogramme (kg)** et la **tonne (t)**.
- Pour **exprimer une mesure de masse**, il faut choisir la **bonne unité**.
  Ex. : Une plume se pèse en grammes.
  Une personne se pèse en kilogrammes.
  Un camion se pèse en tonnes.
- Lorsqu'on veut **comparer** ou **calculer des masses**, il faut d'abord les **exprimer dans la même unité**. On dit qu'on les convertit.
  Pour cela, on peut utiliser un tableau de conversion :

Unités de masse						
t			**kg**			**g**
1	0	0	0			
			1	0	0	0

1 t = 1 000 kg

1 kg = 1 000 g

Estimer des masses

1 ⋆ **Mesure-t-on ces masses en grammes ou en kilogrammes ?**

a. un stylo
b. un bébé
c. un phasme
d. un chien
e. un croissant
f. un cheval
g. une salade
h. une bande dessinée

2 ⋆ **Associe chaque masse à l'objet ou à l'animal qui lui correspond.**

15 g 15 t 15 kg 3 g 100 kg 200 g

a. une fourmi
b. un vélo
c. un bonbon
d. une baguette de pain
e. un autobus
f. un sanglier

Mesurer et exprimer des masses

3 **Écris le poids indiqué par chaque balance, en précisant l'unité.**

A

B

Convertir des masses

4 **Convertis en grammes.**

Ex. : 5 kg = 5 000 g

a. 3 kg **b.** 8 kg **c.** 7 kg **d.** 4 kg

5 **Convertis en kilogrammes.**

Ex. : 7 000 g = 7 kg

a. 5 000 g **c.** 4 000 g
b. 2 000 g **d.** 9 000 g

6 **Convertis dans l'unité demandée.**

a. 8 000 kg = ... t **c.** 6 t = ... kg
b. 5 000 kg = ... t **d.** 8 t = ... kg

7 **Convertis en grammes.**

Ex. : 2 kg 500 g = 2 000 g + 500 g = 2 500 g

a. 3 kg 200 g **b.** 3 kg 5 g **c.** 6 kg 20 g

8 **Convertis en kilogrammes et grammes.**

Ex. : 4 007 g = 4 000 g + 7 g = 4 kg 7 g

a. 2 700 g **c.** 3 080 g
b. 6 008 g **d.** 4 052 g

9 **Range les animaux du plus lourd au plus léger.**

Aigle : 5 kg
Chat : 4 000 g
Caniche nain : 7 kg
Poule : 2 000 g
Dindon : 8 kg

Comparer des masses

10 **Complète avec <, > ou =.**

a. 1 250 g .... 1 kg 250 g
b. 7 kg .... 7 400 g
c. 2 kg 40 g .... 2 400 g
d. 4 kg 30 g .... 4 030 g
e. 2 400 g .... 2 kg 4 g

11 PROBLÈME Des jumeaux sont pesés à la naissance. Killian pèse 2 400 g et Tania 3 030 g. **Encadre le poids de chaque bébé entre deux masses en kilogrammes.**

12 PROBLÈME Deux aventuriers sortent d'une caverne les bras chargés d'or et d'émeraudes. Ils souhaitent les ranger dans deux coffres sans les mélanger, mais chacun des coffres ne peut contenir que 7 kg.

a. **Encadre le poids de chaque trésor entre deux masses en kilogrammes.**
Pièces d'or : entre .... kg et .... kg.
Émeraudes : entre .... kg et .... kg.

b. **Pourront-ils ranger tout leur or en sureté ? Et toutes leurs émeraudes ? Pourquoi ?**

DÉFI MATHS

Entre un sac d'un kilogramme de sable, un sac de 500 grammes de fer et un sac de 1 500 grammes de plumes, lequel est le plus lourd ?

Je révise

Connaitre la relation entre euro et centime d'euro

1 ★ **Dessine les billets ou les pièces nécessaires pour chaque somme. Utilise le moins de monnaie possible.**

240 € | 675 € | 4 € 50 c | 2 € 73 c | 70 € 30 c

2 ★★ PROBLÈME Yang possède 24 € 30 c. Il voudrait acheter une montre à 50 €.

Quelle somme d'argent lui manque-t-il ?

3 ★★ **Recopie puis convertis dans l'unité demandée.**

a. 4 € = ... c
b. 600 c = ... €
c. 10 € = ... c
d. 6 € 30 = ... c
e. 560 c = ... € c
f. 708 c = ... € c

4 ★★ **Complète avec <, > ou =.**

a. 28 € .... 280 c
b. 164 c .... 16 € 4 c
c. 2 730 c .... 27 € 30 c

5 ★★ PROBLÈME Lors d'un vide-grenier, Laura a vendu son vieux nounours à 2 €, son poupon à 3 € 50 c, son premier imagier à 80 c. Elle dit qu'elle a gagné 5 € 30 c. **A-t-elle raison ? Justifie ta réponse.**

6 ★★ PROBLÈME À la boulangerie, Juliette achète un cochon en pâte d'amande à 2 €. Elle n'a que des pièces de 20 c. **Combien de pièces doit-elle donner à la vendeuse ?**

7 ★★ PROBLÈME Pour acheter un casque d'escalade à 69 € 99 c, Loriane donne deux billets de 50 € à la vendeuse. **Combien la vendeuse doit-elle lui rendre ?**

Connaitre les relations entre les unités de temps

8 ★ **Écris de deux façons différentes l'heure indiquée sur ces horloges.**

Ex. : 9 h 40 et 10 heures moins 20

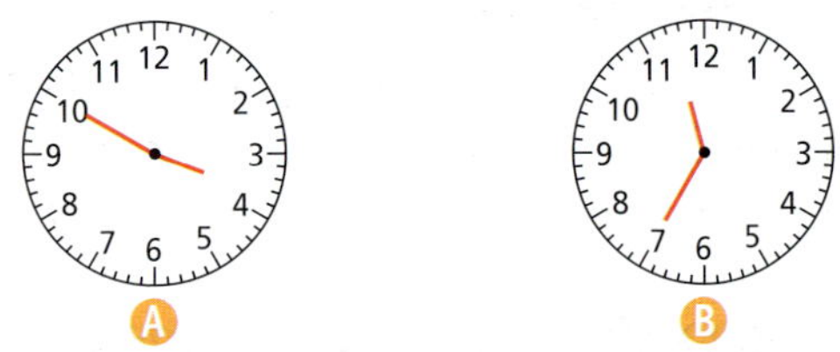

9 ★ PROBLÈME La durée de gestation d'une femelle éléphant est de 660 jours. **Cela représente-t-il plus ou moins de 2 années ? Justifie ta réponse.**

10 ★★ **Recopie puis convertis ces durées dans l'unité demandée.**

a. 3 min = ... s
b. 5 min 10 s = ... s
c. 123 min = ... h .... min
d. 78 min = ... h .... min

11 ★★ PROBLÈME Tous les matins, à partir de 8 h 30, la maitresse de Camille commence la classe par trois quarts d'heure de lecture. **À quelle heure la lecture est-elle terminée ?**

12 PROBLÈME Pour aller chez ses grands-parents, Typhaine effectue un trajet en voiture de 120 minutes. **Combien d'heures passera-t-elle dans la voiture pour faire l'aller-retour ?**

Connaitre la relation entre litre et centilitre

13 PROBLÈME Dans sa brasserie, Aaron n'a plus que 2 litres de jus d'orange. **Combien de verres de 25 cL peut-il encore servir ?**

14 Recopie puis convertis dans l'unité demandée.

a. 3 L = ... cL
b. 11 L = ... cL
c. 5 L 20 cL = ... cL
d. 500 cL = ... L
e. 1 500 cL = ... L
f. 9 L 6 cL = ... cL

15 Encadre les mesures de capacités, au litre près.

Ex. : 6 L < 650 cL < 7 L

a. 410 cL
b. 908 cL
c. 1 540 cL
d. 1 002 cL

16 Complète avec <, > ou =.

a. 4 L .... 400 cL
b. 300 cL .... 3 L 3 cL
c. 6 L .... 66 cL
d. 2 L 9 cL .... 390 cL
e. 14 L .... 1 400 cL
f. 875 cL .... 8 L 7 cL

17 PROBLÈME **Combien d'éprouvettes de 15 cL le chimiste peut-il remplir complètement avec une bouteille de 1 L de chlore ? En restera-t-il dans la bouteille ?**

Connaitre la relation entre kilogramme et gramme

18 PROBLÈME Le petit frère d'Agathe vient de naitre : il pèse 2 kg 650 g. Le médecin l'autorisera à sortir de la maternité lorsqu'il pèsera 3 kg.
Combien de grammes doit-il prendre avant de rentrer chez lui ?

19 Recopie puis convertis dans l'unité demandée.

a. 5 000 g = ... kg
b. 4 kg = ... g
c. 2 460 g = ... kg .... g
d. 3 kg = ... g
e. 9 000 g = ... kg

20 PROBLÈME Sylvain a 600 g de pâtes dans un sachet et 500 g dans un second.

a. **Quelle masse de pâtes (en kilogrammes et grammes) a-t-il en tout ?**

b. **Quelle masse lui manquerait-il s'il voulait préparer 3 kg de pâtes ?**

21 PROBLÈME Le papy d'Emie fait de la confiture d'abricot. Il a rempli 8 pots pouvant contenir 150 g de confiture chacun. **Quelle est la masse totale des confitures ? (Écris ta réponse en kilogrammes et grammes.)**

22 PROBLÈME

Quelle est la masse de poissons pêchés en kilogrammes et grammes ?

23 PROBLÈME Certains rhinocéros peuvent peser 3 tonnes. Les girafes, elles, peuvent peser jusqu'à 1 500 kilogrammes !
Lequel des deux animaux est le plus lourd ? Pourquoi ?

GRANDEURS ET MESURES

Mesurer des longueurs

Cherchons

Les enfants observent la coccinelle qui s'est posée sur le doigt de Bilal.

- **Qui a raison ?**
- **Que peut-on mesurer en kilomètres ? En mètres ? En décimètres ? En centimètres ? En millimètres ?**

Je retiens

- On peut **exprimer une longueur avec différentes unités** :

le millimètre (mm)	le centimètre (cm)	le décimètre (dm)	le mètre (m)	le kilomètre (km)
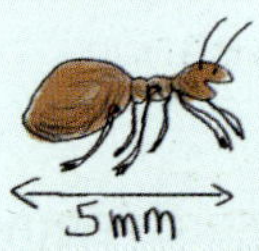	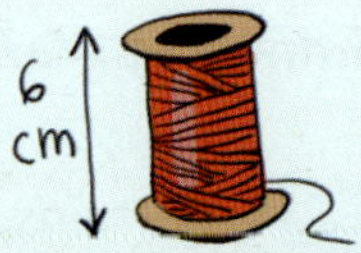	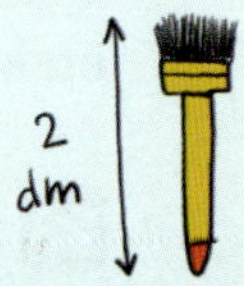		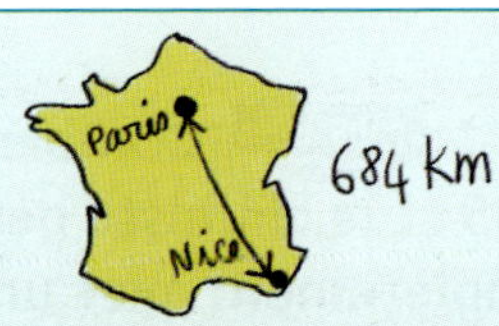

- En fonction de la taille de l'objet à mesurer, on **choisit l'une ou l'autre des unités**.
- Pour mesurer de façon exacte, **on pose le trait du 0 de la règle graduée sur le bord de l'objet** à mesurer, et **on lit sa longueur à l'autre extrémité**.

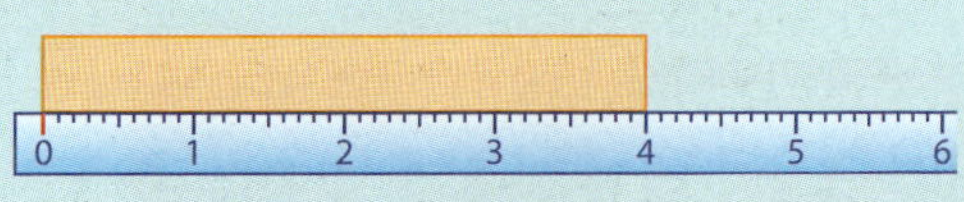

La bande orange mesure 4 cm.

Estimer des mesures de longueurs

1 ★ **Mesure-t-on ces longueurs en mètres ou en kilomètres ?**

a. la distance Paris-Lyon
b. la longueur d'une piste d'athlétisme
c. la longueur d'une piscine
d. la hauteur du Mont-Blanc

2 ★ PROBLÈME Thomas et Emie mesurent la longueur du jardin. Thomas dit que le jardin mesure 20 cm et Emie lui explique que c'est impossible parce que 20 cm c'est la taille d'une règle.

a. Qui a raison ?
b. Quelle est l'unité à utiliser pour mesurer le jardin ?

Mesurer et comparer des longueurs

3 ★ Mesure les segments.

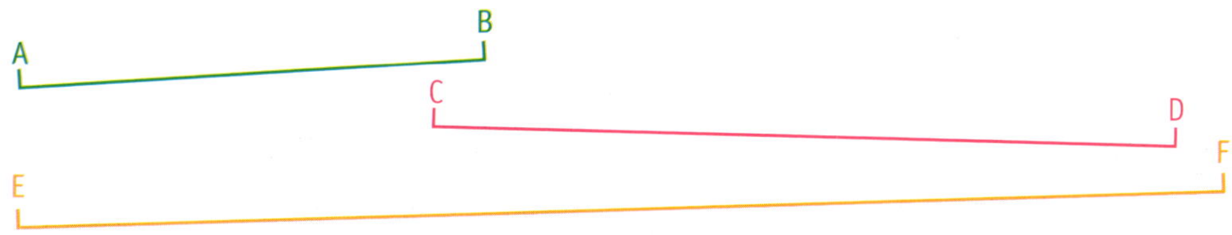

4 ★ **a.** Mesure les bandes et indique leur longueur en centimètres et millimètres.

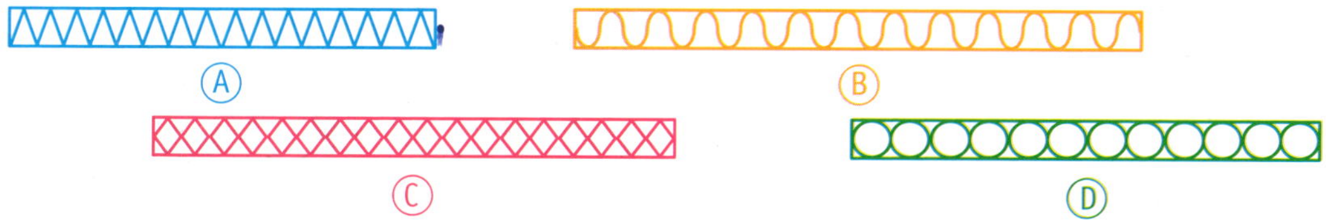

b. Range-les de la plus longue à la plus courte.

5 ★★ Mesure les segments. Encadre leur longueur entre les deux mesures en centimètres les plus proches. *Ex. : La longueur de [AB] est comprise entre 6 cm et 7 cm.*

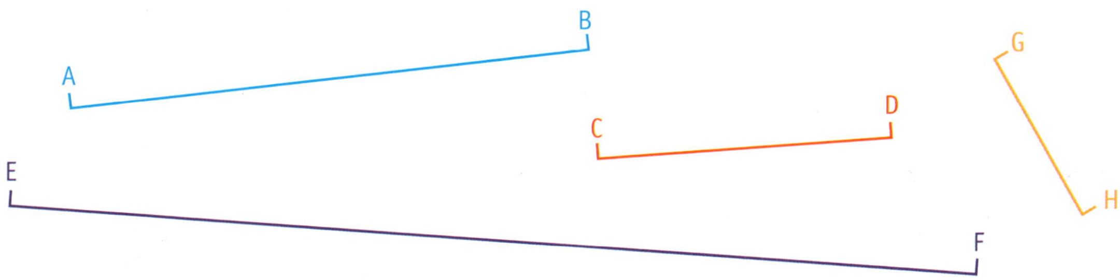

6 ★★ Mesure et calcule la longueur des galeries de cette fourmilière en formation.

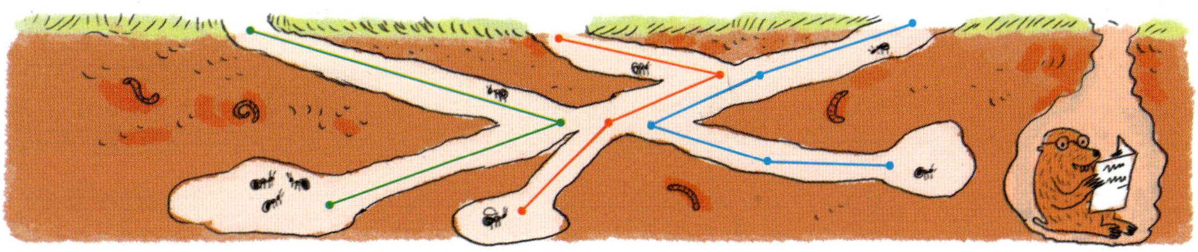

Quel trajet est le plus long ? Le plus court ?

Tracer des longueurs

7 ★ Trace les segments : AB = 6 cm CD = 13 cm EF = 2 cm 5 mm GH = 9 cm 2 mm

DÉFI MATHS

Émeric doit tracer une ligne brisée composée de 5 segments et mesurant 20 cm.

Trouve trois tracés différents possibles.

Pour que les lignes brisées soient différentes, fais varier la longueur des segments.

Connaitre les relations entre les unités de longueur

Cherchons

Alaka'i et Mahina, qui plongent régulièrement dans le récif de Tahiti, font une course sous-marine en direction des coraux. Au signal de fin de la course, Alaka'i est à 4 m des coraux, et Mahina à 640 cm.

- **Qui est le plus proche du but ?**

Je retiens

- Pour **exprimer une longueur**, on utilise souvent le **kilomètre (km)**, le **mètre (m)**, le **décimètre (dm)**, le **centimètre (cm)** et le **millimètre (mm)**.
- Lorsqu'on veut **comparer** ou **calculer des longueurs**, on doit d'abord les **exprimer dans la même unité**. On dit qu'on les convertit.
  Pour cela, on peut utiliser un tableau de conversion :

Unités de longueur						
km	hm	dam	m	dm	cm	mm
1	0	0	0			
			1	0	0	
			1	0		
				1	0	
					1	0

1 km = 1 000 m

1 m = 100 cm

1 m = 10 dm

1 dm = 10 cm

1 cm = 10 mm

Convertir des longueurs

1 ★ **Convertis les longueurs en millimètres.** *Ex. : 6 cm = 60 mm*

a. 3 cm
b. 12 cm
c. 7 cm
d. 590 cm
e. 40 cm
f. 5 m
g. 6 m
h. 2 m
i. 32 dm
j. 4 dm
k. 20 dm
l. 18 cm

2 ★ **Convertis les longueurs en centimètres.** *Ex. : 9 m = 900 cm*

a. 7 m
b. 3 m
c. 43 m
d. 56 m
e. 8 m
f. 38 m
g. 330 mm
h. 150 mm
i. 640 mm
j. 210 mm
k. 500 mm
l. 490 mm

3 ⭑ **Convertis les longueurs en kilomètres et mètres.**

Ex. : 3 800 m = 3 000 m + 800 m = 3 km 800 m

a. 1 200 m **b.** 6 780 m **c.** 3 603 m

4 ⭑ **Convertis les longueurs en centimètres.**

Ex. : 4 m 50 cm = 400 cm + 50 cm = 450 cm

a. 3 m 50 cm **b.** 60 m 30 cm **c.** 26 m 1 cm

5 ⭑⭑ **Recopie et convertis dans l'unité demandée.**

a. 4 km = ... m
b. 90 mm = ... cm
c. 32 m = ... cm
d. 3 m = ... cm
e. 2 000 m = ... km
f. 164 cm = ... mm
g. 640 mm = ... cm
h. 6 dm = ... cm

6 ⭑⭑ PROBLÈME Léandre doit avoir pour la rentrée prochaine une règle appelée « double décimètre », mais il ne sait pas à quelle taille de règle cela correspond.
Indique le nombre de centimètres de cette règle.

Aide-toi du nom de cette règle !

7 ⭑⭑ PROBLÈME Pour confectionner une robe, Marie a acheté la moitié d'un rouleau de 160 cm de tissu. **Combien de décimètres de tissu a-t-elle achetés ?**

Comparer des longueurs

8 ⭑ **Complète avec <, > ou =.**

Tu peux utiliser un tableau de conversion.

a. 4 km .... 5 000 m
b. 27 mm .... 2 cm
c. 1 230 m .... 1 km 230 m
d. 2 km 400 m .... 2 540 m

9 ⭑⭑ **Lis ces longueurs.**

1 km 39 m | 1 200 m 40 mm | 1 km 300 m | 2 000 m 239 cm | 1 km 240 m

Recopie seulement les longueurs supérieures à 1 239 m.

10 ⭑⭑ Voici la taille de quelques papillons :

L'Argus bleu : 30 mm
L'Atlas : 30 cm
L'Écaille tigrée : 35 mm
L'Aurore : 40 mm
Le Goliath : 280 mm
La Reine Alexandra : 320 mm

a. **Quel papillon mesure 4 cm ?**
b. **Quel papillon mesure plus de 30 cm ?**
c. **Range ces papillons du plus petit au plus grand.**

Calculer des longueurs

11 ⭑ PROBLÈME **Combien de rubans de 50 cm faut-il pour faire une guirlande de 3 m ?**

12 ⭑⭑ PROBLÈME Pour la fête de l'école, les élèves de la classe de CE2 ont besoin d'une guirlande. Ils n'en ont qu'une de 30 décimètres et ils ont besoin d'une guirlande 3 fois plus grande. La maitresse leur propose une guirlande de 8 mètres.
Cette guirlande convient-elle ?

13 ⭑⭑ PROBLÈME Trois amies décident de mesurer l'avenue des Champs-Élysées à Paris. Elles l'ont délimitée en 3 sections, chacune mesurant la longueur de l'une de ces sections.

Quelle est, en mètres, la longueur totale des Champs-Élysées ?

DÉFI MATHS

Pour construire la plus haute tour du monde, un architecte veut d'abord en réaliser une maquette de 450 cm de haut. Il veut la construire avec des blocs de 1 m de haut et des pavés de 30 cm de haut. **Quel empilement peut-il faire ?**

Calculer le périmètre d'un polygone

Activités numériques :
lienmini.fr/opmce2

Cherchons

Le roi veut faire construire une barricade tout autour des douves de son château fort.

- **Quelle longueur de barricade sera nécessaire en tout ?**

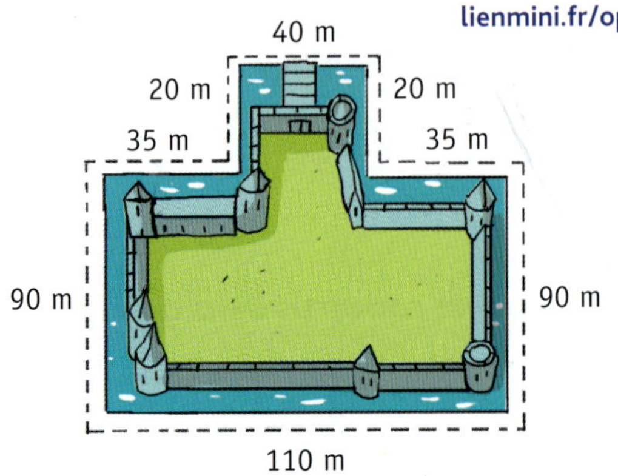

Je retiens

- Le **périmètre** est la **longueur du contour d'une figure géométrique**.
- On **calcule le périmètre** d'une figure en **additionnant la longueur de ses côtés**.

Ex. :

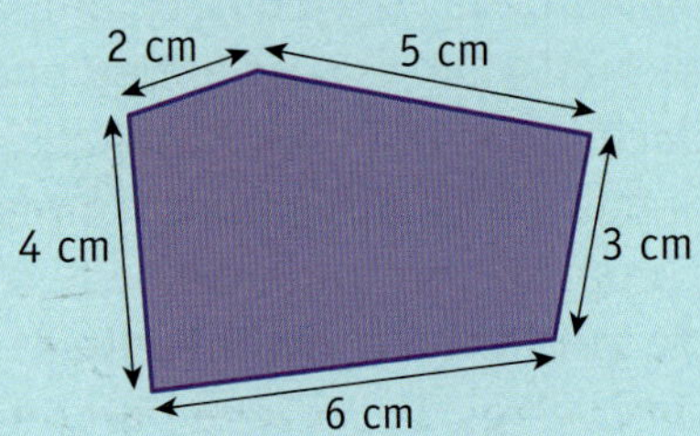

5 + 3 + 6 + 4 + 2 = 20
Le périmètre de cette figure est de 20 cm.

Comprendre la notion de périmètre

1 ✶ **Quelle figure a le plus grand périmètre ?**

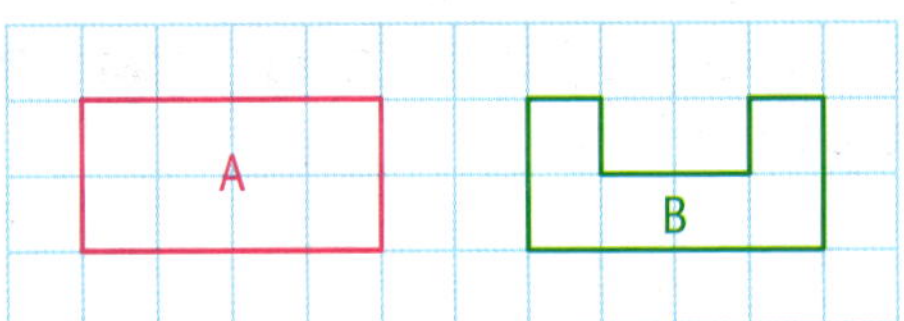

2 ✶✶ **Associe les figures qui ont le même périmètre.**

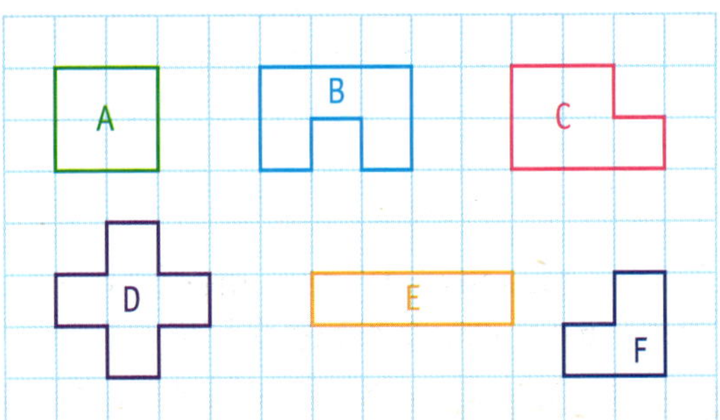

3 ✶✶ **Trace une figure qui a le même périmètre que le modèle mais pas la même forme.**

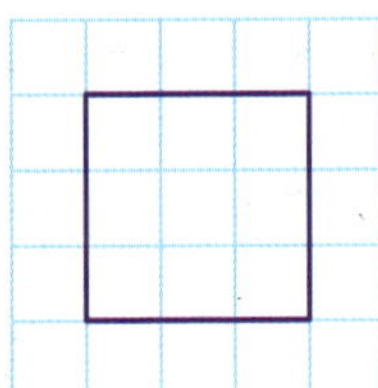

Calculer un périmètre

4 ✶ **Mesure les côtés de ce polygone et calcule son périmètre en centimètres.**

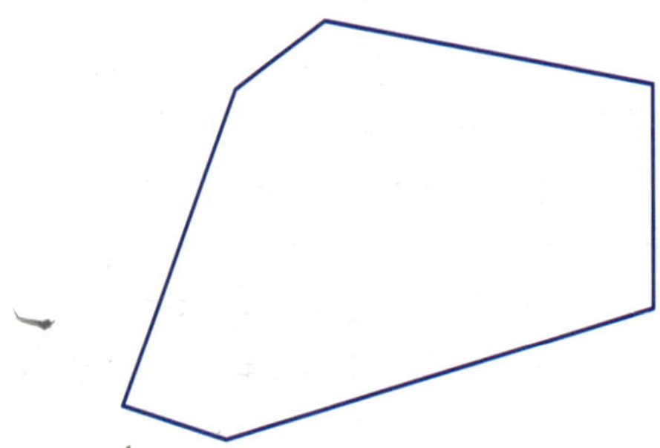

5 Mesure les côtés de chaque figure et calcule leur périmètre en centimètres.

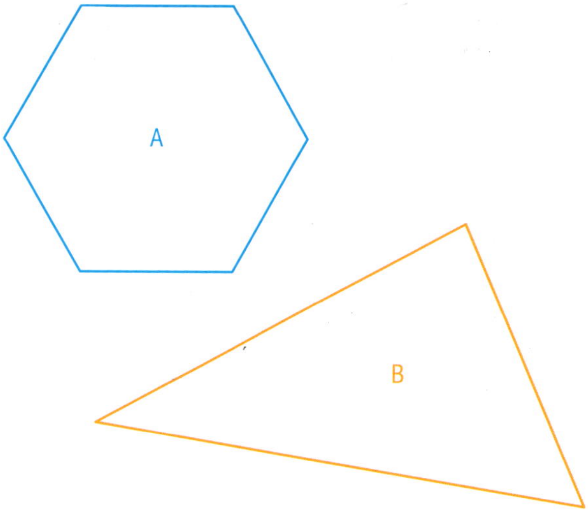

6 PROBLÈME Des sportifs s'entrainent en courant autour d'un parc carré qui a pour côté 500 m.

a. **Quelle est la longueur d'un tour de parc ?**

b. Ils effectuent quatre tours complets. **Quelle distance auront-ils parcourue à la fin de l'entrainement ? (Indique cette distance en mètres, puis en kilomètres.)**

7 PROBLÈME Papi Daniel pose des rondins de bois sur le sol tout autour du jardinet qu'il a conçu pour ses petits-enfants.

Sachant que ce jardinet est un carré de 5 m de côté, de quelle longueur de rondins aura-t-il besoin ?

8 PROBLÈME Mme Prévost veut fermer, avec du grillage, son jardin rectangulaire de 36 m de longueur et 24 m de largeur.

a. **Quel est le périmètre du jardin ?**

b. Elle souhaite laisser 2 m d'ouverture sans grillage dans l'une des longueurs. **De quelle longueur de grillage aura-t-elle besoin ?**

9 PROBLÈME Tina doit dessiner un triangle qui a pour périmètre 28 cm 4 mm. Un des côtés du triangle mesure 14 cm 3 mm, et un autre côté mesure 6 cm 1 mm.

Quelle est la mesure du troisième côté ? (Indique ta réponse en centimètres, puis en millimètres.)

10 PROBLÈME La maitresse marque le tour de la zone rouge réservée à la bibliothèque de la classe avec du scotch orange.

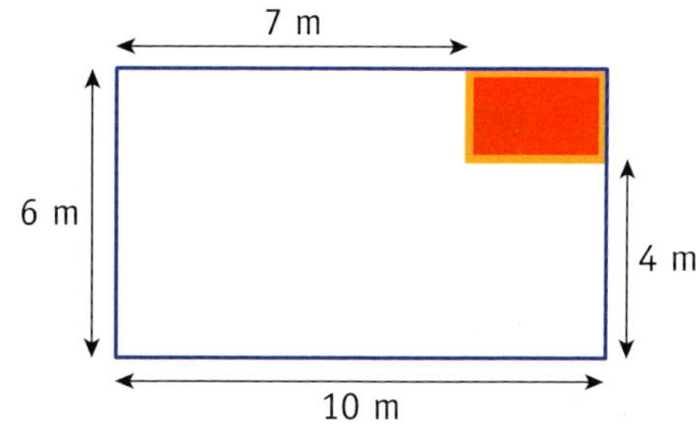

De quelle longueur de scotch a-t-elle besoin ?

11 PROBLÈME **a.** Le cortège de carnaval fait 4 fois le tour de la place centrale de la ville. Cette place a la forme d'un carré de 125 m de côté. **Quelle longueur totale, en kilomètres, le cortège parcourt-il ?**

b. Un clown athlète participe au défilé en courant. Il parcourt 12 fois le tour de la place ! **Quelle longueur parcourt-il ?**

12 PROBLÈME Pour rénover l'Arc de Triomphe, une barrière de sécurité est installée autour du monument et à 1 m de celui-ci. **Quelle est la longueur totale des barrières à prévoir ?**

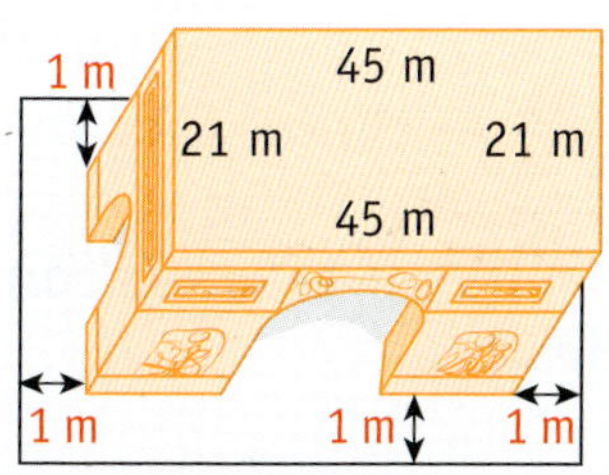

DÉFI MATHS

Trace un carré et un rectangle dont chaque périmètre est égal à 20 cm.

Mesurer et tracer des longueurs

1 ★ **Trace les segments.**

AB = 5 cm CD = 8 cm EF = 12 cm

2 ★★ **Trace les segments.**

GH = 7 cm 5 mm IJ = 2 cm 2 mm

KL = 4 cm 9 mm

3 ★★ **Mesure les segments. Encadre chacune des longueurs au centimètre près.**

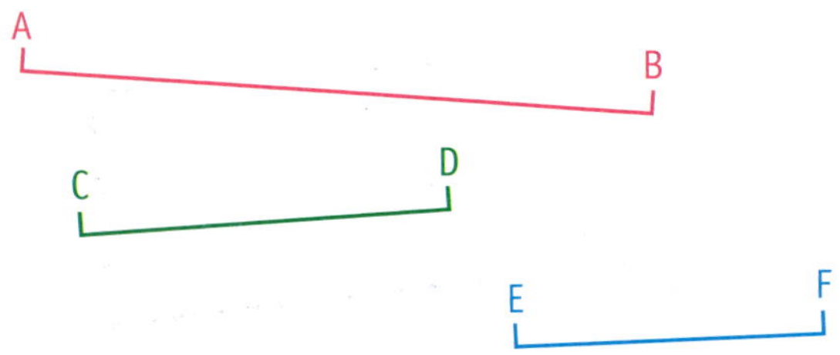

Connaitre les relations entre les unités de longueur

4 ★ **Convertis les longueurs en centimètres.**

a. 24 m
b. 14 dm
c. 5 m
d. 39 dm
e. 70 mm
f. 130 mm
g. 530 dm
h. 36 m

5 ★ PROBLÈME Au club de GRS, il y a des rubans roses de 450 cm et des rubans jaunes de 4 m 30 cm. **Lesquels sont les plus longs ?**

6 ★★ **Recopie et convertis dans l'unité demandée.**

a. 7 km 25 m = ... m
b. 8 m 56 cm = ... cm
c. 4 m = ... mm
d. 8 000 m = ... km
e. 604 cm = ... m .... cm
f. 200 cm = ... dm = ... m

7 ★★ PROBLÈME Une cycliste fait 5 tours de vélodrome, qui a pour longueur 370 m.

a. Quelle longueur totale, en mètres, la cycliste parcourt-elle ?

b. Indique cette distance en kilomètres et mètres.

8 ★★ PROBLÈME **a. Avec une planche de 4 mètres, combien d'étagères de 50 cm peut-on faire ?**

b. Combien de bandes de 25 cm faut-il pour faire une guirlande de 5 m ?

9 ★★ PROBLÈME Clément veut aller de Maxiville à Miniville. **Aide-le à trouver le chemin le plus court.**

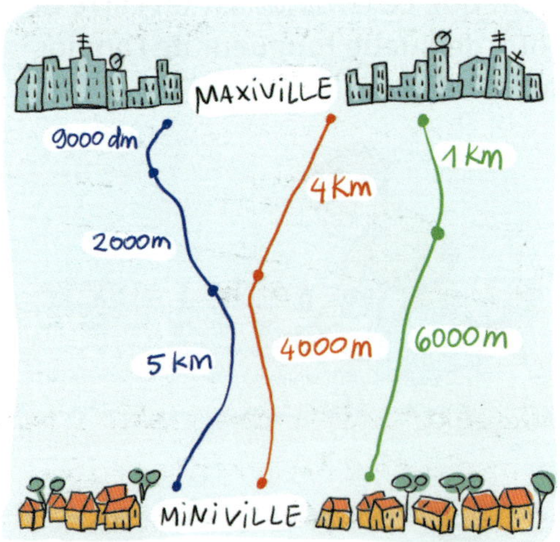

10 ★★★ PROBLÈME Devant sa maison, Iris a une allée de 10 m de long. Elle veut poser des bordures en bois le long des deux côtés de cette allée. Elle achète des bordures de 50 cm de long. **Combien devra-t-elle en utiliser pour border les deux côtés ?**

Comparer, mesurer et calculer un périmètre

11 ✶ **Mesure les côtés de chaque figure, puis calcule leur périmètre.**

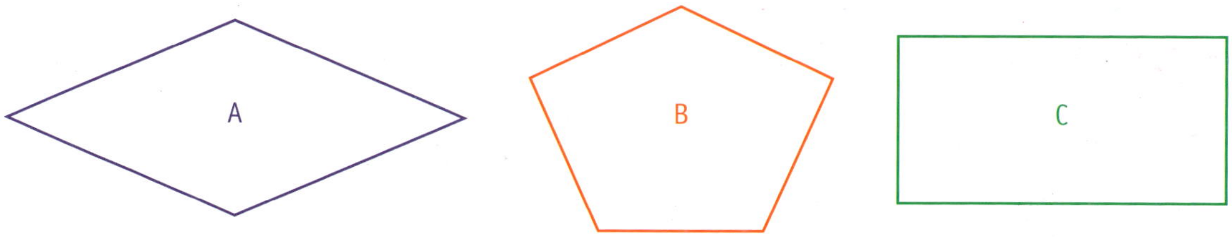

12 ✶✶ **Observe les figures. Range leur périmètre du plus petit au plus grand.**

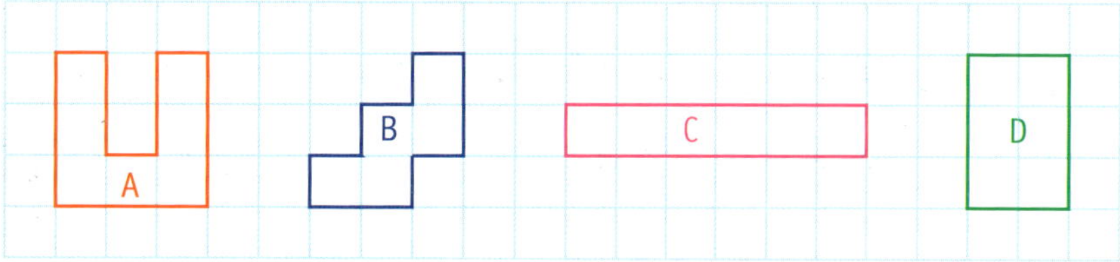

13 ✶✶ **Mesure les côtés de chaque figure, puis calcule leur périmètre en centimètres et millimètres.**

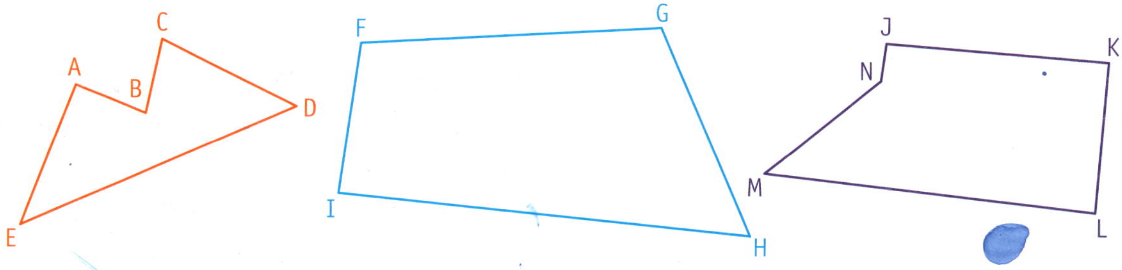

14 ✶✶ PROBLÈME Les alignements de Carnac sont des ensembles de pierres dressées par des hommes il y a plus de 5 000 ans !

Voici la distance que tu parcourrais si tu faisais le tour du site du Menec.

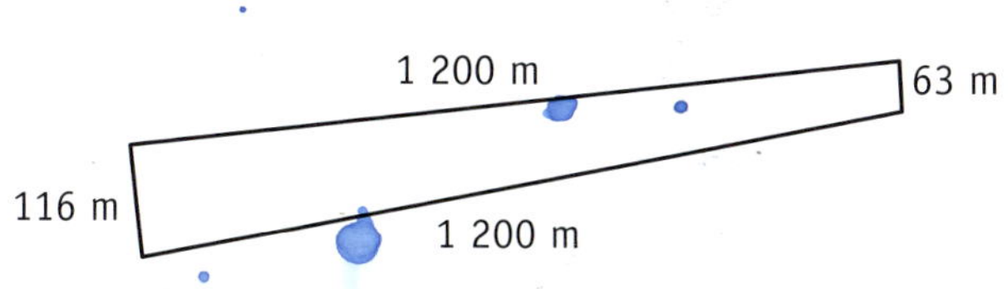

Menhirs de Carnac.

a. Indique cette distance en mètres, puis en kilomètres et mètres.

b. Un menhir peut mesurer jusqu'à 250 cm de haut.
Convertis cette hauteur en mètres et centimètres.

15 ✶✶✶ PROBLÈME La plateforme que M. Verger a installée dans un arbre pour la cabane de ses filles a un périmètre de 7 m 50 cm. Il a déjà posé des barrières sur deux côtés mesurant chacun 250 cm.

Sachant que le 3e côté mesure 1 m 25 cm, quelle est, en centimètres, la longueur du 4e côté ?

Vers le cycle 3 : le pavage (approche de la notion d'aire)

Cherchons

- **Qu'en penses-tu ?**

Je retiens

- La surface occupée par une figure s'appelle son **aire**.
- Pour **mesurer l'aire d'une figure**, on a besoin d'une unité de surface, par exemple le cm^2.
  Un cm^2 est la surface occupée par un **carré d'un centimètre de côté**.

Ex. : La surface 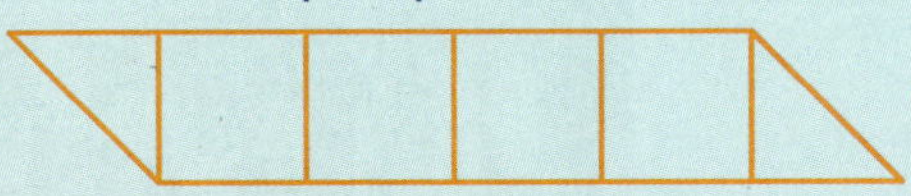 comprend 4 carrés.

Les 2 triangles réunis forment un cinquième carré.
La figure a donc une aire de 5 carrés d'un centimètre de côté, ou 5 cm^2.

Comprendre la notion d'aire

1 ⭑ **Range les figures de la plus petite à la plus grande aire.**

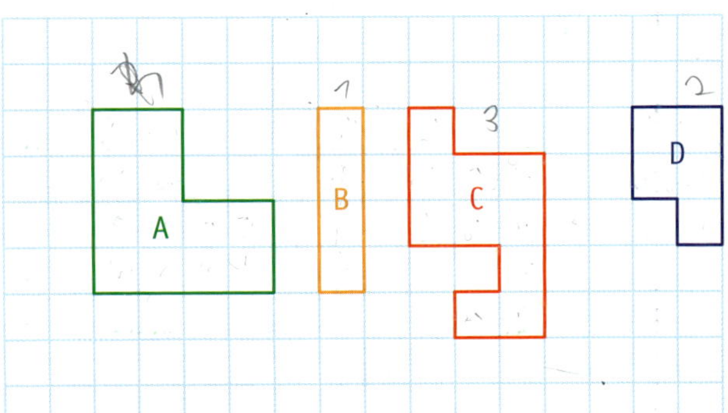

2 ⭑ **Associe les figures qui ont la même aire.**

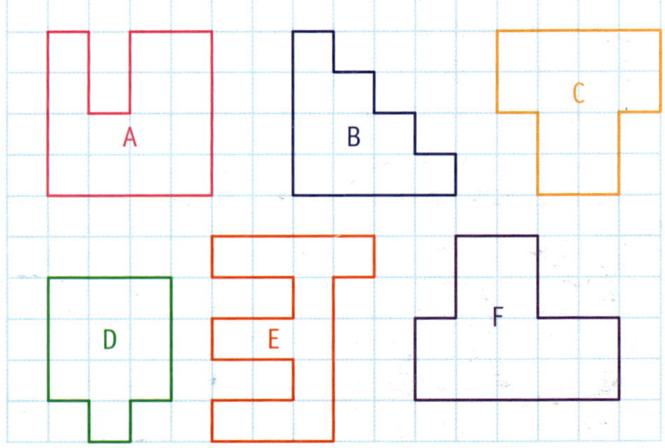

3 ✶ **Trace une figure qui a la même aire que le modèle mais pas la même forme.**

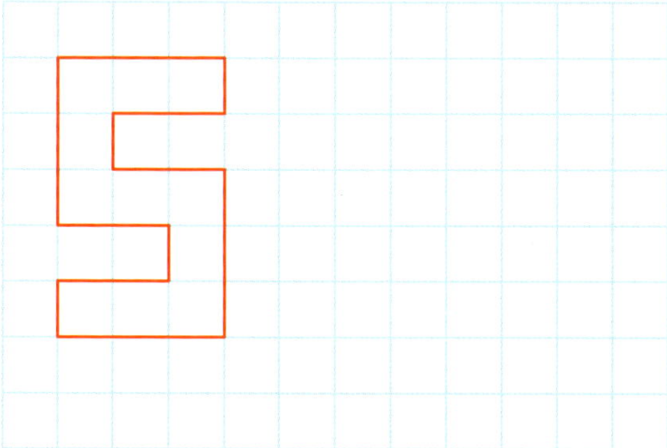

4 ✶✶✶ PROBLÈME Décalque et découpe la figure A (en autant de morceaux que tu veux) pour la poser sur la figure B.

Les figures A et B ont-elles la même aire ?

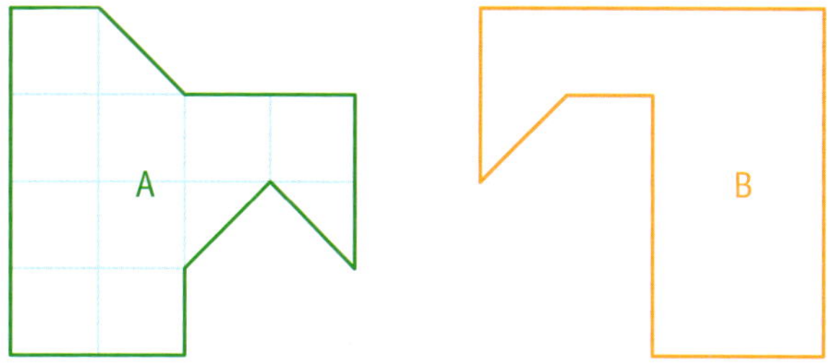

Mesurer des aires

Le quadrillage est fait de carrés d'un centimètre de côté.

5 ✶ **Indique l'aire de chaque figure en cm².**

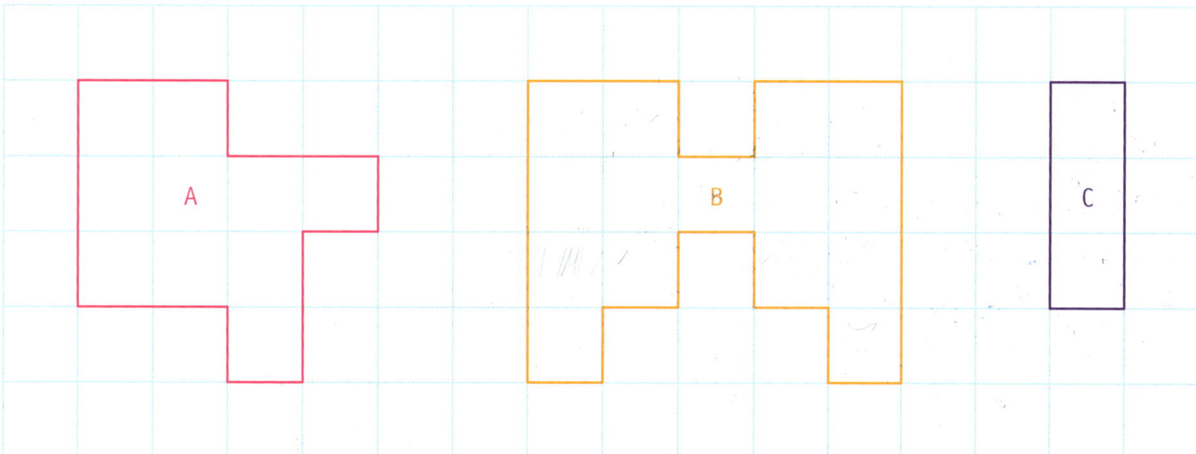

6 ✶✶ PROBLÈME

Dans la cour de récréation, les élèves du CP ont tracé la marelle A, ceux du CE1 la marelle B.

En t'aidant du quadrillage, indique quelle est l'aire de chacune des marelles en cm² sur le plan et laquelle est la plus grande.

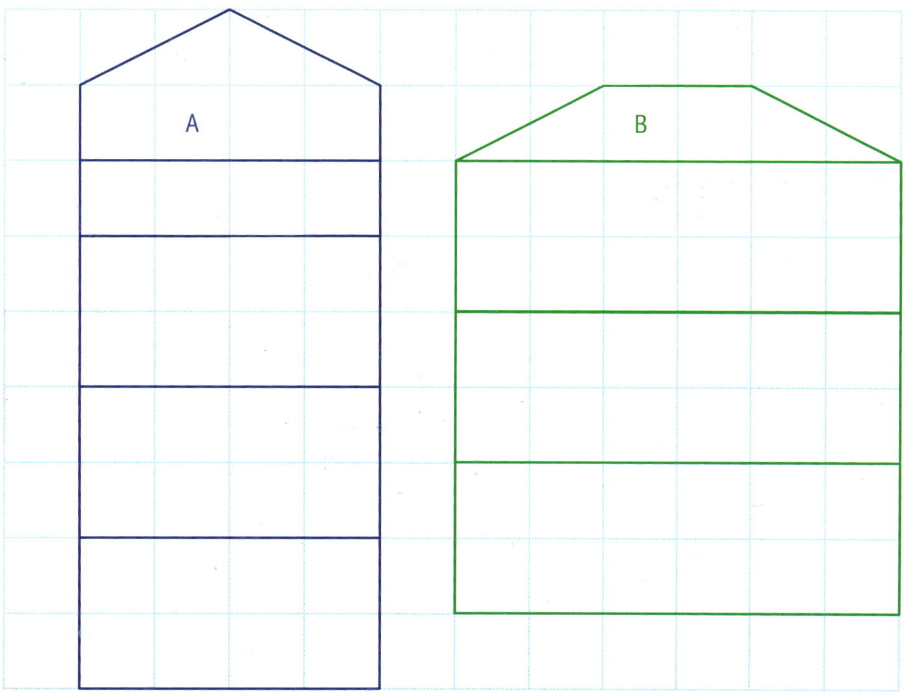

J'utilise les maths pour questionner le monde

Mettre en relation son âge et ses besoins en sommeil

Le sommeil est indispensable dans ta vie, car il joue un rôle de premier plan pour maintenir ton corps en bonne santé. Il est aussi un moment où tu vas fabriquer des hormones de croissance pour grandir. Enfin, pendant le sommeil, ton cerveau travaille ! Non seulement il est entretenu pendant la nuit, mais en plus, c'est pendant le sommeil qu'il réalise des tâches essentielles dans la stabilisation de ce que tu as appris et mémorisé.

Voici un graphique représentant les recommandations de sommeil en fonction de l'âge :

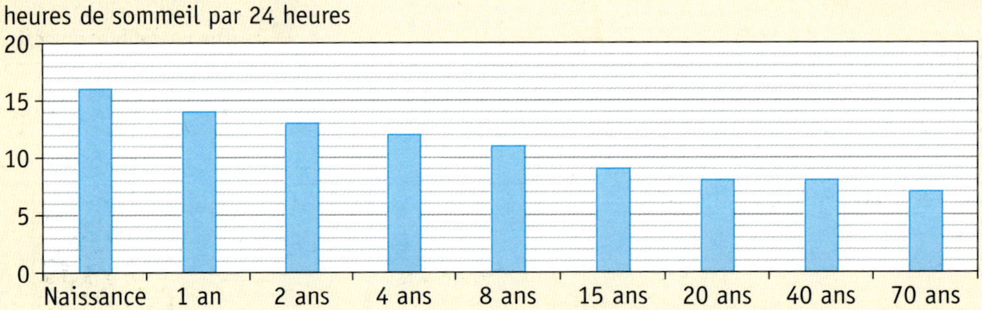

1 Qu'observes-tu sur ce graphique ?

2 Quelle est la différence, en nombre d'heures de sommeil, entre un enfant de 4 ans et un adulte de 40 ans ?

3 Combien d'heures devrais-tu dormir par nuit, selon ce graphique ?

4 Calcule ton nombre moyen réel d'heures de sommeil.

5 Que peux-tu en conclure par rapport aux recommandations scientifiques ?

6 Pour respecter le temps de sommeil recommandé, à quelle heure doit se coucher un enfant de 8 ans qui se lève à 7 heures du matin ?

Le sais-tu ?

Ton sommeil est organisé en plusieurs phases : tout d'abord un sommeil léger puis un sommeil lent profond, et enfin un sommeil paradoxal. C'est pendant le sommeil lent profond que sont sécrétées les hormones de croissance nécessaires pour réparer tes tissus et te faire grandir. Le sommeil paradoxal, lui, est le moment pendant lequel tu fais des rêves.

7 On estime que chez l'homme un cycle complet de sommeil dure environ 90 minutes. Combien d'heures et minutes cela représente-t-il ?

8 Une nuit de sommeil est-elle constituée d'un seul cycle de sommeil ?

Se repérer sur des cartes – Éléments constitutifs d'une carte : titre, échelle...

Lorsqu'on représente sur du papier un élément du réel, on utilise une échelle : il s'agit du rapport entre la taille d'un tracé et la taille réelle de ce qui est tracé.
Par exemple, en guise d'échelle, on peut écrire la taille réelle qui correspond à un centimètre sur une carte.
Pour dire qu'un centimètre représente 5 kilomètres, on peut voir ceci : → 5 km

1 Pour comprendre à quoi ces échelles correspondent, associe chaque échelle proposée dans les étiquettes au bon plan ou à la bonne carte.

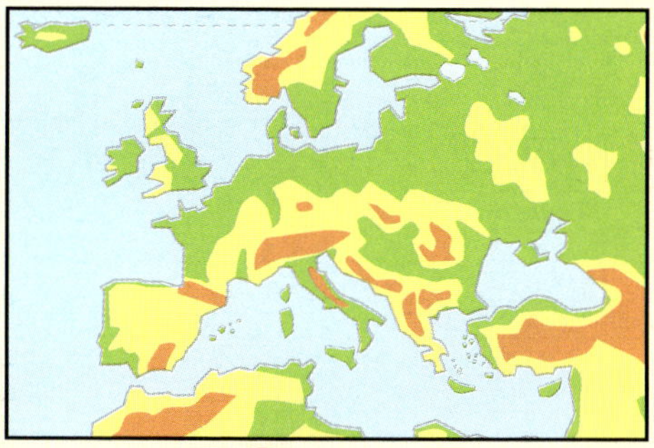
A Europe

1. 1 m
2. 1 km
3. 100 km
4. 1 000 km

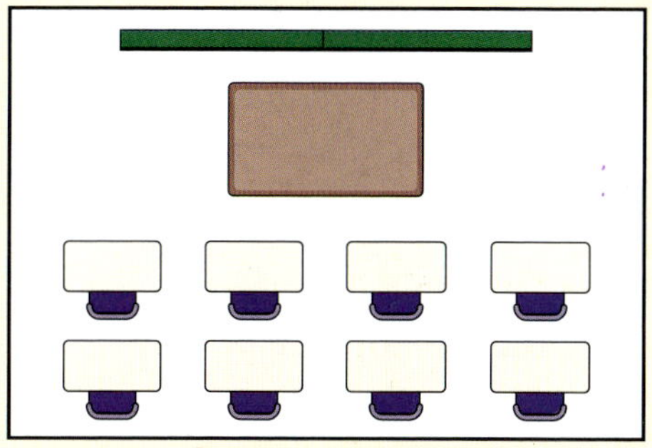
C Salle de classe

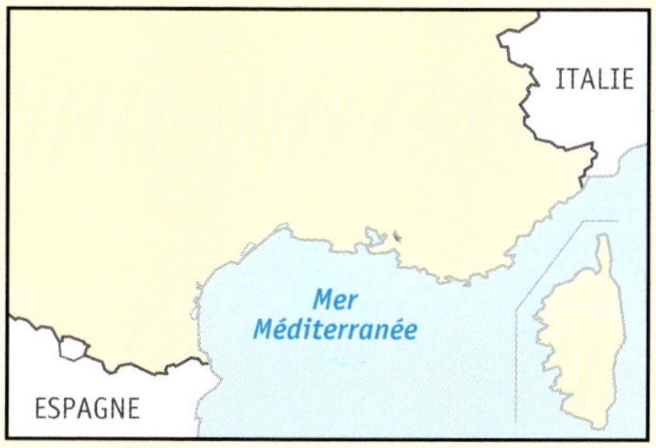

B Côte méditerranéenne

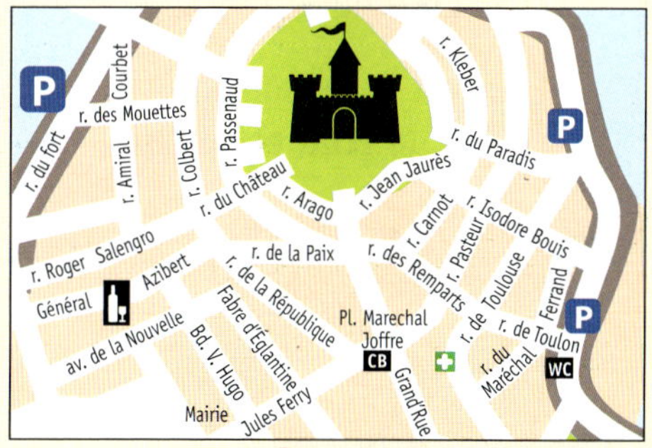

D Ville

Chaque échelle indique la façon dont on a réduit la taille réelle. Plus un objet ou un lieu est grand, plus il faudra le réduire pour le représenter.

2 Range les cartes ci-dessus de la plus faible réduction à la réduction la plus importante.

Les échelles peuvent aussi être écrites de la façon suivante : $\frac{\text{taille sur l'image}}{\text{taille réelle}}$

Observe ce plan. L'échelle t'indique qu'un centimètre sur ce plan représente 100 centimètres dans la réalité.

3 Combien de mètres de long mesure la table basse ?

4 Combien de mètres de long mesure la pièce ?

5 Combien de mètres de large mesure la pièce ?

6 Vers le cycle 3 : Quelle est l'aire de cette pièce sur le plan en cm^2 ?

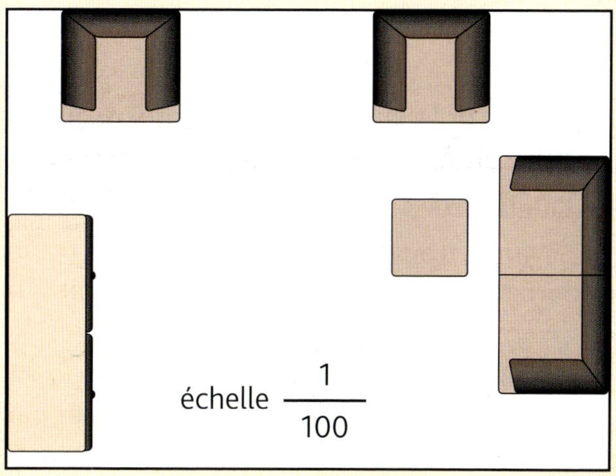

Représenter l'espace environnant et se repérer sur un plan

Cherchons

- **Quelles sont les coordonnées :**
  – de la mairie ?
  – du cinéma ?
  – du musée ?

Léo est positionné en rouge sur le plan. Il tourne le dos à la mairie.

- **Que voit-il devant lui ? Recopie la phrase correcte.**

Léo voit la rivière et le cinéma.

Léo voit le musée, la rivière, le pont et l'église.

Léo voit le musée, la rivière et le stade.

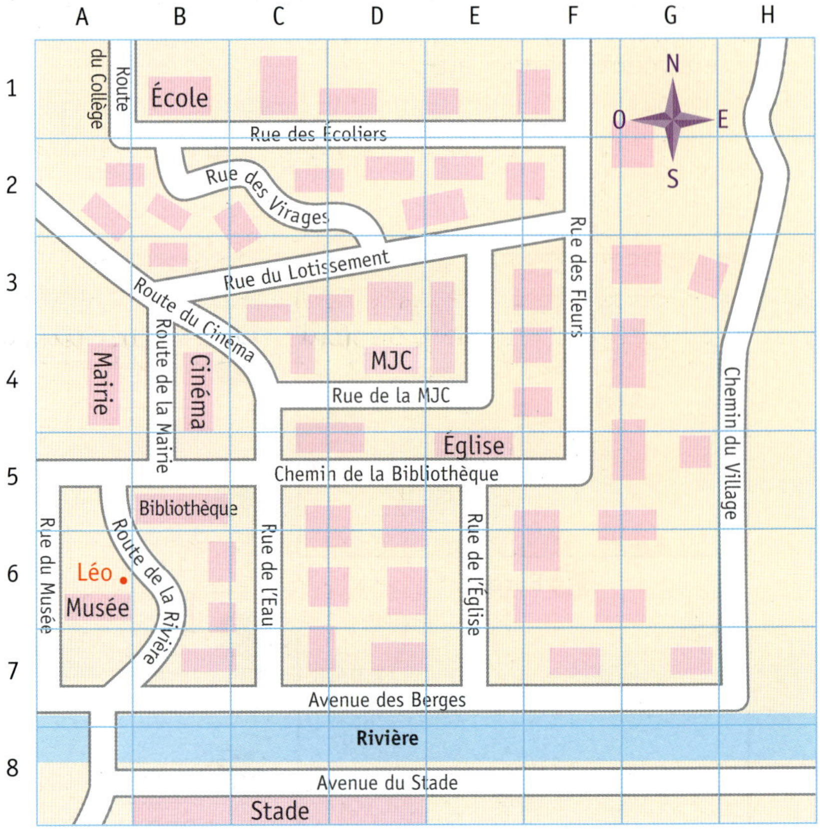

Je retiens

- Pour **se repérer sur un plan**, il faut choisir la bonne orientation en s'imaginant toujours **dans le même sens que celui qui se déplace**.
- Sur certains plans, on peut se servir des **coordonnées**. Elles sont inscrites sur le plan en lettres et en chiffres.

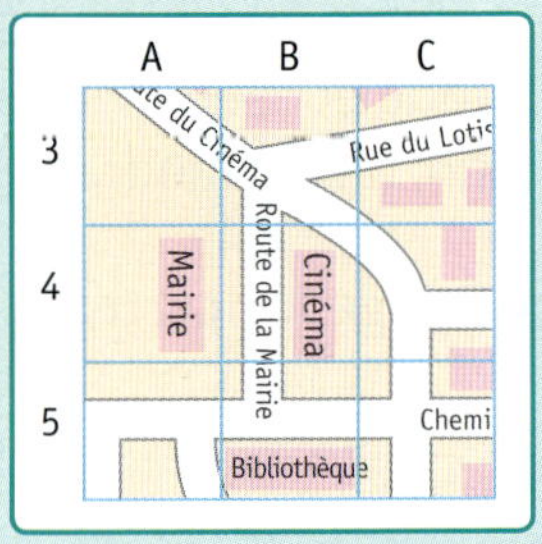

1 ✶ **a. Sur le plan du « Cherchons », où se trouve la bibliothèque ?**

b. Dans quelle case se situe l'école ?

c. Quelles rues relient l'église et la mairie ?

d. Sevan se trouve à l'angle du chemin de la Bibliothèque et de la rue de l'Église. Il tourne le dos à l'avenue des Berges. **Il voit 2 bâtiments, lesquels ?**

2 ✶ En t'aidant du plan du « Cherchons », réponds aux questions suivantes.

a. Peut-on se rendre à la MJC sans passer par la rue de la MJC ?

b. Peut-on se rendre au cinéma sans passer par la route du Cinéma ?

3 **Trace en noir le chemin de Kevin sur le plan.**

Attention, tu n'es pas forcément dans le même sens que le marcheur.

En sortant de l'école, pour se rendre au stade, Kevin emprunte la rue des Virages, il tourne à droite rue du Lotissement, prend la route de la Mairie, va vers l'ouest par le chemin de la Bibliothèque et prend à gauche route de la Rivière. Puis, il traverse le pont et prend l'avenue du Stade.

4 **Vérifie sur le plan ci-dessous si Ysia a suivi le bon chemin pour aller au stade. Corrige au besoin son chemin.**

En sortant de chez elle, Ysia doit emprunter la rue de la MJC vers l'ouest, tourner à gauche route du Cinéma, continuer rue de l'Eau, tourner à droite avenue des Berges puis à gauche route de la Rivière, prendre le pont, et tourner à gauche avenue du Stade.

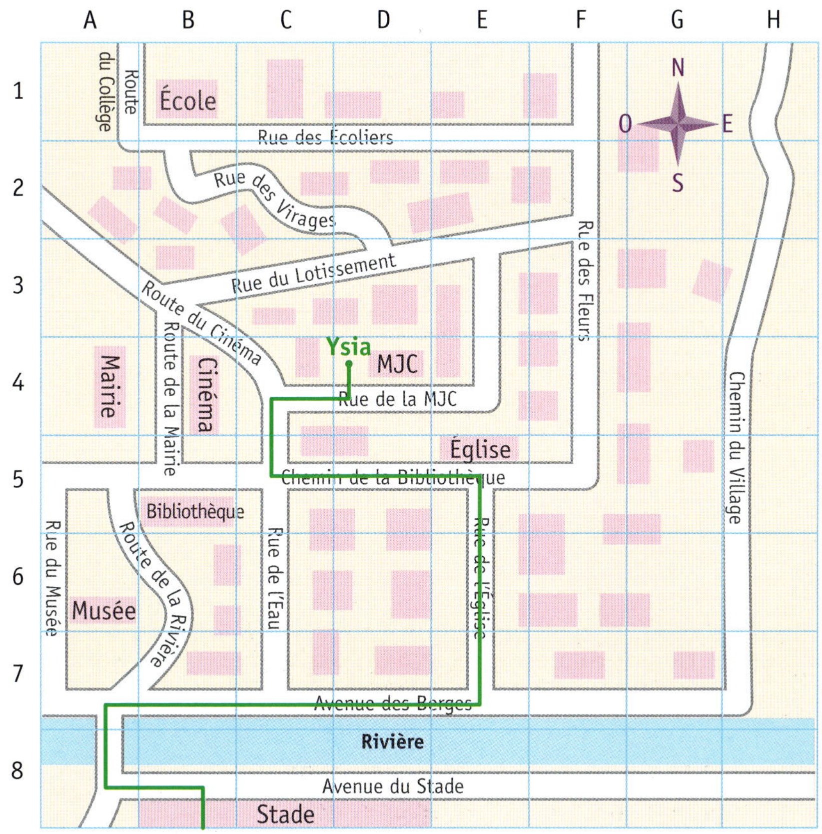

5 Clémentine veut aller du pont sur la rivière à la MJC, mais sans passer devant le musée ni devant l'église. Quel chemin doit-elle emprunter ?

Trace son chemin en bleu, puis décris-le.

DÉFI MATHS

À partir du plan, décris un trajet qui impose d'emprunter toutes les rues.

Pour t'aider, tu peux tracer le chemin sur le plan.

Programmer des déplacements

Activités numériques :
lienmini.fr/opmce2

Cherchons

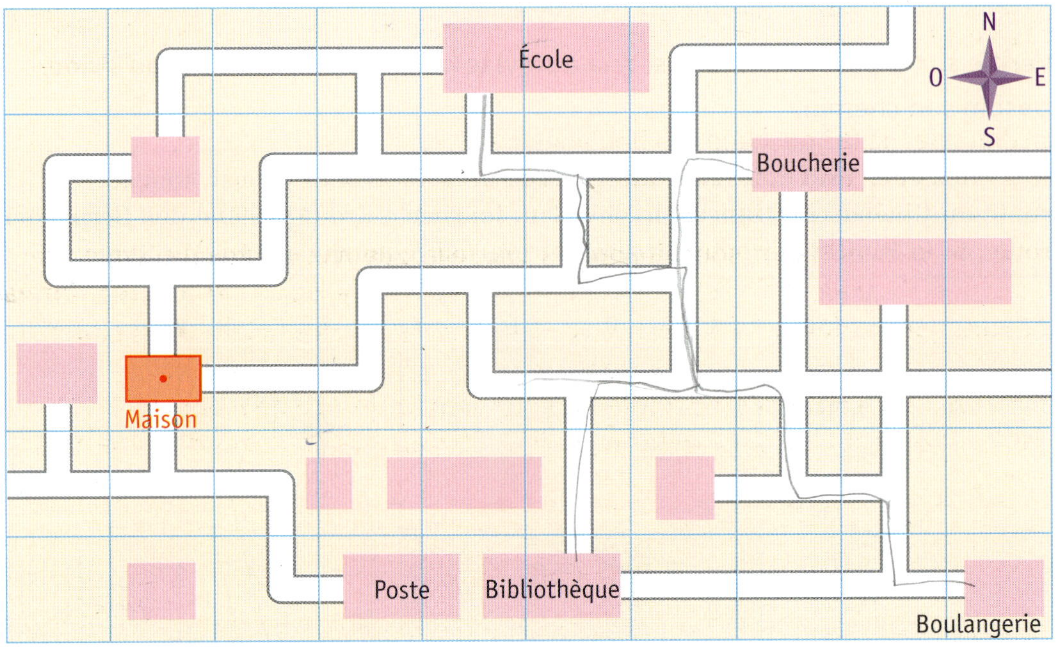

En partant de chez elle (*point rouge*), Manon fait tous les matins le chemin suivant : (Nord puis Est) 3 fois.

- **Où se rend-elle tous les matins ?**

Je retiens

- Pour **se représenter des déplacements sur un plan**, on peut utiliser divers **codages**. Lorsque ces déplacements se répètent, il est possible de les **programmer** à l'aide des codages.

Ex. :

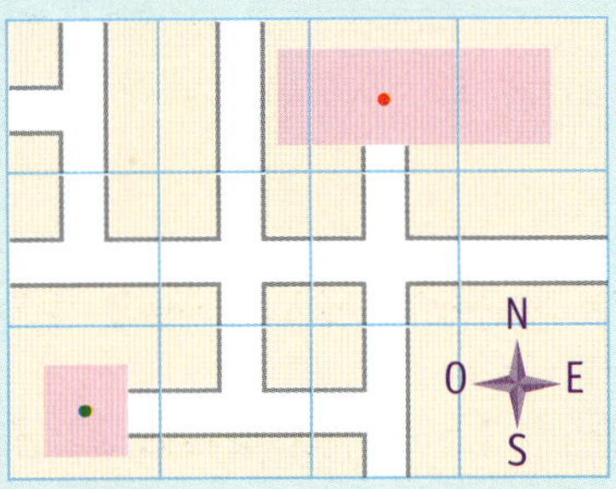

Pour aller de l'immeuble de son copain (point rouge) à chez lui (point vert), Yannis suit le chemin suivant : (↓←) 2 fois ; ce chemin se code aussi avec les points cardinaux indiqués par la rose des vents du plan : (S puis O) 2 fois.

1 ★ En sortant de la boucherie, Damien suit un chemin que l'on peut coder sur le plan du « Cherchons » : (←↓↓) 2 fois.
Où se rend-il ?

2 ★ Sur le même plan, depuis la boulangerie, William suit le chemin suivant : (O puis N) 5 fois.
Où se rend-il ?

3 ✶ Depuis chez elle (*point rouge*), Manon suit ce chemin pour acheter quelque chose pour sa maman : (Sud ; Est) 2 fois. **Où Manon arrive-t-elle ?**

4 ✶✶

Depuis chez moi (*point rouge*), pour aller à la boucherie, il suffit de suivre les directions Est, encore Est et enfin Nord, 3 fois de suite !

Qu'en penses-tu ?

Pour les exercices 3, 4, 5 et 6, utilise le plan du « Cherchons ».

5 ✶✶ Simon doit aller de la boucherie à la boulangerie.
Écris le code constitué d'une répétition qu'il peut suivre.

6 ✶✶ En sortant de l'école, Manon souhaite rentrer chez elle. Elle veut suivre un chemin dont le code est constitué d'une répétition. **Sachant qu'il existe à l'école 2 portails, chacun donnant sur une des 2 rues qui conduisent à l'école, peut-elle sortir par n'importe quel portail ?**

7 ✶✶✶ **Trace un nouveau chemin qui relie directement la maison de Manon (*point rouge*) à la boulangerie, et qui est constitué d'une répétition. Ensuite, code-le en programmant cette répétition.**

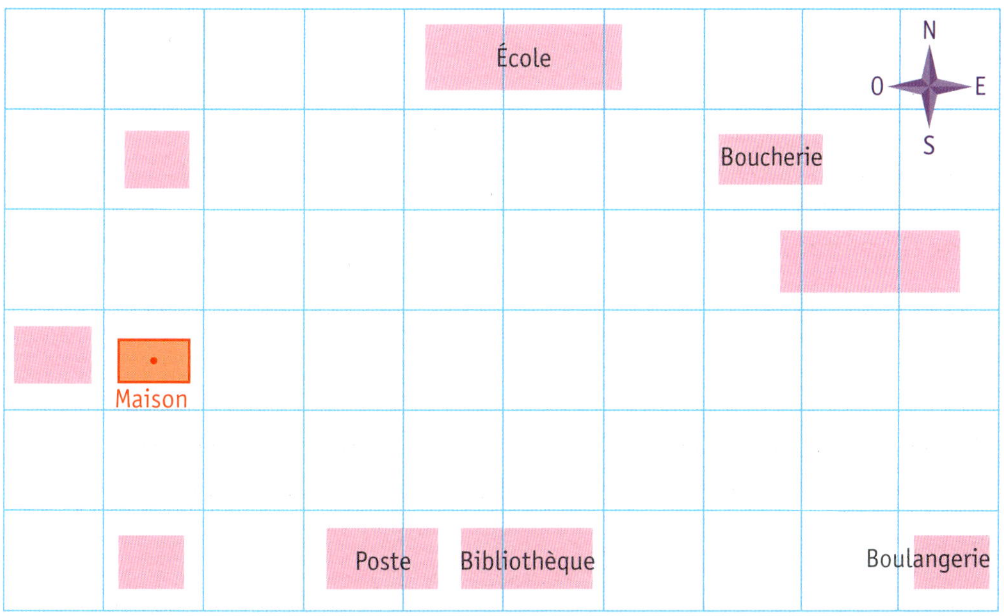

8 ✶✶✶ Sur le quadrillage de ton cahier :

a. Trace un chemin constitué d'une suite de déplacements qui se répète. Code le trajet qu'il permet de faire.

b. Trace un chemin constitué d'une suite de déplacements. Il doit comprendre 3 directions différentes qui se répètent deux fois.

DÉFI MATHS

Trace un plan contenant plusieurs bâtiments sur un quadrillage.
Ensuite, relie ces bâtiments par des chemins qui sont constitués de répétitions.

Utiliser la règle graduée, l'équerre et le compas

Cherchons

- **Les figures tracées par le papa de Mathias conviennent-elles ?**
- **Quels instruments aurait-il dû utiliser ? Pour quoi faire ?**

Je retiens

- Pour **vérifier la nature d'une figure** ou pour **la tracer**, on peut utiliser la **règle graduée**, l'**équerre** et le **compas**.
- La **règle** sert à **tracer** et à **mesurer** les côtés d'une figure.

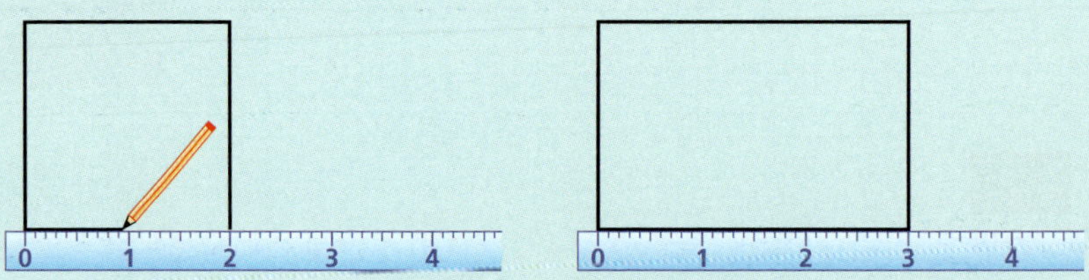

- L'**équerre** sert à **vérifier que des angles sont droits** et à les **tracer**.

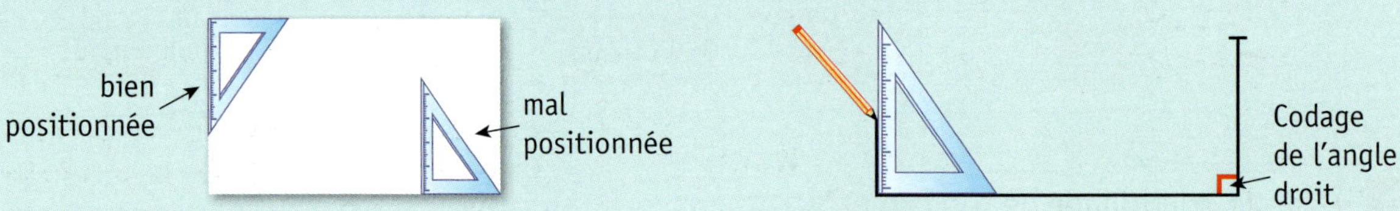

- Le **compas** sert à **tracer des cercles**.
  Il faut le tenir entre le pouce et l'index.

Vérifier les propriétés d'une figure avec la règle et l'équerre

1 ⭑ Cherche les angles droits et code-les. Écris la longueur de chaque côté.

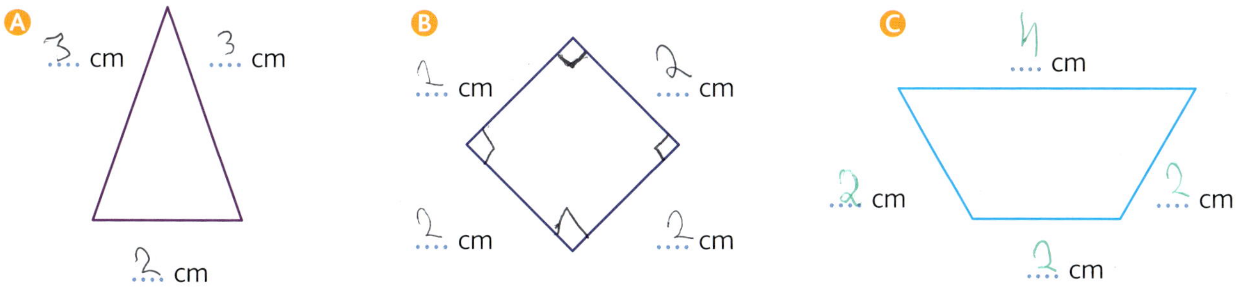

2 ⭑ Vérifie avec ta règle graduée et ton équerre que les côtés de cette figure sont égaux et que les angles sont droits. Explique ta démarche.

3 ⭑ Trouve la figure qui correspond à la description.

J'ai 4 côtés et 4 angles droits. Ma longueur est de 8 cm. Ma largeur est de 1 cm.

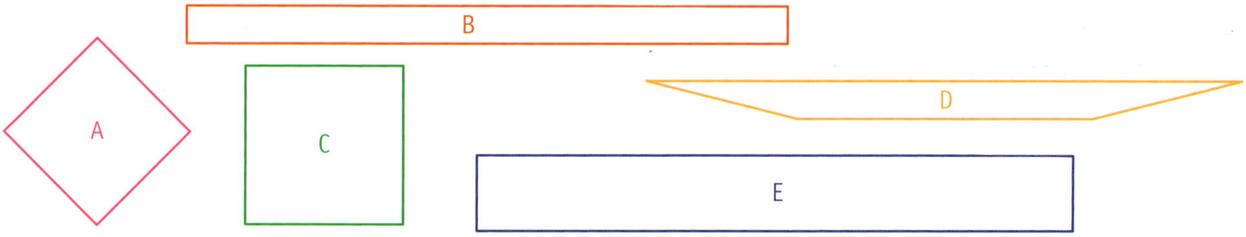

Tracer avec la règle et l'équerre

4 ⭑ Trace les segments.

AB = 6 cm
CD = 3 cm
EF = 8 cm
GH = 5 cm

5 ⭑ Trace deux angles droits sans utiliser les lignes de ton cahier.

6 ⭑⭑ Trace les segments.

AB = 4 cm 5 mm
CD = 6 cm 7 mm
EF = 8 cm 2 mm
GH = 7 cm 5 mm

Tracer avec le compas

7 ⭑ Trace un cercle avec un compas.

8 ⭑⭑ Trace deux cercles qui se coupent.

9 ⭑⭑ Trace deux cercles qui ont le même centre.

DÉFI MATHS

Reproduis cette figure sur du papier uni en te servant de la règle graduée et de l'équerre.

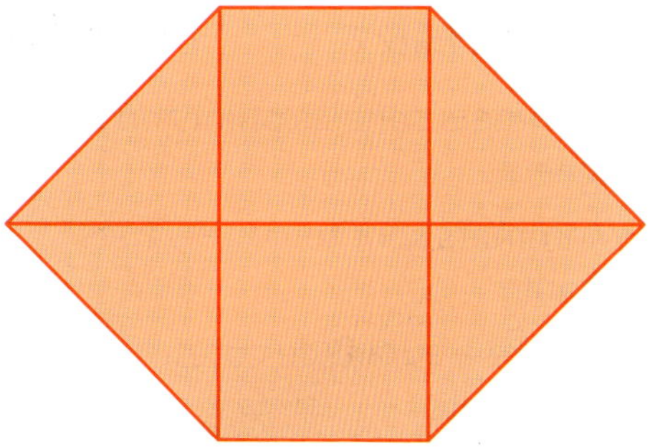

Utiliser le vocabulaire géométrique : côté, sommet, angle, milieu

Cherchons

4 jeunes aventuriers doivent trouver les mots du code secret pour tenter de découvrir l'emplacement d'un fabuleux trésor…

Le premier mot secret désigne des traits bien droits tracés à la règle.

Le second mot secret désigne le point où, dans une figure, les extrémités de 2 côtés se rejoignent.

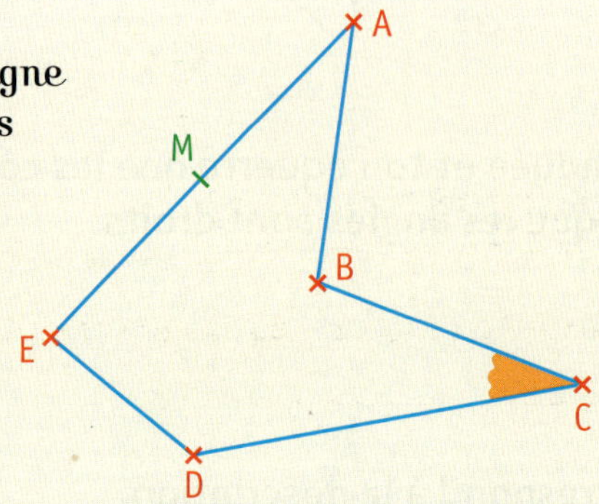

Le troisième mot secret désigne la zone comprise entre les côtés [BC] et [CD].

Le quatrième mot secret est le point à égale distance des deux extrémités d'un segment.

- **Trouve chaque mot secret et sa couleur associée sur la figure.**

Je retiens

- En géométrie, on utilise un **vocabulaire particulier** qui permet d'être **précis**.

le point A	le segment [AB]	le milieu M de [AB]
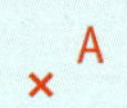		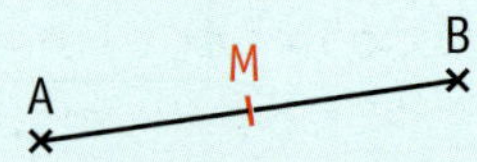
les côtés [AB], [BC] et [CA]	**les sommets A, B et C**	**les angles $\widehat{A}$, $\widehat{B}$ et $\widehat{C}$**
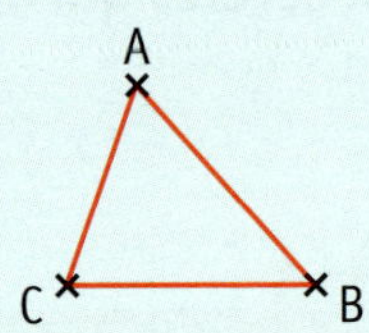	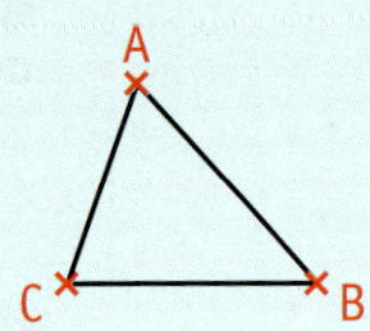	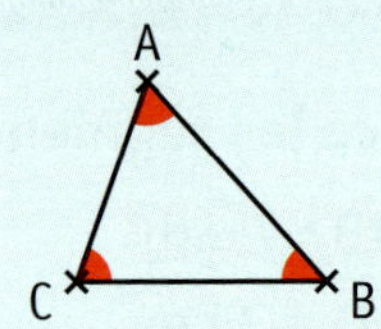

Utiliser le vocabulaire : sommet, côté et angle

1 ✶ **Vrai ou faux ?**

a. Les sommets sont les points où deux côtés se rejoignent.

b. Les sommets sont toujours situés vers le haut.

c. Une figure a autant de côtés que de sommets.

d. Une figure a moins d'angles que de sommets.

2 ✶ **Pour chaque figure, indique le nombre de sommets et de côtés.**

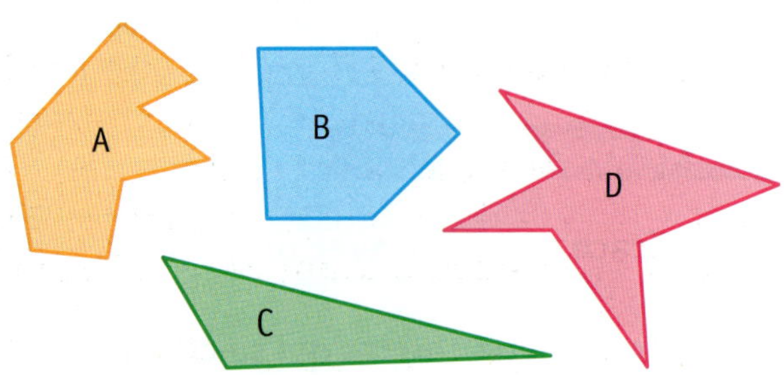

3 ✶ **Décalque l'angle bleu. Cherche et nomme les angles qui sont égaux à cet angle.**

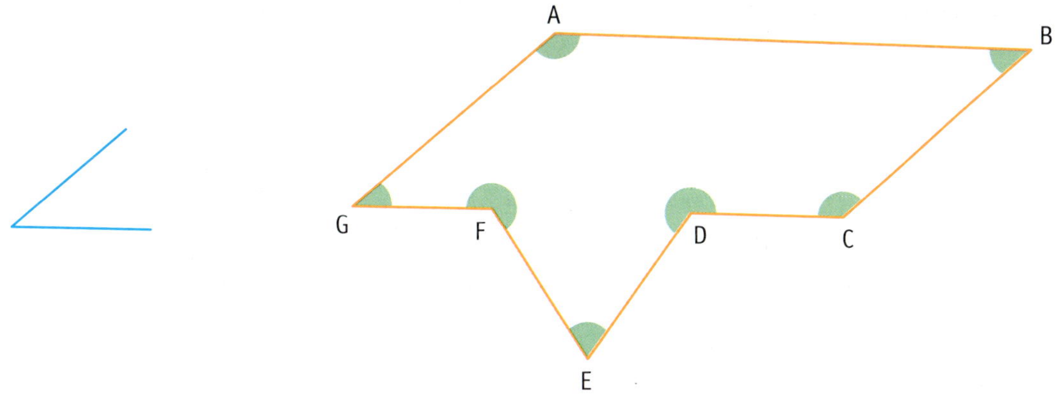

Connaitre le vocabulaire : milieu et segment

4 ✶ **Mesure chaque segment et indique si le point rouge est situé au milieu.**

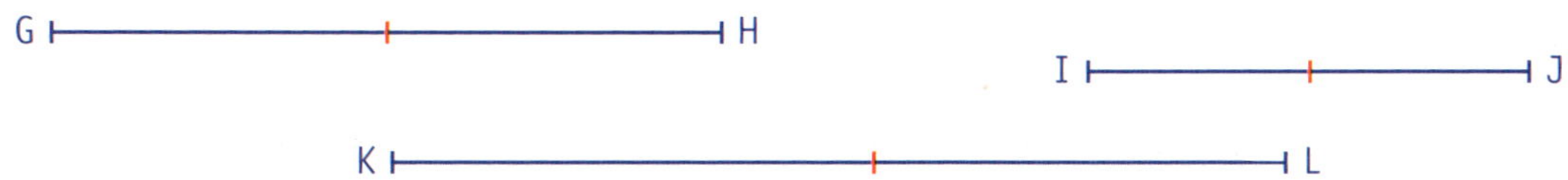

5 ✶ **Trace ces segments sur ton cahier, puis place leur milieu.**

[AB] mesure 4 carreaux. [CD] mesure 12 carreaux. [EF] mesure 8 carreaux.

6 ✶✶ **Trace les segments [OP], [QR], [ST] et [UV], puis place leur milieu.**

OP = 10 cm QR = 2 cm ST = 6 cm UV = 4 cm

7 ✶✶ J'ai 5 côtés et 5 sommets. M est le milieu du segment [AB]. I est le milieu du segment [BC]. J est le milieu du segment [DE]. **Qui suis-je ?**

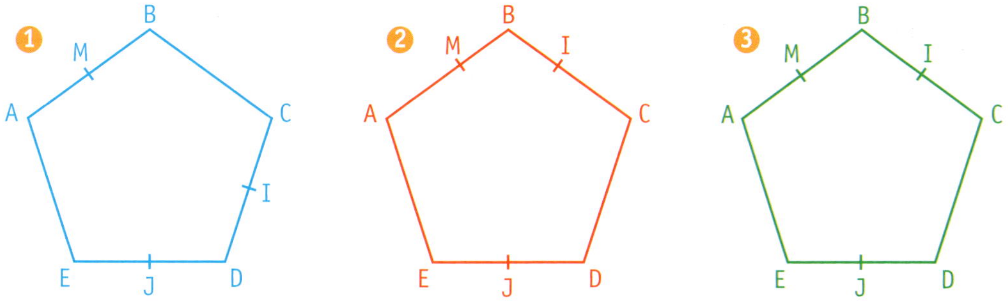

8 ✶✶✶ **Place un point M sur ton cahier. Trace un segment [YZ] de 6 cm dont M est le milieu.**

DÉFI MATHS

Une fourmi marche le long d'un brin d'herbe de 20 cm pour rejoindre sa fourmilière. Elle s'arrête exactement au milieu de celui-ci, car elle a oublié la graine qu'elle transportait au pied du brin d'herbe. Elle doit retourner la chercher. **Combien de centimètres va-t-elle parcourir avant de rejoindre la fourmilière ?**

Reconnaitre, décrire et nommer un carré, un rectangle, un losange

Cherchons

La maitresse veut que ses élèves tracent un carré puis un rectangle.

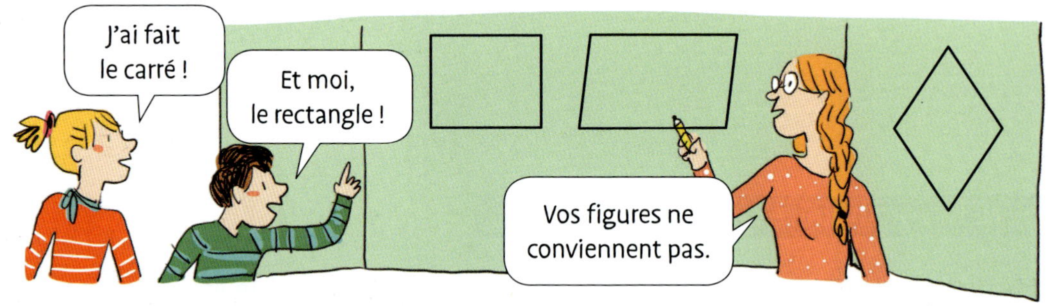

- **Explique la réponse de la maitresse.**
- **Quelle figure est tracée à droite de la maitresse ?**

Je retiens

- Les **figures dont tous les côtés sont droits** s'appellent des **polygones**.

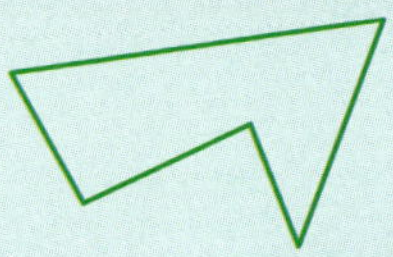

Cette figure est un polygone.

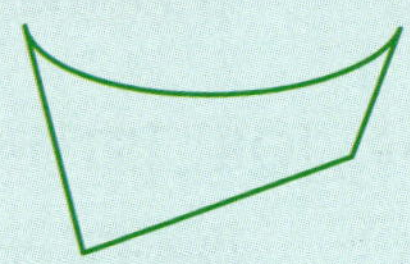

Cette figure n'est pas un polygone.

- Les polygones qui ont **4 côtés** s'appellent des **quadrilatères**. Parmi eux se trouvent le **carré**, le **rectangle** et le **losange**.

Le carré	Le rectangle	Le losange
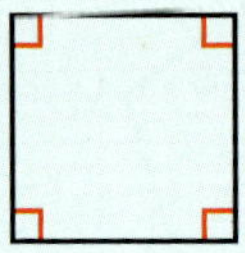 • 4 sommets • 4 côtés égaux • 4 angles droits	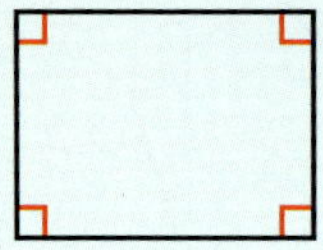 • 4 sommets • 4 côtés : 2 largeurs égales et 2 longueurs égales • 4 angles droits	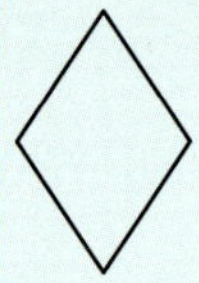 • 4 sommets • 4 côtés égaux

- On nomme une figure par ses sommets. *Ex. :* le rectangle ABCD.

Reconnaitre et nommer un carré, un rectangle, un losange

Pense à vérifier les angles et l'égalité des côtés des figures.

1 ⭑ **Observe ces figures, puis reproduis et complète le tableau.**

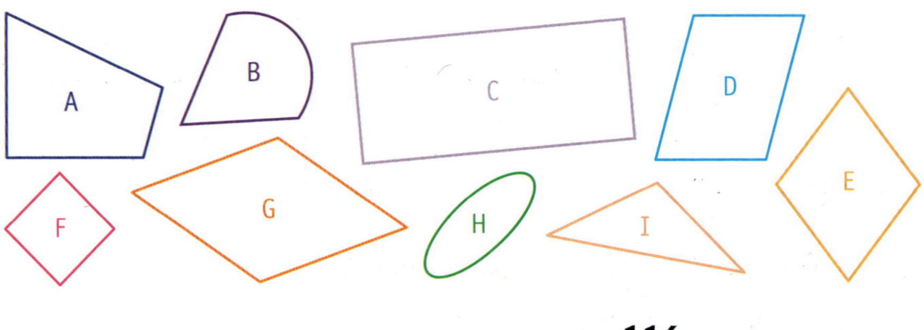

	Figures
Polygone	
Carré	
Rectangle	
Losange	

2 ✶ **Nomme les carrés, les rectangles et les losanges de cette figure.**

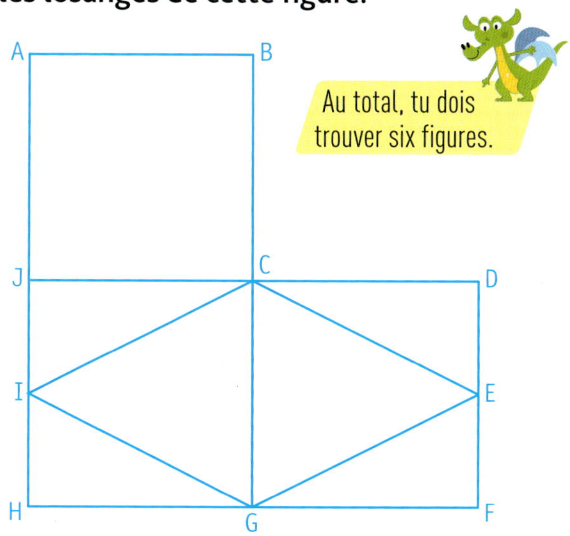

Décrire et nommer un carré, un rectangle, un losange

3 ✶ **Observe ces figures.**

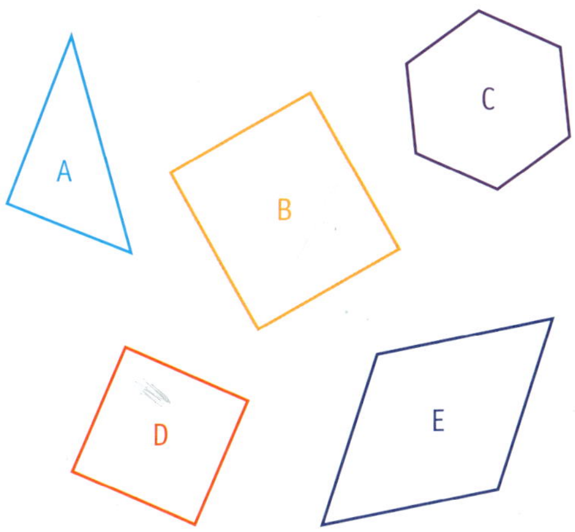

a. Reproduis et complète le tableau.

Figure	A	B	C	D	E
Nombre de côtés	*3*				
Nombre de sommets	*3*				
Angles tous droits	*non*				
Côtés tous égaux	*non*				

b. Indique le nom des figures B, D et E.

4 ✶✶ **Vrai ou faux ?**

a. Dans un carré, les côtés opposés sont égaux.

b. Un quadrilatère avec 4 angles droits est toujours un carré.

c. Un losange a 4 côtés égaux, 4 sommets et 4 angles.

d. Une figure qui a 4 angles non droits n'est pas un carré.

e. Un quadrilatère avec des côtés égaux deux à deux est toujours un rectangle.

5 ✶✶ **Écris ce qui différencie les deux figures en utilisant les mots *côtés* et *angles*. Indique la nature de chaque figure.**

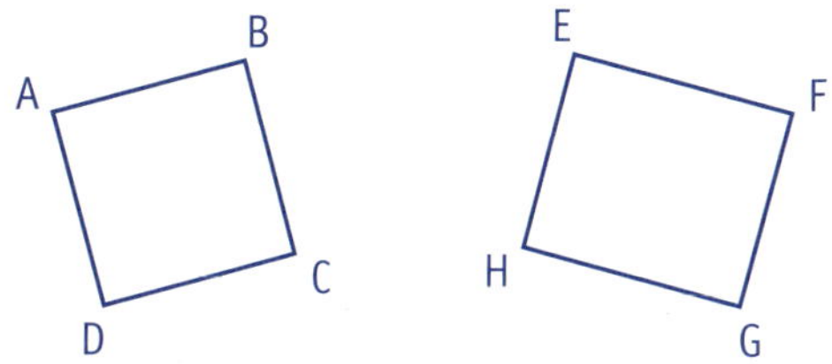

6 ✶✶ **Même exercice.**

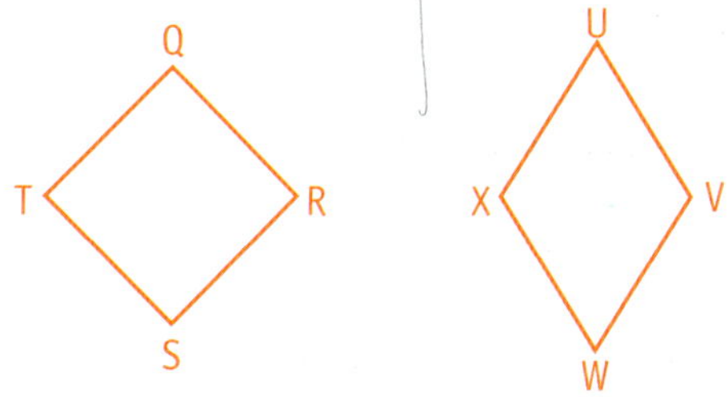

DÉFI MATHS

Décalque ce losange, puis découpe les quatre triangles bleus. Replace-les pour transformer cette figure en un carré.

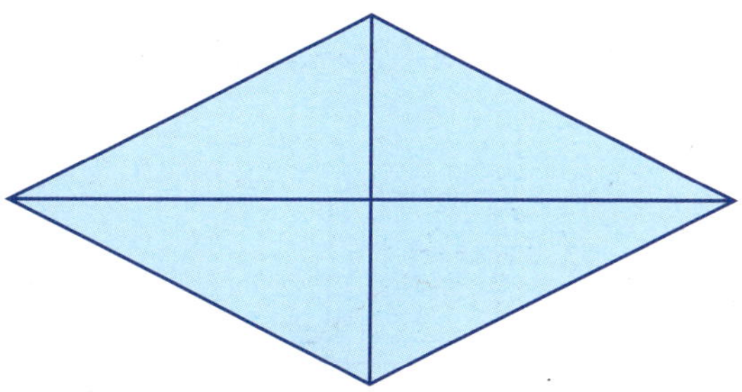

Reproduire et tracer un carré, un rectangle, un losange

Cherchons

Pour son exposé sur l'histoire de la Coupe du monde de football, Harry veut reproduire sur son affiche le drapeau du Brésil.

- **Comment et avec quels instruments va-t-il tracer le tour du drapeau ?**
- **Comment et avec quels instruments va-t-il tracer la figure jaune ?**

Je retiens

- Pour **reproduire** ou **tracer** un **carré**, un **rectangle** ou un **losange** sur du papier quadrillé ou pointé, on repère la position des sommets, puis on trace les segments à la règle.

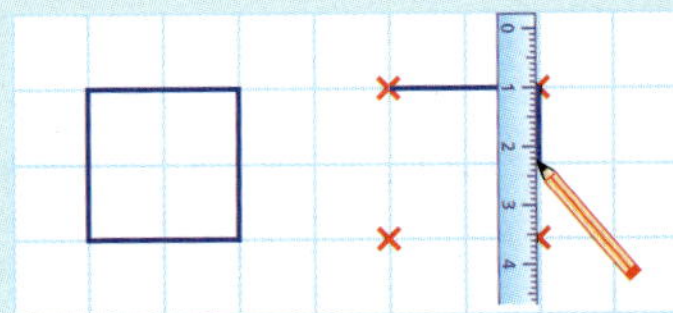

- Pour **reproduire** ou **tracer un carré** ou **un rectangle** sur du papier uni, on utilise la **règle graduée** et l'**équerre**.

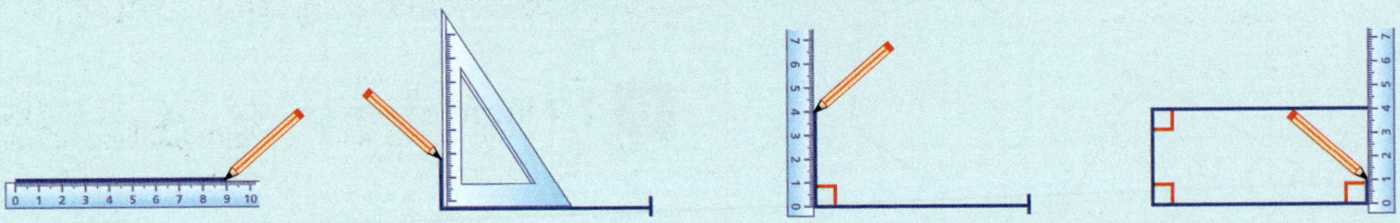

- Pour **tracer un losange** sur du papier uni, on utilise la **règle graduée** et le **compas**.

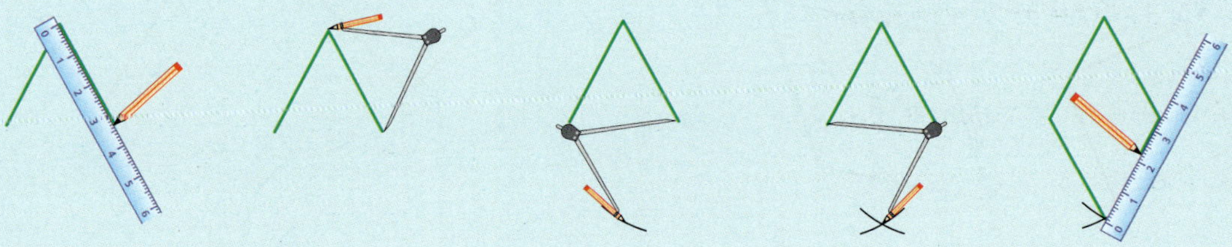

Tracer et reproduire sur du papier quadrillé ou pointé

1 ⭑ **Reproduis les figures.**

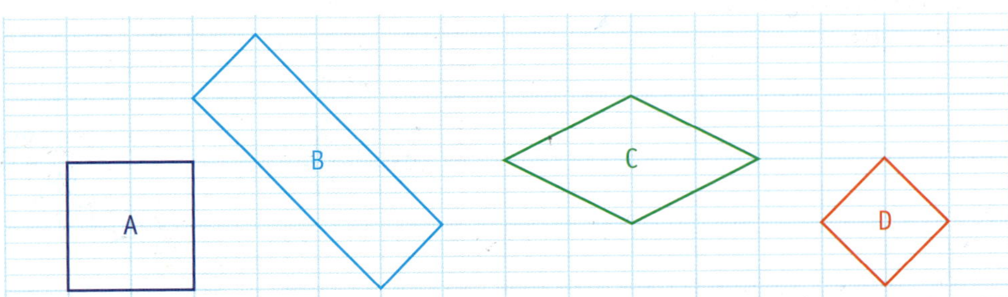

Comment se nomment ces figures ?

2 ✶ **Sur ton cahier, trace :**

a. un carré de 2 carreaux de côté ;

b. un rectangle de 2 carreaux de largeur et de 5 carreaux de longueur ;

c. un carré de 4 carreaux de côté ;

d. un rectangle de 6 carreaux de longueur et d'un carreau de largeur ;

e. un carré de 8 carreaux de côté.

3 ✶✶ **Reproduis la figure sur du papier pointé.**

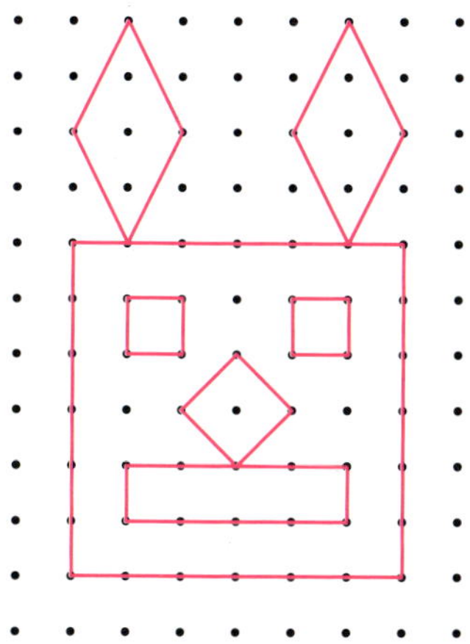

Tracer et reproduire sur du papier uni

4 ✶ **Complète les deux figures pour obtenir :**

a. un carré ; **b.** un rectangle.

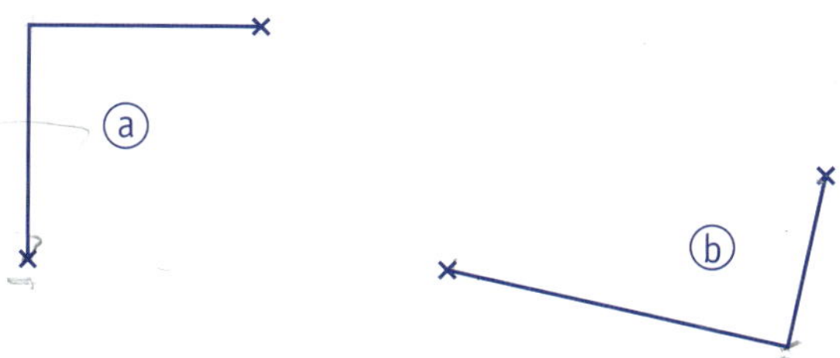

5 ✶ **Complète les figures pour obtenir deux losanges.**

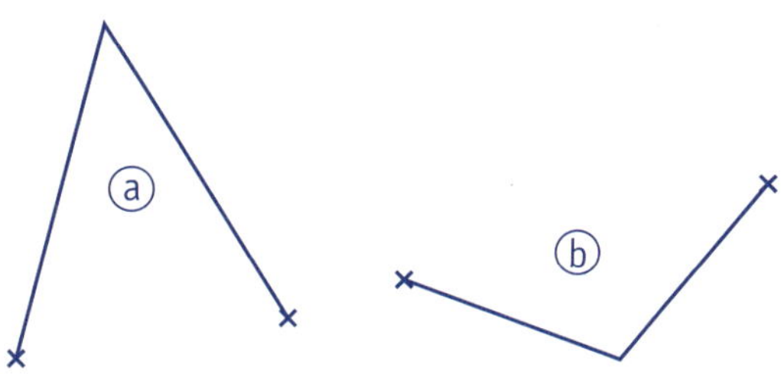

6 ✶ **Complète les figures pour obtenir :**

a. un rectangle de 4 cm de longueur et 2 cm de largeur ;

b. un losange de 2 cm de côté ;

c. un carré de 2 cm de côté.

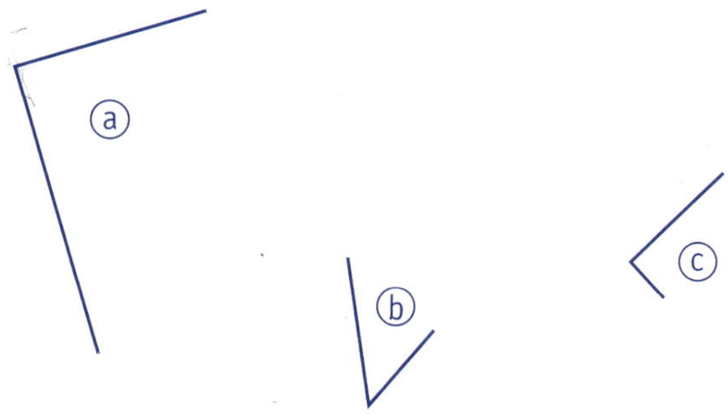

7 ✶✶ **Trace sur du papier uni :**

a. un carré de 3 cm de côté ;

b. un rectangle de 3 cm de largeur et 8 cm de longueur ;

c. un losange de 4 cm de côté.

8 ✶✶✶ **Reproduis la figure sur du papier uni.**

Mesure le modèle pour reproduire le tracé.

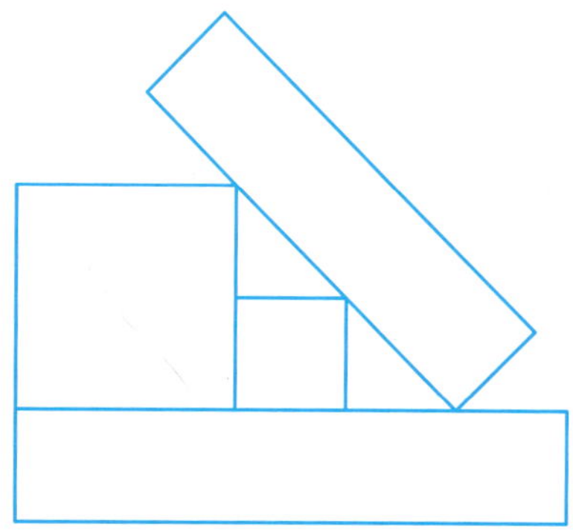

DÉFI MATHS

Reproduis la figure sur du papier pointé, puis colorie-la.

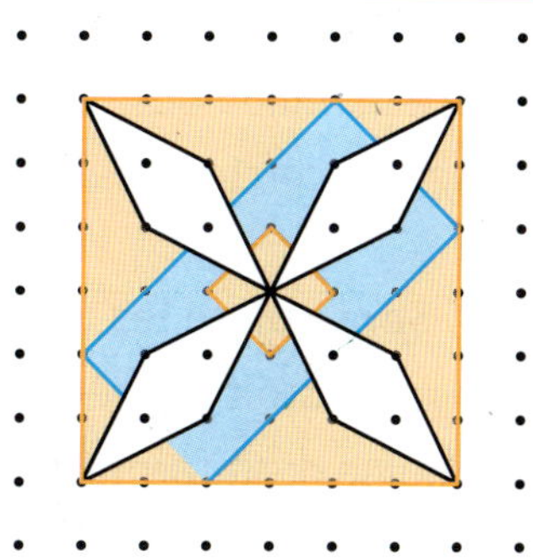

Je révise

Se repérer et programmer des déplacements sur un plan

1 ✶

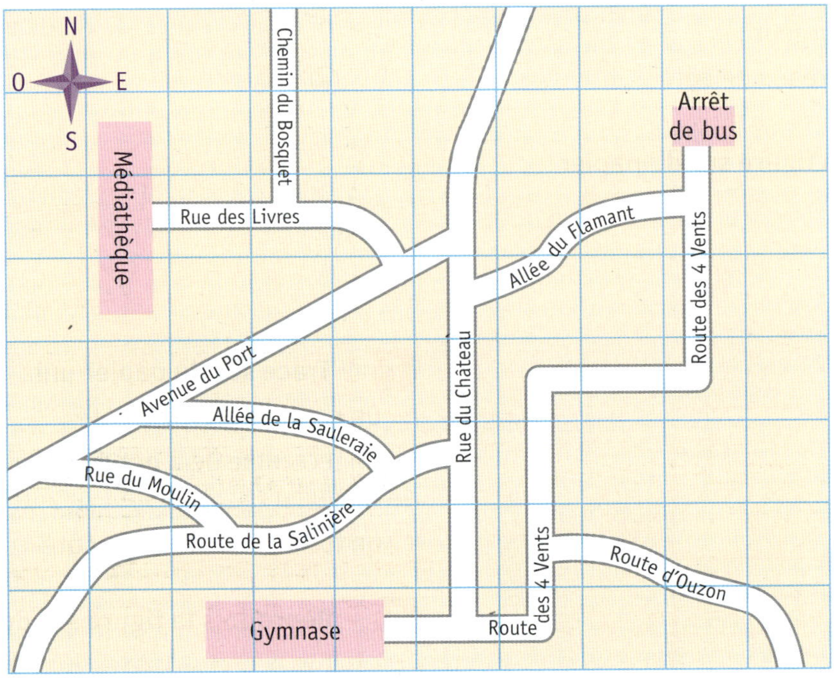

a. En sortant du gymnase, Sophia avance route des 4 Vents et tourne à gauche rue du Château. Puis elle prend la deuxième à gauche et enfin la première rue à droite, qu'elle suit jusqu'à son extrémité. **Trace son chemin. Où arrive-t-elle ?**

b. Décris un chemin que peut suivre Dimitri pour aller de la médiathèque à l'arrêt de bus.

c. Depuis le gymnase, Anita se déplace avec son plan en suivant le code : (Est ; Est ; Nord ; Nord ; Nord) 2 fois. **Où arrive-t-elle ?**

Utiliser le vocabulaire géométrique, la règle graduée et l'équerre

2 ✶ **Observe cette figure.**

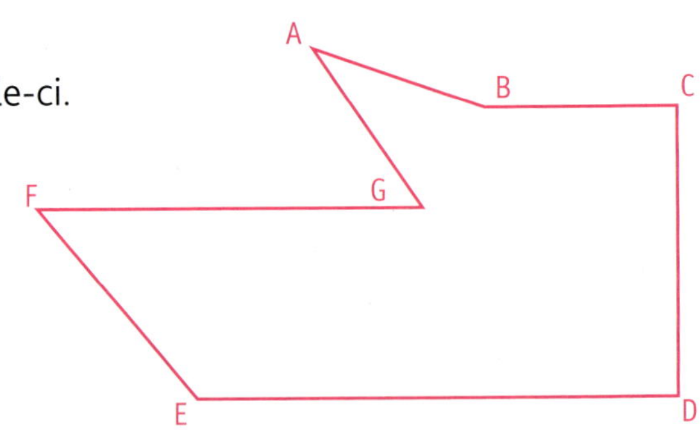

a. Indique le nombre de côtés et de sommets de celle-ci.

b. Indique le nom de chaque côté.

c. Marque les angles droits.

d. Indique la longueur des segments [CD] et [DE].

e. Place le milieu des segments [BC] et [FG].

f. Trace un cercle dans la figure ABCDEFG.

3 ✶✶ **Sans suivre les lignes de ton cahier, trace :**

a. un angle droit formé par deux côtés qui mesurent tous les deux 4 cm 5 mm ;

b. un angle droit formé par deux côtés qui mesurent 3 cm et 6 cm ;

c. un angle droit formé par deux côtés qui mesurent tous les deux 2 cm ;

d. un angle droit formé par deux côtés dont l'un mesure la moitié de la longueur de l'autre.

Reconnaitre, décrire et nommer un carré, un rectangle, un losange

4 Décris la figure et indique son nom.

Observe la longueur des côtés et les angles.

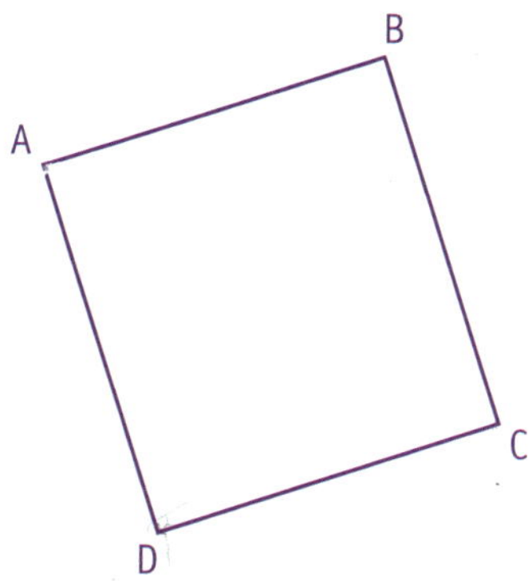

5 Nomme les carrés, les rectangles et les losanges de la figure.

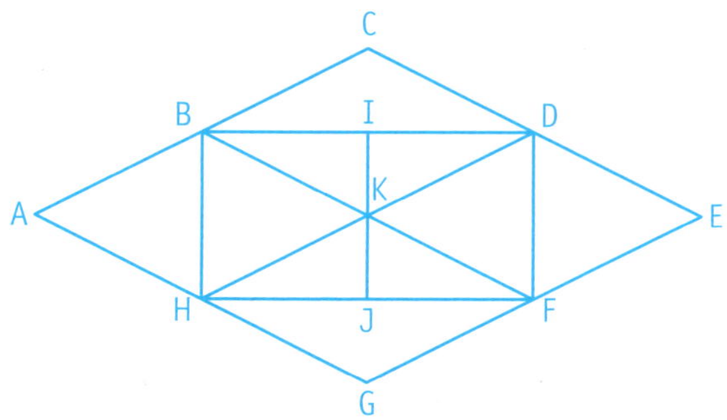

Reproduire un carré, un rectangle, un losange

6 Reproduis les figures.

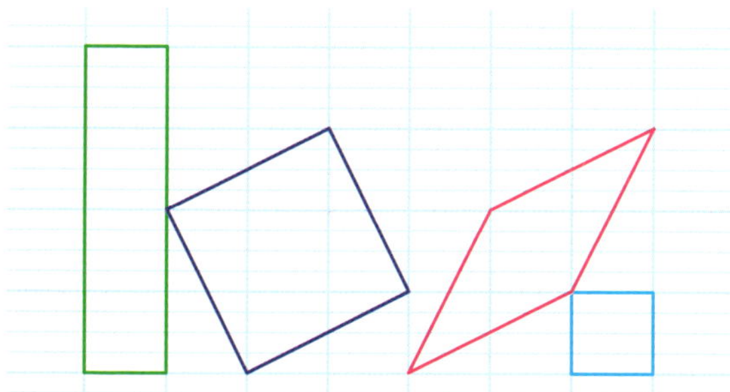

7 Reproduis la figure.

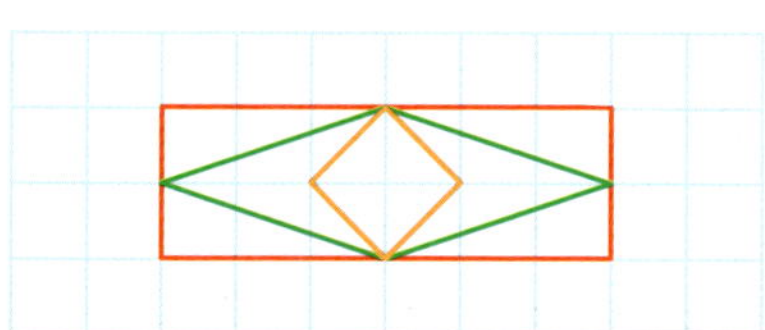

8 Reproduis le château sur du papier uni.

ABCD, EFGH et IJKL sont des losanges.

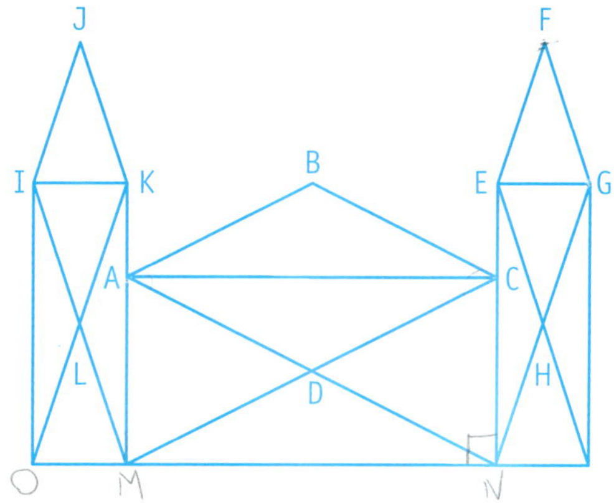

Tracer un carré, un rectangle, un losange

9 Trace sur ton cahier un carré, un rectangle et un losange.

10 Complète les figures pour obtenir :

a. un carré de 2 cm de côté ;

b. un losange de 2 cm 5 mm de côté ;

c. un rectangle de 4 cm de longueur et de 1 cm de largeur.

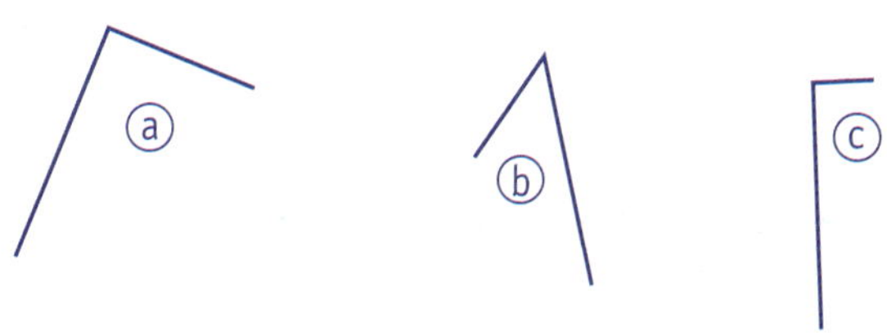

11 Trace sur du papier uni :

a. un losange de 6 cm de côté ;

b. un carré ayant un côté de 4 cm 5 mm ;

c. un rectangle de 3 cm de longueur et de 2 cm de largeur.

12 Suis ces instructions de tracé.

- Trace sur du papier uni un rectangle de 3 cm de largeur et de 5 cm de longueur.
- Trace un carré de 2 cm de côté à l'intérieur du rectangle.

Reconnaitre, décrire et nommer le triangle et ses cas particuliers

Cherchons

Un trio d'étudiants allemands a décidé de faire d'un pylône électrique une véritable œuvre d'art !

- **Quelle est la forme de la majorité des morceaux de verre coloré ?**
- **Décris ce type de forme en utilisant les mots *côté*, *sommet* et *angle*.**

Je retiens

- Un polygone qui a **trois côtés** s'appelle un **triangle**.
Il a également **trois sommets** et **trois angles**.
On peut le nommer par ses sommets.
Ex. : Ce triangle s'appelle ABC.

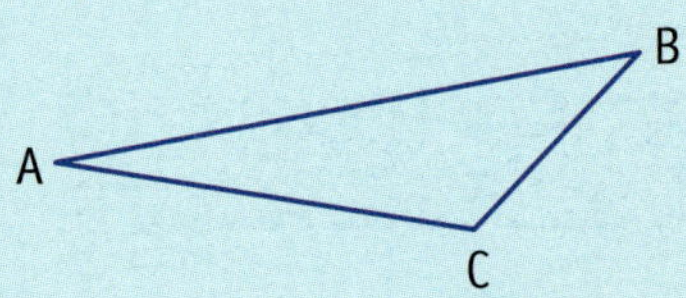

- Il existe des **triangles particuliers**.

Le triangle rectangle	Le triangle isocèle	Le triangle équilatéral
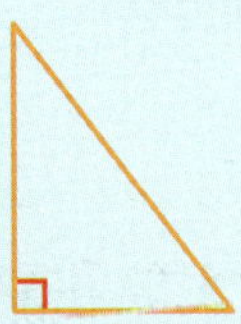 1 angle droit	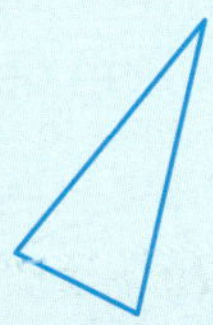 2 côtés égaux	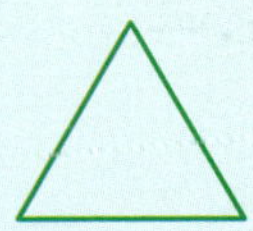 3 côtés égaux

Reconnaitre et nommer le triangle et ses cas particuliers

1 ★ **Retrouve les triangles isocèles parmi ces figures.**

Vérifie les égalités de longueurs.

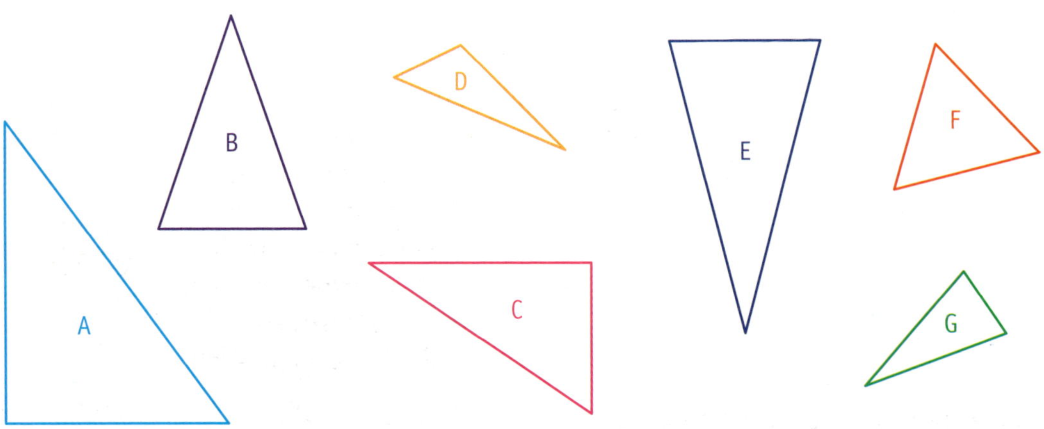

2 ★ Retrouve les triangles rectangles parmi ces figures.

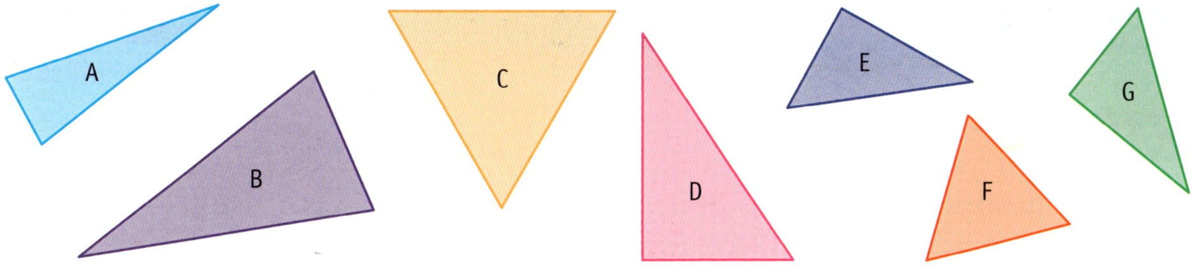

3 ★ Retrouve les triangles équilatéraux parmi ces figures.

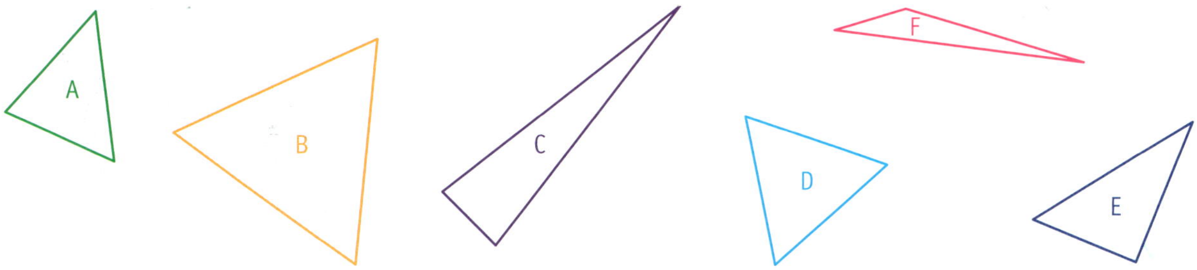

Décrire et nommer le triangle et ses cas particuliers

4 ★★ **a.** Vérifie les propriétés des triangles et décris-les en utilisant les mots *côté* et *angle*.

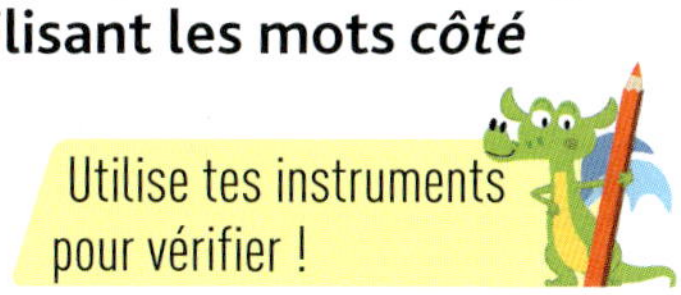

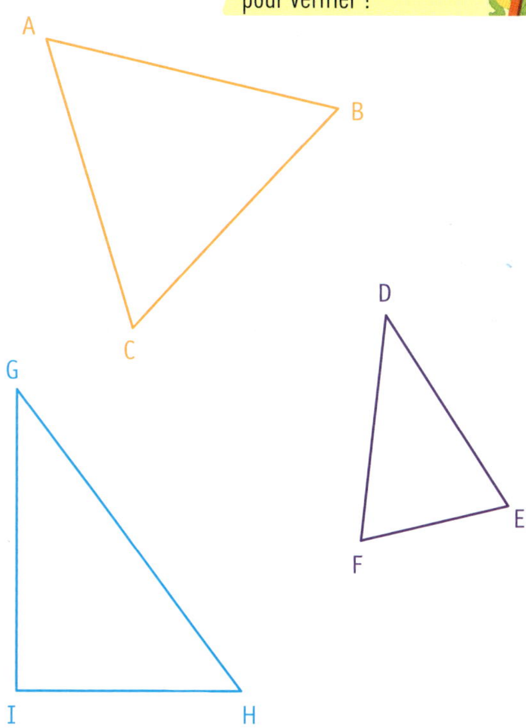

b. De quels types de triangles s'agit-il ?

5 ★★★ **a.** Combien de triangles cette figure comprend-elle ?

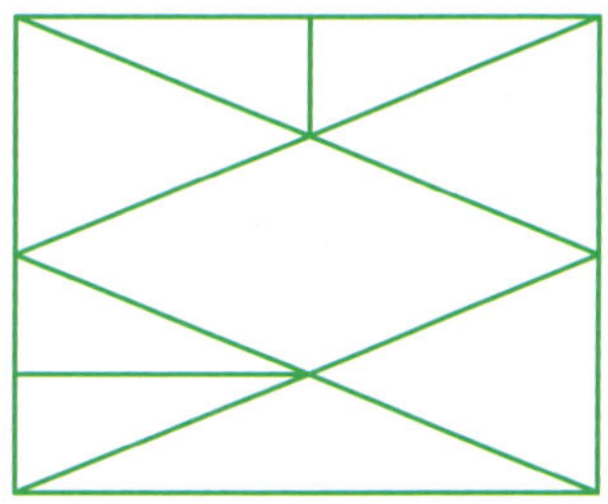

b. Choisis deux triangles de cette figure, colorie-les et décris-les en utilisant les mots *côté* et *angle*.

DÉFI MATHS

Décalque ce triangle isocèle. Découpe-le en deux triangles rectangles pour former un autre triangle isocèle, différent du premier.

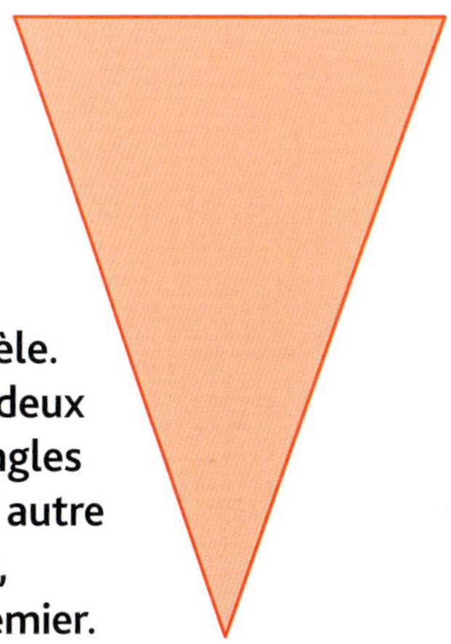

Reproduire et tracer un triangle rectangle

Cherchons

L'escargot de Pythagore est une construction géométrique formée de triangles rectangles.

- **Quelle particularité doit-on prendre en compte pour tracer de tels triangles ?**
- **Décris les étapes du tracé d'un triangle rectangle.**

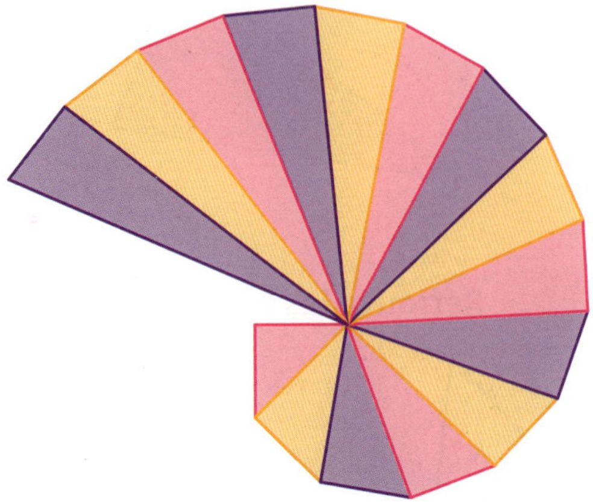

Je retiens

- Comme pour les autres figures, pour **reproduire** ou **tracer un triangle rectangle sur du papier quadrillé ou pointé**, on repère la position des sommets, puis on trace les segments à la règle.
- Pour **reproduire** ou **tracer un triangle rectangle sur du papier uni**, on utilise la règle graduée et l'équerre.

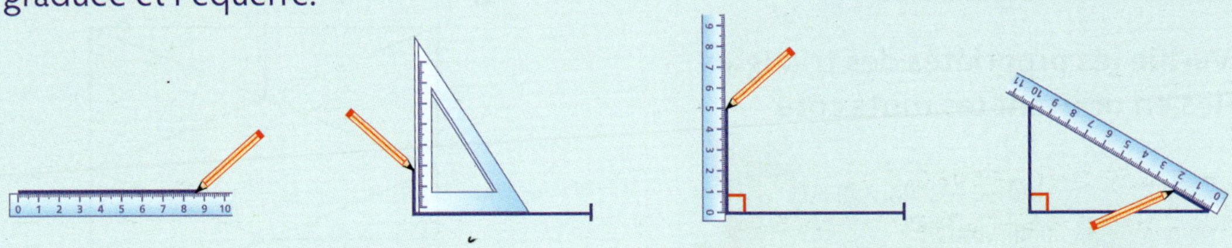

Tracer et reproduire des triangles rectangles sur du papier quadrillé ou pointé

1 ✶ **Reproduis les triangles.**

2 ✶ **Sur ton cahier, place les points comme sur le modèle, puis trace trois triangles rectangles.**

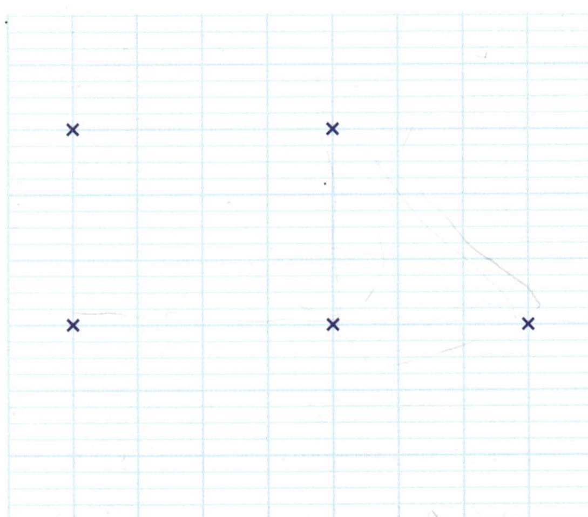

3 **Reproduis les triangles sur du papier pointé.**

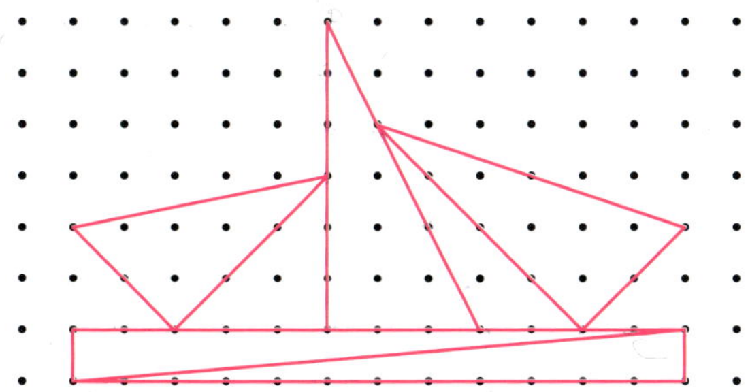

4 **En te servant des points rouges, trace trois triangles rectangles.**

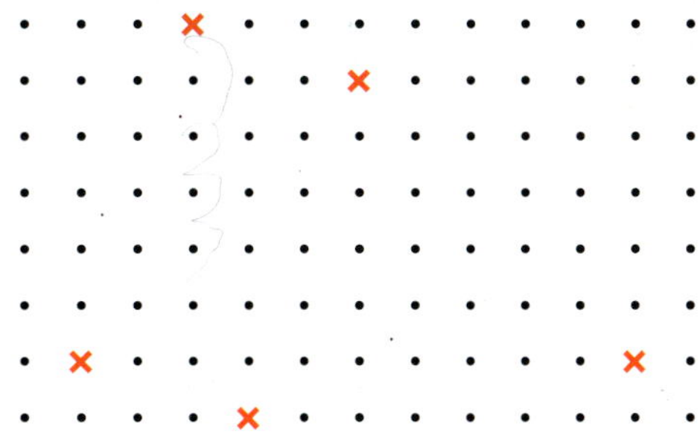

Tracer et reproduire des triangles rectangles sur du papier uni

5 Éléonore a répondu à la consigne suivante :

> Trace un triangle rectangle ABC tel que AB = 3 cm et AC = 4 cm.

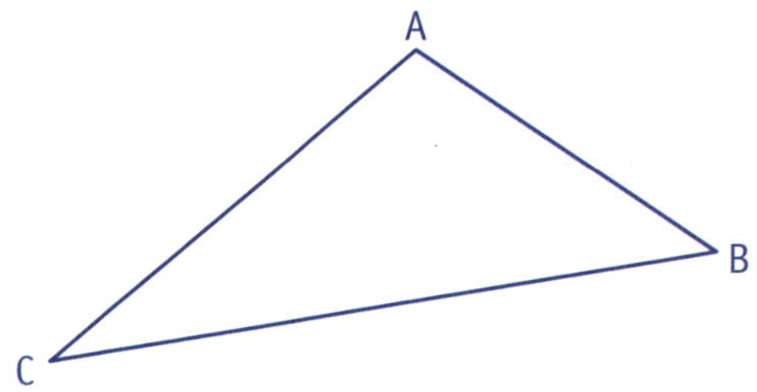

Éléonore a-t-elle bien respecté la consigne ? Justifie ta réponse. Trace le triangle demandé sur ton cahier.

6 **Sur du papier uni, trace 4 triangles rectangles dont les côtés de l'angle droit mesurent :**

a. 3 cm et 5 cm
b. 6 cm et 8 cm 5 mm
c. 2 cm et 4 cm
d. 7 cm et 1 cm

7 **Sur du papier uni, reproduis les deux triangles rectangles en respectant les mesures du modèle.**

Commence par repérer les angles droits.

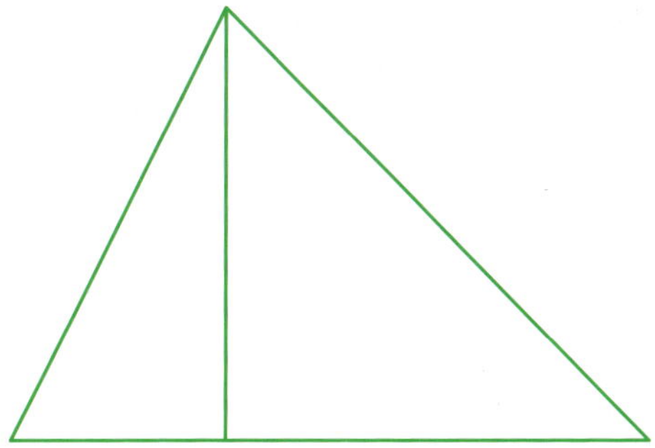

8 **Sur du papier uni, reproduis les trois triangles rectangles en respectant les mesures du modèle.**

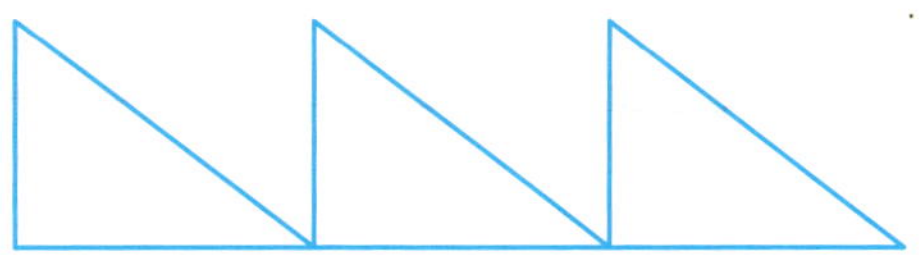

9 **Sur du papier uni, reproduis cette frise en respectant les mesures du modèle.**

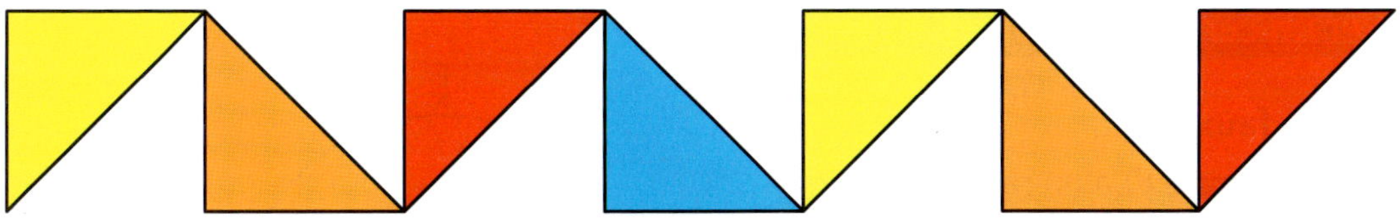

DÉFI MATHS

Sans suivre les lignes de ton cahier, trace un rectangle de 6 cm de longueur et de 3 cm de largeur, puis partage-le en quatre triangles rectangles.

Tracer un cercle avec un compas

Cherchons

Au musée, la statue de la Belle des bois est protégée par une zone de sécurité infranchissable. On ne peut pas l'approcher à moins de 3 mètres.

- **Pour représenter les 3 mètres de sécurité à ne pas franchir, place de nombreux points situés à 3 centimètres du point C, tout autour de ce point.**
- **Quelle forme se dessine autour du point C ? Avec quel instrument peux-tu tracer cette forme ?**

Je retiens

- **Un cercle est formé par tous les points situés à la même distance de son centre.** Cette **distance** s'appelle le **rayon du cercle**.
  Toute la **surface** située à l'intérieur du cercle s'appelle le **disque**.

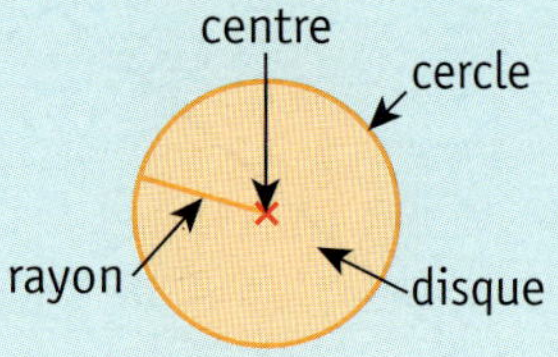

- Pour **construire un cercle** :

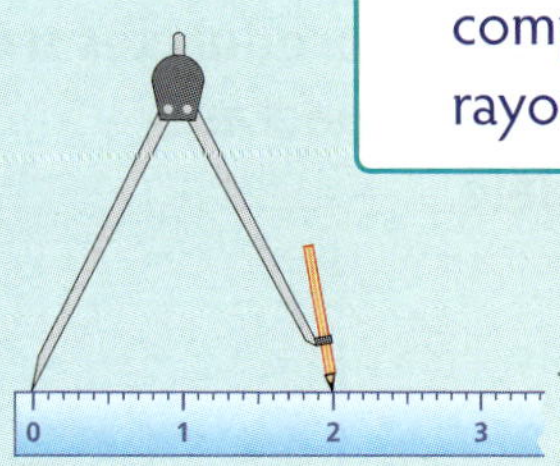

❶ Fixe l'écartement de ton compas pour obtenir le rayon du cercle.

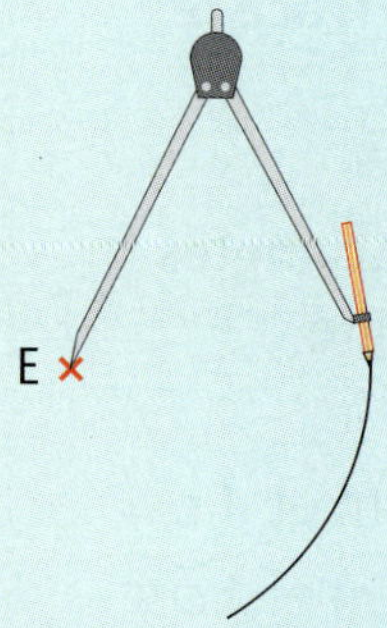

❷ Marque le centre du cercle. Place la pointe du compas sur ce point. Fais tourner la mine du compas sans changer l'écartement.

Observer un cercle, son centre et son rayon

1 ✶ **Vrai ou faux ?**

a. Le cercle de centre O a un rayon de 4 cm.
b. Le cercle de centre I a un rayon de 1 cm.
c. [AB] est le rayon du cercle de centre O.
d. C est sur le cercle de centre O.
e. C est sur le disque de centre O.
f. A est un point des deux cercles.
g. D est sur le cercle de centre O.

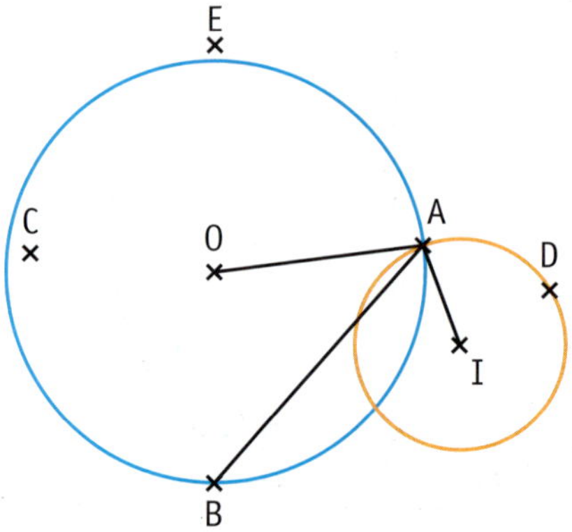

Tracer et reproduire un cercle

2 ★ **À l'aide de ton compas, trace :**

a. un cercle de centre O et de 7 cm de rayon ;
b. un cercle de centre S et de 4 cm de rayon ;
c. un cercle de centre Z et de 6 cm de rayon.

3 ★ **Reproduis les cercles.**

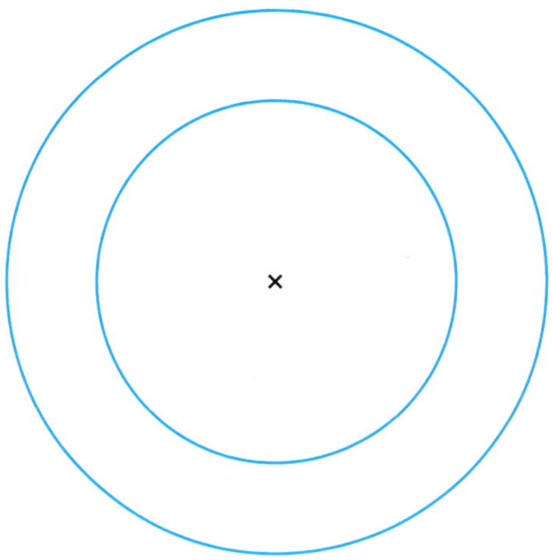

4 ★ **Reproduis le panneau routier.**

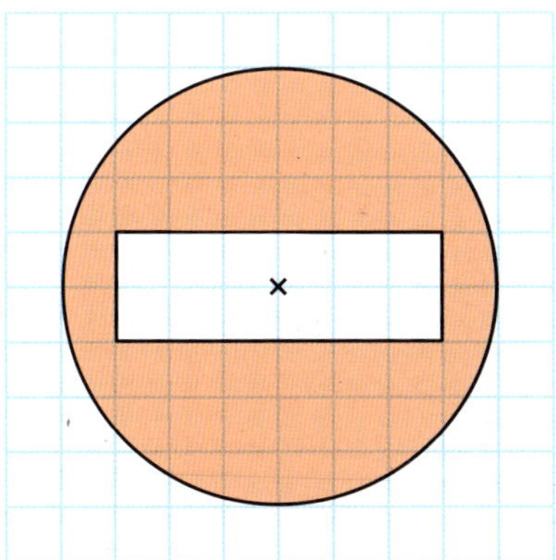

5 ★★ **Reproduis la figure.**

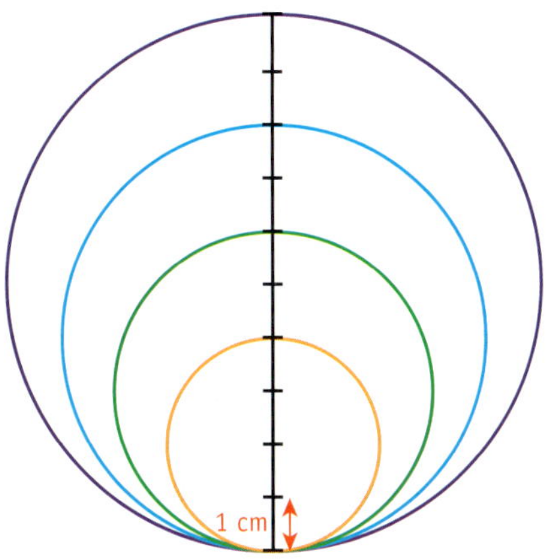

6 ★★ **Reproduis la figure.**

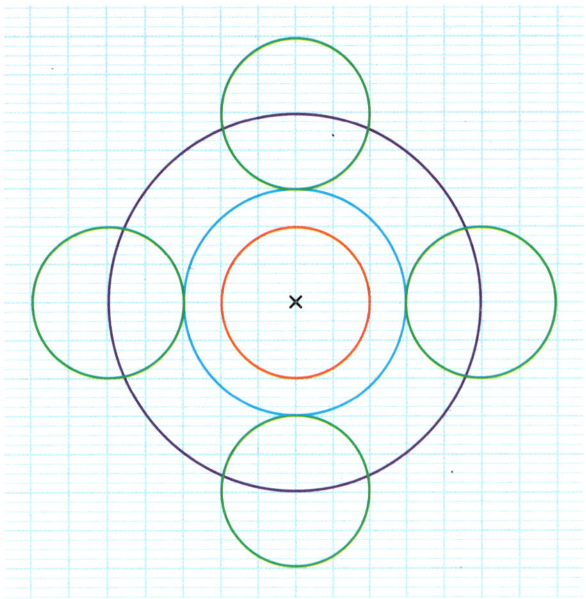

7 ★★★ **Reproduis la figure.**

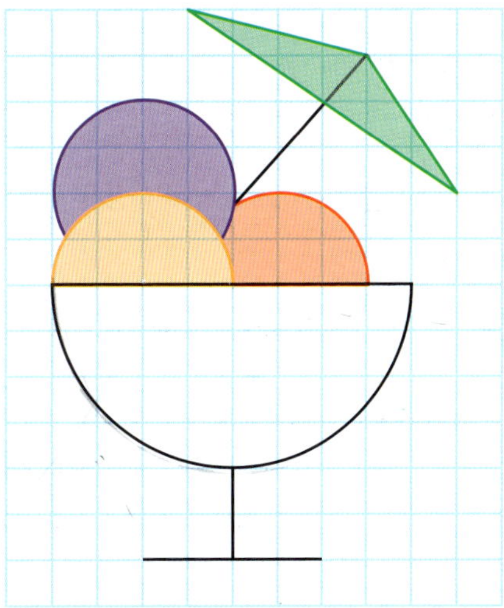

DÉFI MATHS

Sers-toi des informations en couleur pour reproduire cette pomme.

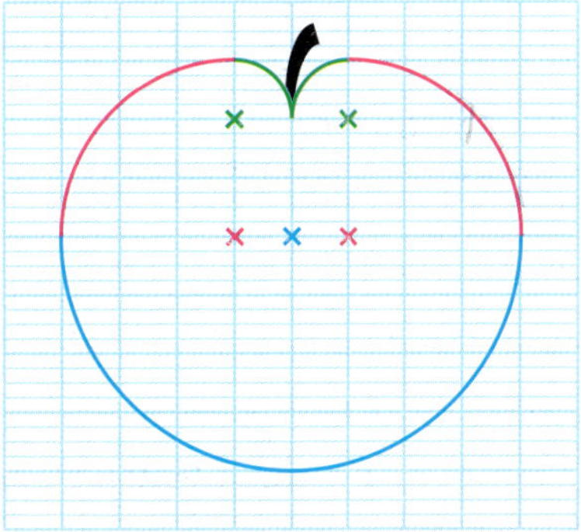

Utiliser un logiciel de géométrie

ACTIVITÉS NUMÉRIQUES :
lienmini.fr/opmce2

Cherchons

Voici ce qui est affiché sur l'écran de l'ordinateur de Simon :

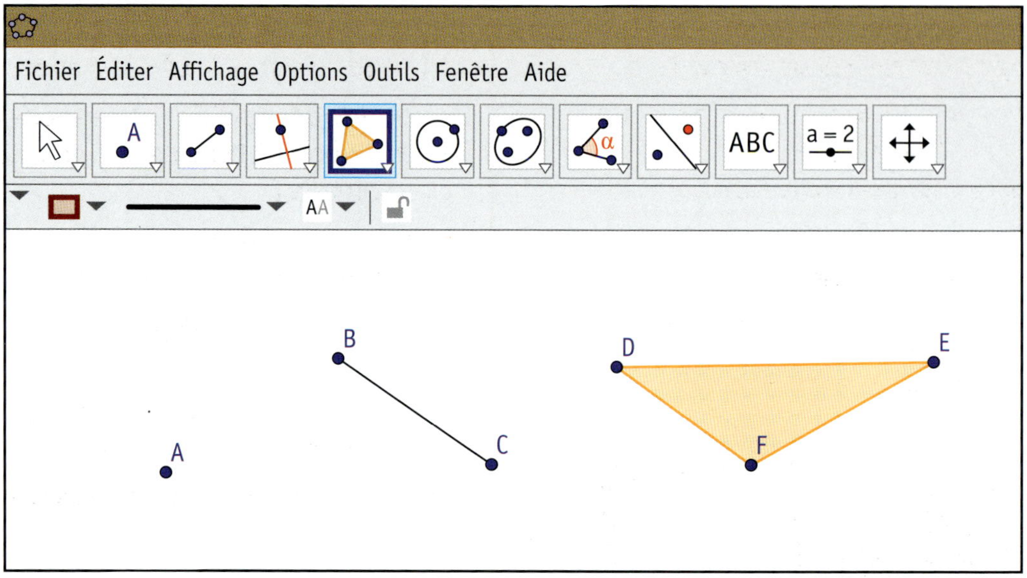

- **Comment Simon a-t-il tracé ces éléments géométriques ?**

Je retiens

- En géométrie, on peut utiliser un **logiciel** qui permet de :
  - tracer des éléments géométriques ;
  - les mettre en mouvement ;
  - vérifier leurs propriétés.
- Pour **tracer une figure** avec un logiciel, il faut respecter un **programme de construction**.

Découvrir le logiciel

1 ⋆ **Trace chaque élément demandé sur l'ordinateur et dessine sur ton cahier l'icône dont tu t'es servi.**

a. Place un point. Dessine l'icône correspondante.

b. Avec l'icône de tracé de segment, trace un segment. Dessine l'icône correspondante.

c. Avec l'icône de tracé de cercle, trace un cercle. Dessine l'icône correspondante.

d. Avec l'icône de tracé de polygone, trace un triangle. Dessine l'icône correspondante.

2 ⋆ **Suis les instructions.**

– Trace un segment.
– Dans l'icône « Segment », choisis l'outil « Droite » et trace une droite.

a. Quelle est la différence entre une droite et un segment ?

b. Dessine sur ton cahier toutes les icônes sur lesquelles tu as cliqué pour réaliser ton tracé.

c. Sur l'ordinateur, trace d'autres segments et d'autres droites pour te familiariser avec la manipulation.

3 ✶✶ **Suis les étapes de construction.**

a. Dans l'icône « Polygone », choisis l'outil « Polygone indéformable ».

b. Trace un triangle.

c. Dans l'icône « Déplacer », choisis l'outil « Déplacer ».

d. Clique sur le premier point que tu as placé et déplace le triangle.
Le triangle change-t-il de forme ?

e. Clique sur le second point que tu as placé et déplace le triangle.
Le triangle change-t-il de forme ?

Tu peux effacer des traits de construction en effectuant un clic droit sur chacun et en désactivant la fonction « Afficher l'objet ».

4 ✶✶ **Suis les instructions.**

a. Sélectionne l'icône « Cercle », puis « Cercle centre-point ». Place le centre puis un point du cercle pour que celui-ci apparaisse.

b. Avec cette même icône, place le centre d'un deuxième cercle où tu le souhaites puis clique sur le centre du premier cercle.
Le second cercle tracé passe-t-il bien par le centre du premier ?

Construire une figure grâce à un programme de construction

5 ✶ **Suis les étapes de construction.**

a. Place 5 points.

b. Avec l'outil « Segment », relie les points pour tracer un polygone.

c. Effectue un clic droit sur chaque point pour nommer ton polygone.
Quel nom lui as-tu donné ?

6 ✶✶✶ **Suis les étapes de construction.**

a. Trace un segment.

b. Nomme les extrémités A et B.

c. Avec l'outil « Perpendiculaire », clique sur A puis sur le segment : une droite perpendiculaire au segment apparait, passant par A. Cela signifie qu'ils forment un angle droit.

d. Trace un cercle de centre A et passant par B.

e. Le cercle coupe la droite en deux points. Place un point à l'une de ces intersections et nomme-le D.

f. Trace une autre droite perpendiculaire au segment [AB], passant par B.

g. Trace une droite perpendiculaire au segment [AD], passant par D.

h. Place un point à l'intersection de ces deux nouvelles droites et nomme-le C.

Quelle est la nature du quadrilatère ABCD ?

Établir un programme de construction

7 ✶ **Trace sur ton cahier un cercle de rayon [AB] de 3 cm. Écris les étapes de la construction de ce cercle pour le tracer avec ton logiciel de géométrie.**

8 ✶✶✶ **Observe la construction géométrique suivante. Planifie et écris les étapes nécessaires à sa construction pour la tracer avec ton logiciel de géométrie.**

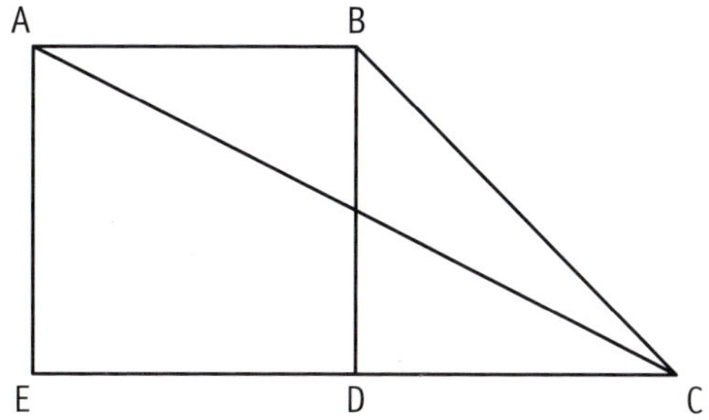

DÉFI MATHS

En te servant de ton logiciel de géométrie, réalise le dessin d'un paysage contenant une maison.

Reproduire des figures à partir d'un modèle

ACTIVITÉS NUMÉRIQUES : lienmini.fr/opmce2

Cherchons

Pendant son exposé sur les suricates, Lia propose à ses camarades de reproduire le dessin de l'animal dont elle a préparé le modèle. Voici trois reproductions réalisées par ses camarades :

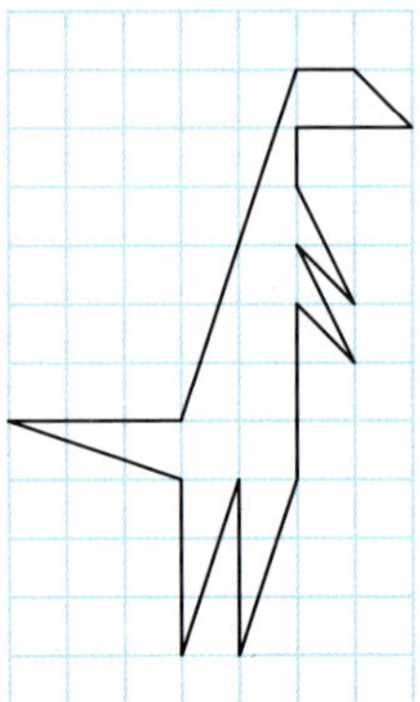

Modèle

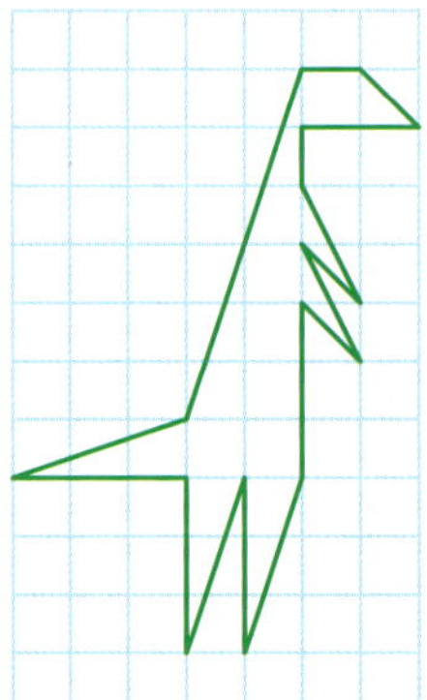

A

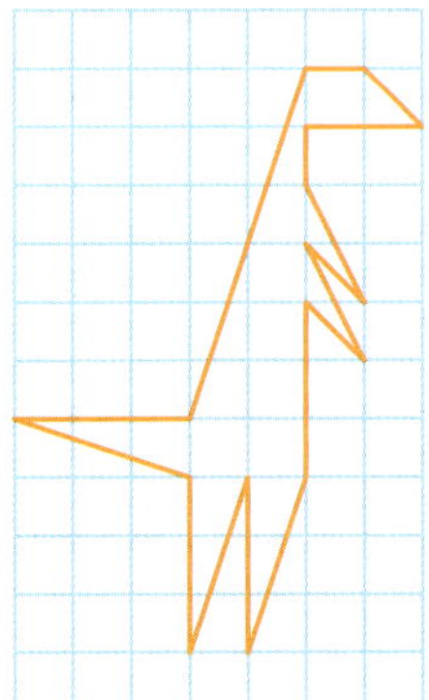

B

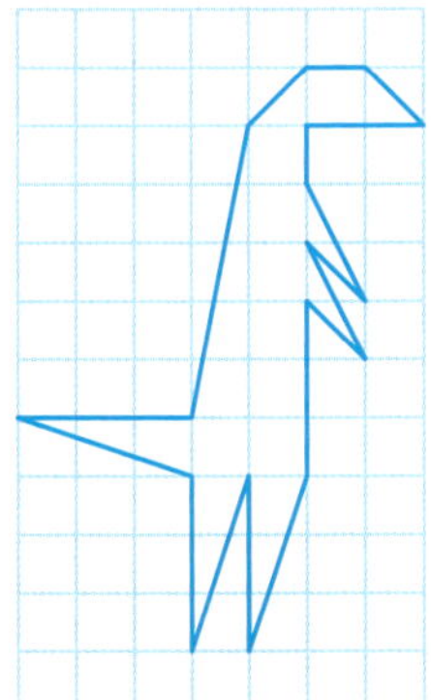

C

- **Quelle reproduction est fidèle au modèle ?**

Je retiens

- Pour **reproduire une figure** sur du **papier quadrillé** ou du **papier pointé**, on place d'abord les sommets en comptant les carreaux. Ensuite, on trace les segments à la règle.

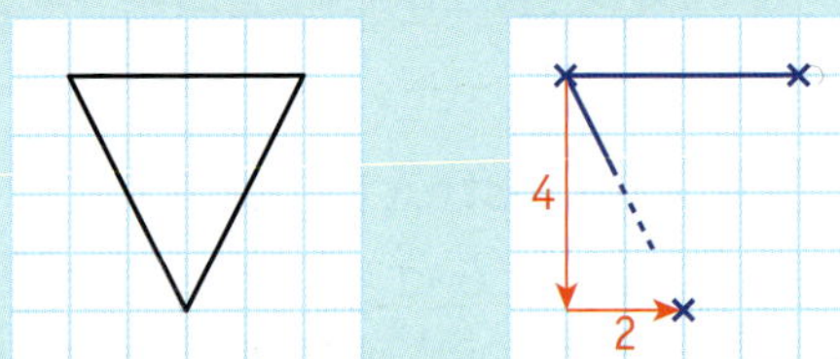

- Pour **reproduire une figure** sur du **papier uni**, on effectue les tracés au fur et à mesure en utilisant les indications du modèle.

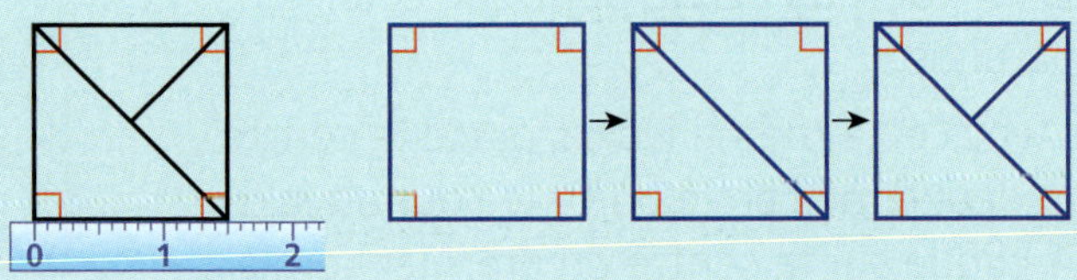

Reproduire des figures sur du papier quadrillé ou pointé

1 ★ **Reproduis les figures sur du papier quadrillé.**

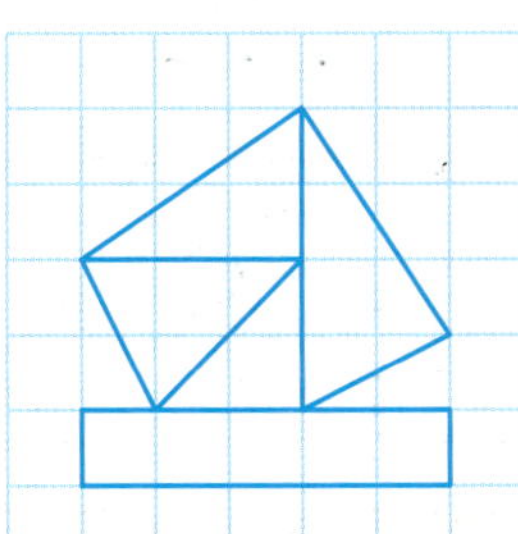

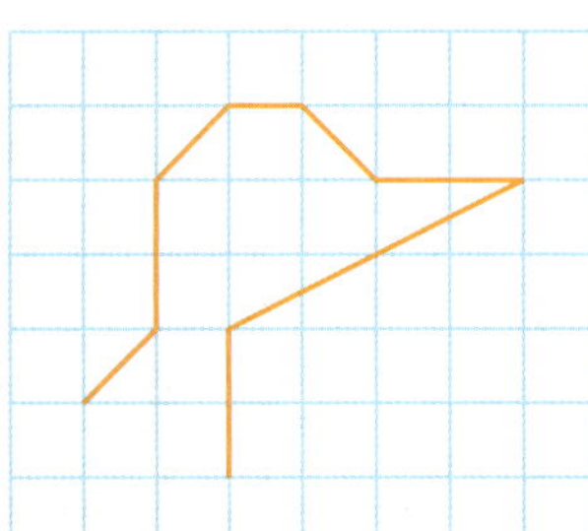

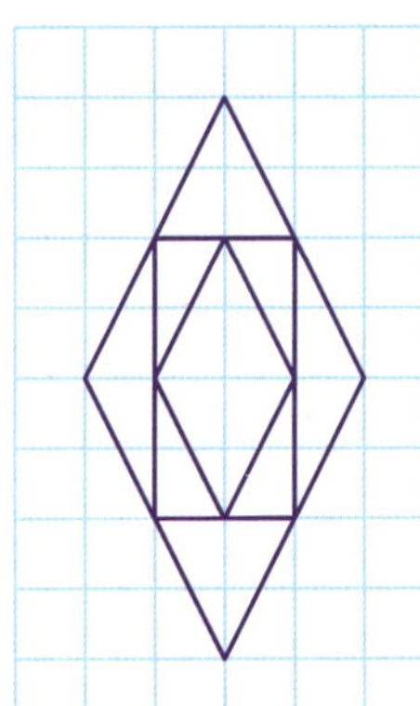

2 ★ Reproduis les figures sur du papier pointé.

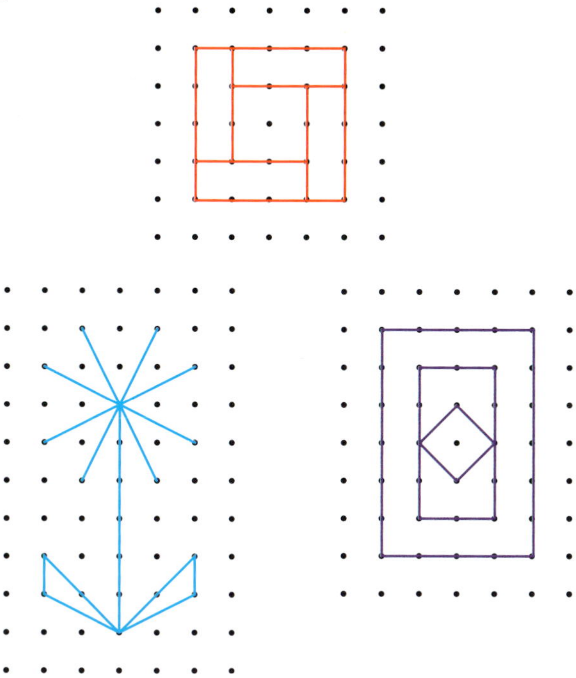

3 ★★ Reproduis la figure sur du papier quadrillé.

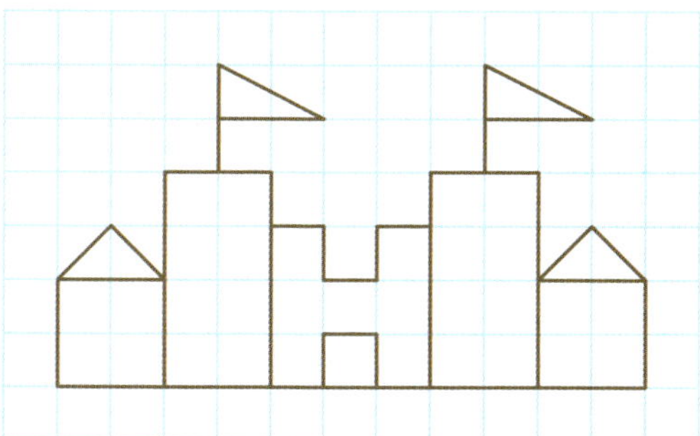

4 ★★ Reproduis la figure sur du papier pointé.

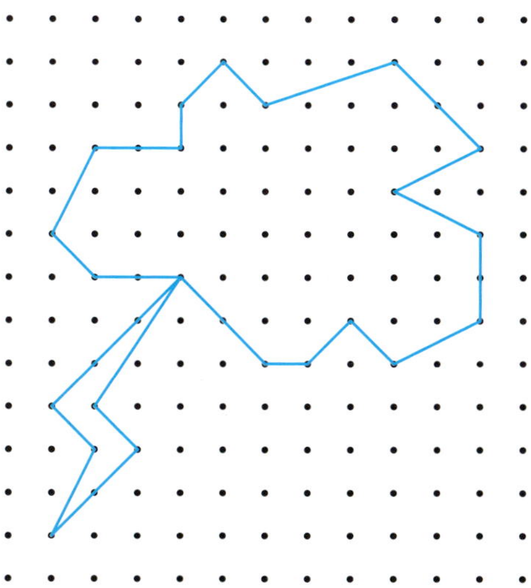

5 ★★★ Reproduis et continue la frise sur du papier quadrillé.

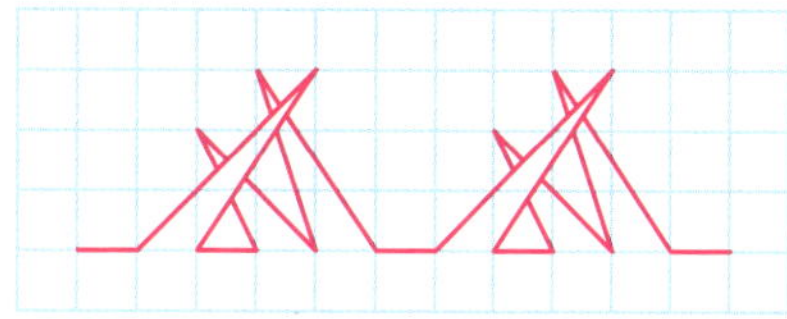

Reproduire des figures sur du papier uni

6 ★ Reproduis la figure sur du papier uni.

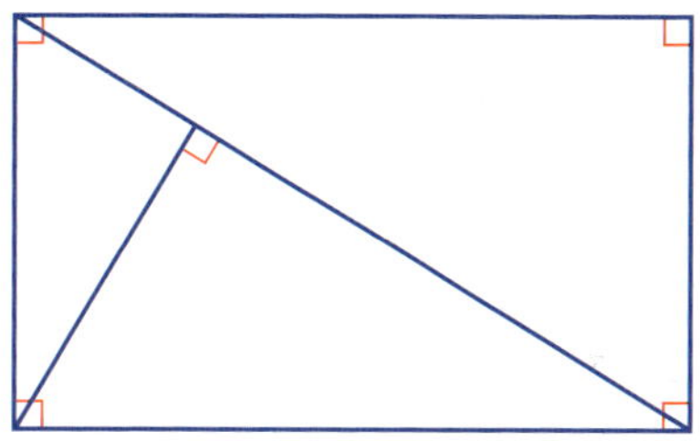

7 ★★ Reproduis la figure sur du papier uni en t'aidant des indications.

ABCD est un rectangle. AB = 5 cm ; BC = 4 cm.
M est le milieu de [AD]. I est le milieu de [BC].

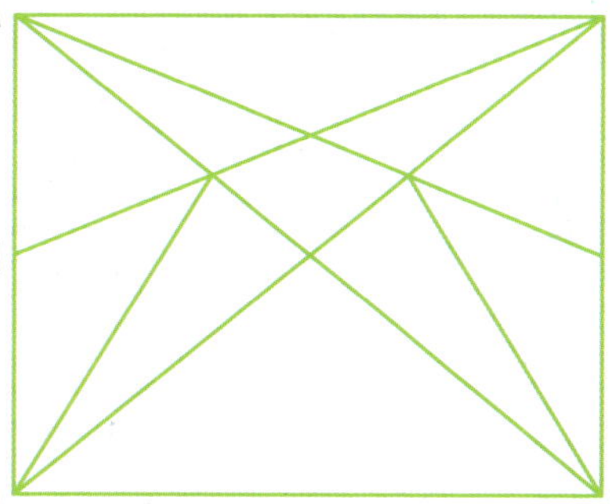

DÉFI MATHS

Reproduis cette étoile sur du papier pointé et colorie-la.

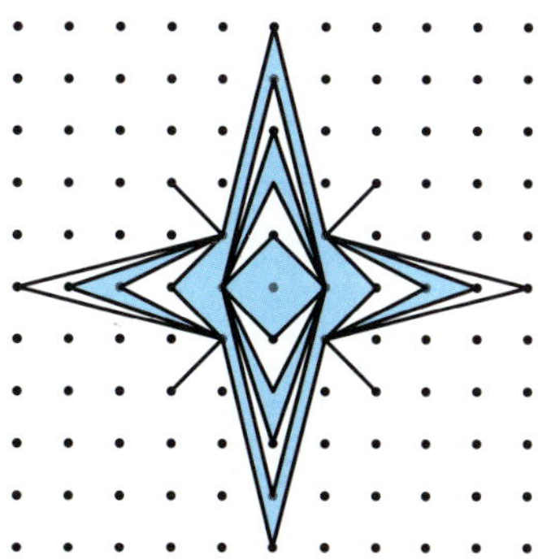

Je révise

Reconnaitre, décrire et nommer le triangle et ses cas particuliers

1 ★ **Retrouve les triangles isocèles parmi ces figures.**

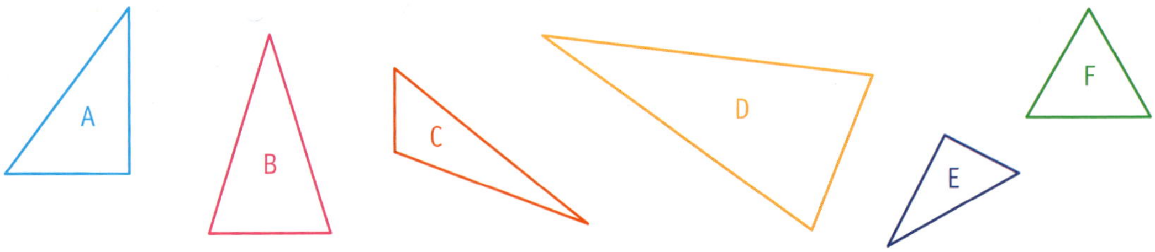

2 ★ **Retrouve les triangles équilatéraux parmi ces figures.**

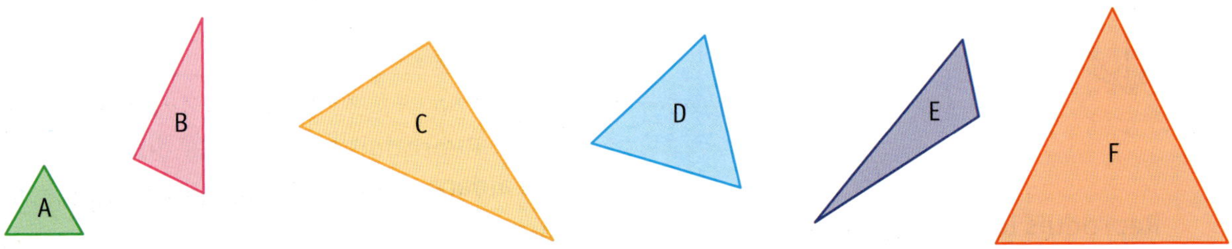

Reproduire et tracer un triangle rectangle, un cercle

3 ★★ **Sans suivre les lignes de ton cahier, trace :**

a. un triangle ABC, rectangle en B ; AB = 2 cm et BC = 5 cm ;

b. un triangle DEF, rectangle en E ; DE = 3 cm et EF = 6 cm ;

c. un triangle GHI, rectangle en H ; GH = HI = 7 cm 5 mm ;

d. un triangle JKL, rectangle en K ; JK = 7 cm et KL = 1 cm.

4 ★★ **Reproduis la figure sur ton cahier.**

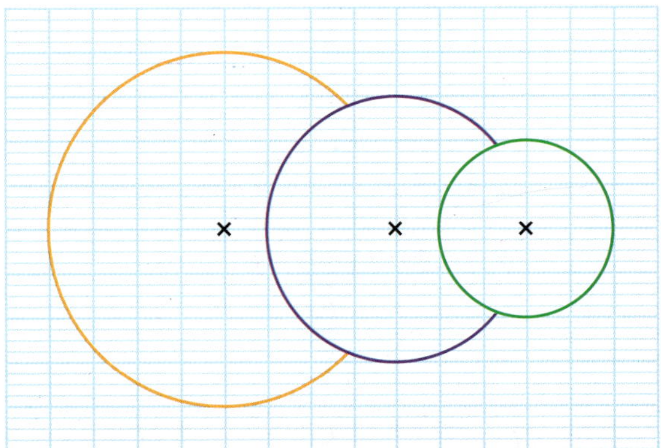

5 ★★ **Trace :**

a. un cercle de 4 cm de rayon ;

b. un cercle de 2 cm de rayon ;

c. deux cercles qui se coupent, l'un de 6 cm de rayon, l'autre de 3 cm de rayon.

6 ★★★ **Reproduis la figure sur du papier uni.**

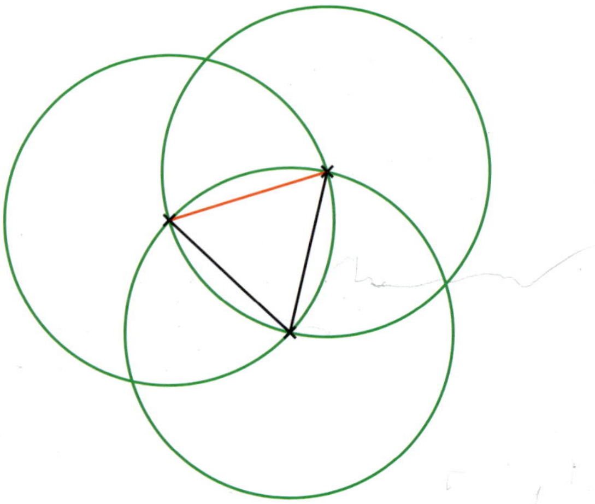

Utiliser un logiciel de géométrie

7 ★ **Suis les étapes de construction.**

a. Trace un cercle de centre A.

b. Place un point B sur ce cercle.

c. Trace un cercle de centre B passant par A.

d. Place un point à l'une des intersections de ces cercles et nomme-le C.

e. Trace un cercle de centre C passant par A.

Continue ainsi jusqu'à obtenir une rosace.

Reproduire des figures à partir d'un modèle

8 ★★ **Reproduis la figure sur du papier pointé.**

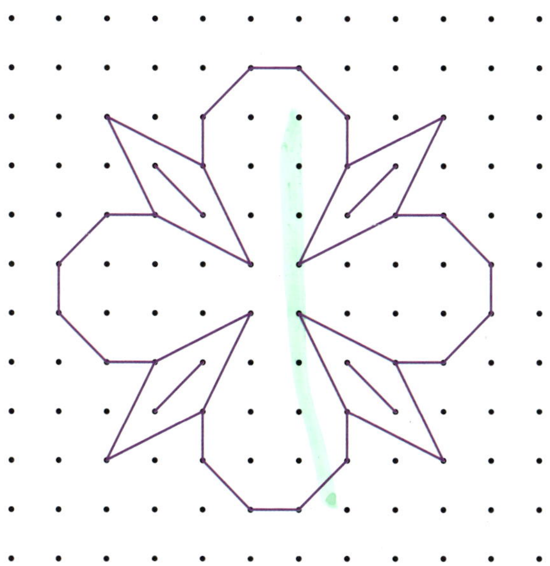

9 ★★ **Reproduis la figure sur du papier pointé.**

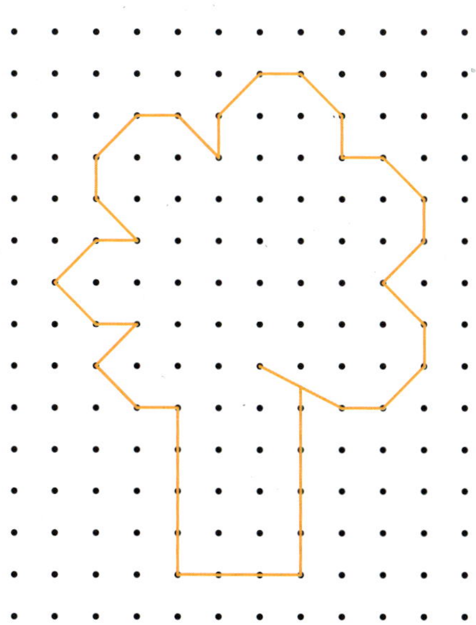

10 ★★★ **Reproduis les serpents sur du papier quadrillé.**

Commence par tracer la tête du serpent rouge.

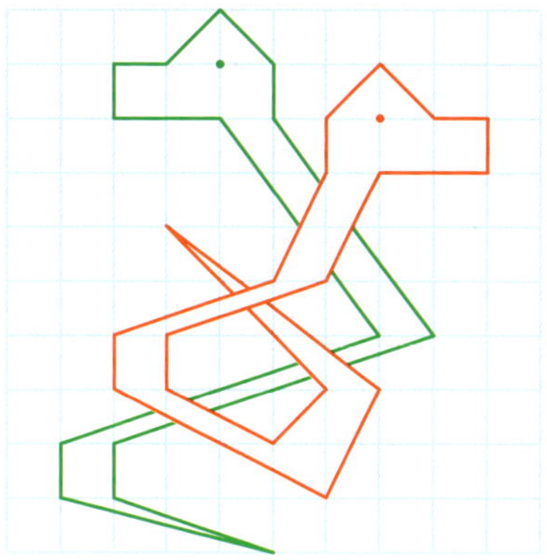

Reproduire des figures sur du papier uni

11 ★ **Reproduis la figure sur du papier uni.**

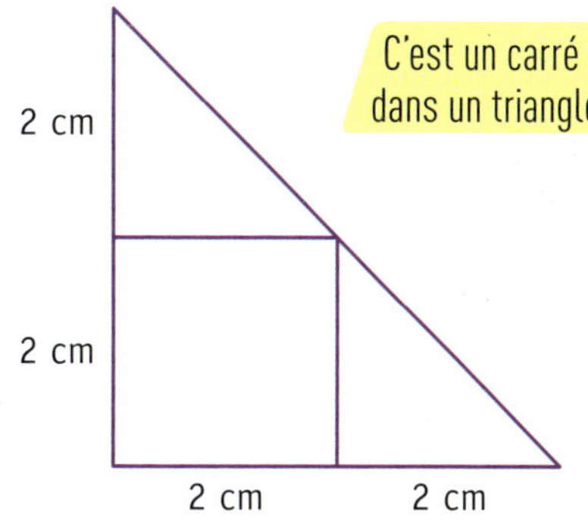

C'est un carré placé dans un triangle rectangle.

12 ★★ **Reproduis la figure sur du papier uni en t'aidant des indications.**

ABCD est un carré de 4 cm de côté.
I est le milieu de [AB]. J est le milieu de [BC].
K est le milieu de [CD]. L est le milieu de [DA].

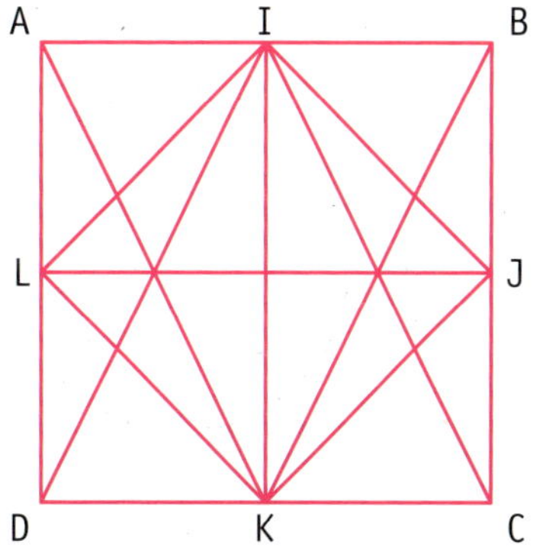

Reconnaitre et tracer des axes de symétrie

Cherchons

- Décalque ce papillon avec la ligne pointillée, retourne-le et pose-le sur le dessin du manuel. Que constates-tu ?
- Plie ton calque le long des pointillés. Que constates-tu ?

Je retiens

- **L'axe de symétrie est une droite qui partage une figure en deux parties superposables par pliage.**

- Une figure peut posséder **plusieurs axes de symétrie**.

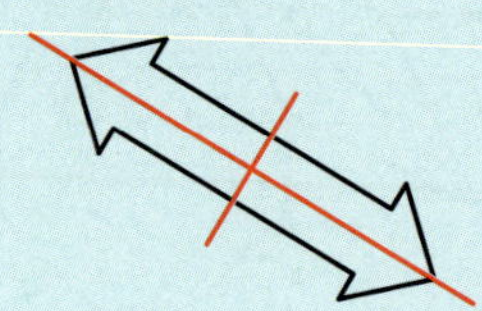

Repérer un axe de symétrie

1 ★ **Indique dans quelles figures la ligne rouge est un axe de symétrie.**

A

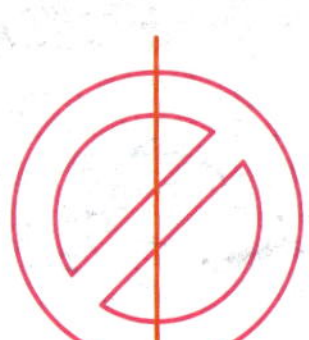
B

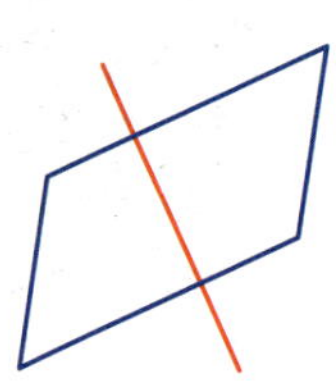
C

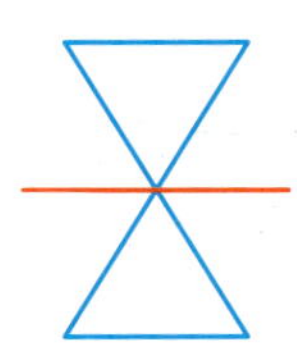
D

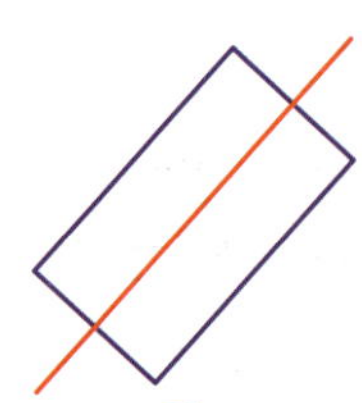
E

F

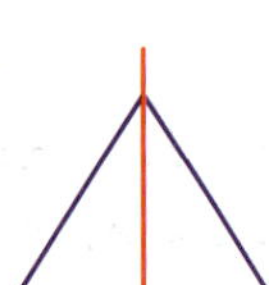
G

H

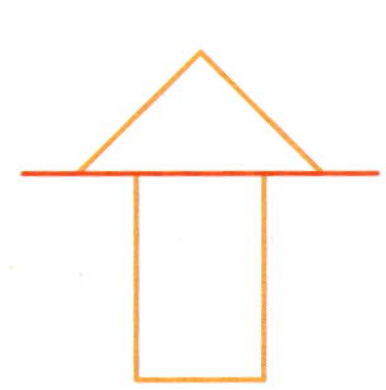
I

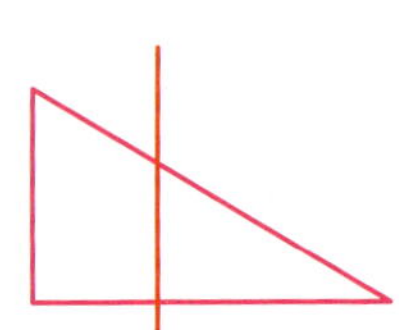
J

2 ★ Pour chaque figure, décalque la partie située d'un côté de la ligne rouge, puis retourne ton calque pour le superposer de l'autre côté de la ligne. Recopie la lettre quand la ligne rouge est un axe de symétrie.

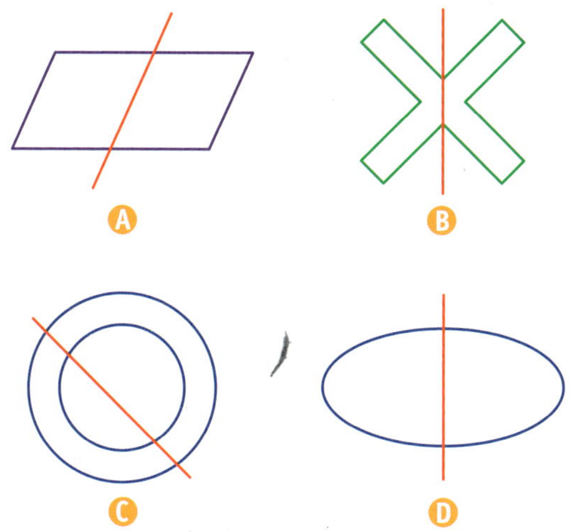

Tracer un axe de symétrie

3 ★ Reproduis les lettres et trace les axes de symétrie quand il y en a.

4 ★★ Reproduis les figures et trace les axes de symétrie quand il y en a.

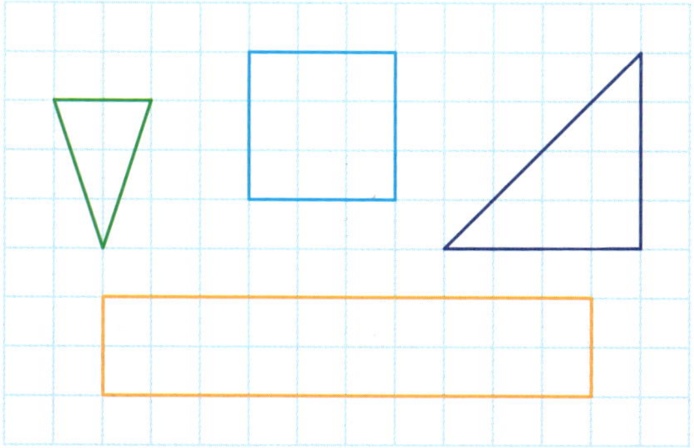

5 ★★★ Reproduis la figure et trace les 4 axes de symétrie.

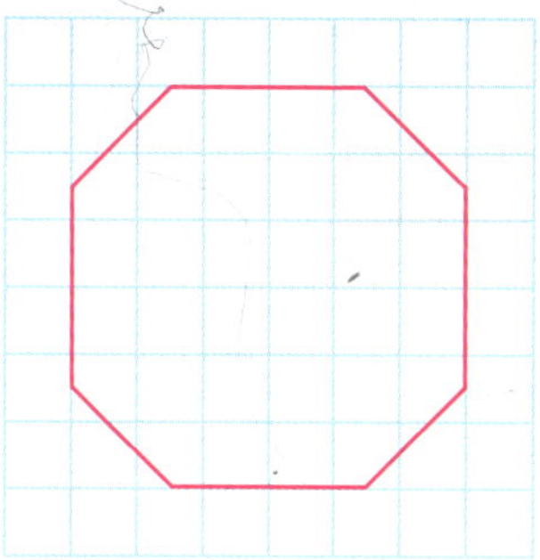

6 ★★★ Trace l'axe de symétrie de chaque insecte, et entoure celui qui n'est pas symétrique.

7 ★★★ Explique le phénomène que tu peux observer sur la photo.

Trace l'axe de symétrie de cette photo.

DÉFI MATHS

Cherche trois prénoms dont toutes les lettres en capitales ont au moins un axe de symétrie.

Compléter une figure par symétrie

ACTIVITÉS NUMÉRIQUES : lienmini.fr/opmce2

Cherchons

La maitresse a demandé à ses élèves de dessiner un avion symétrique par rapport à l'axe rouge. Voici le tracé de Léna.

- **Observe les points jaunes, rouges et bleus. Comment sont-ils placés par rapport à l'axe rouge ?**
- **Pourquoi y a-t-il un problème de symétrie avec les points violets et verts ?**

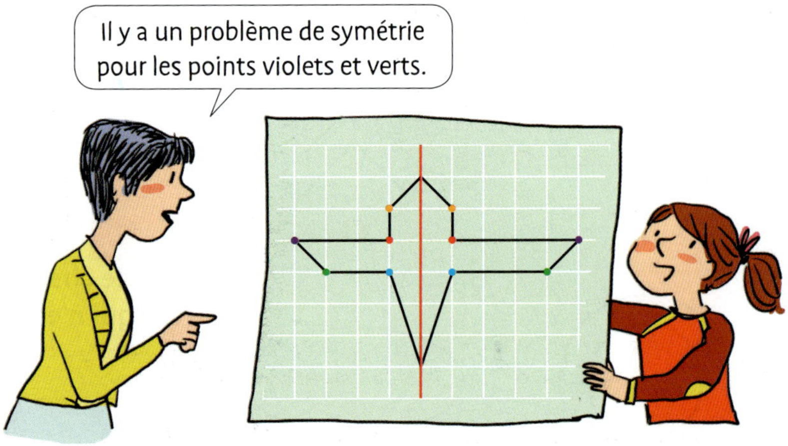

Je retiens

Pour **compléter une figure par symétrie**, on peut créer la partie symétrique :

- en pliant et découpant :

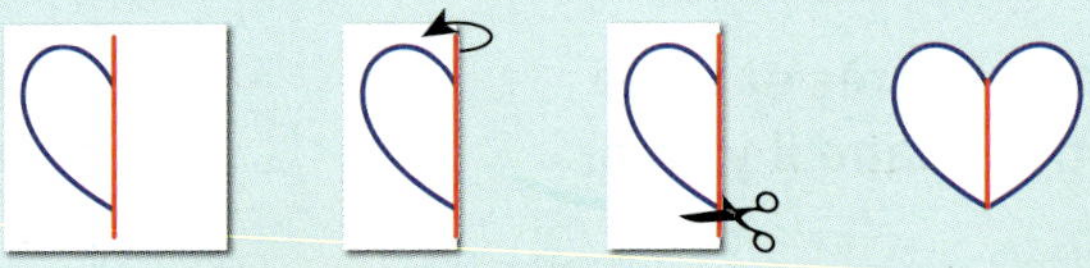

- en décalquant :

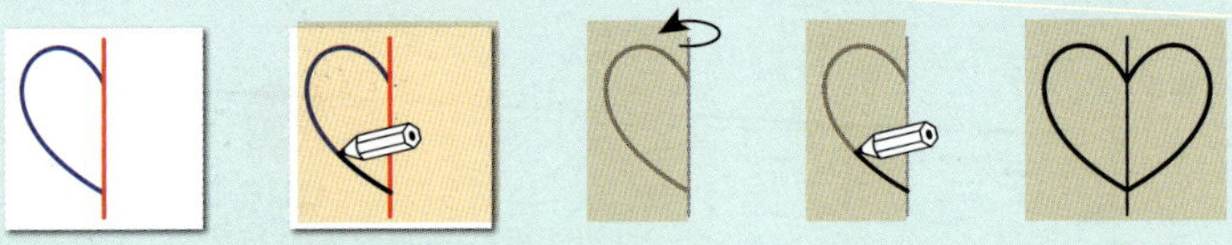

- en plaçant chaque point et son symétrique à égale distance de l'axe :

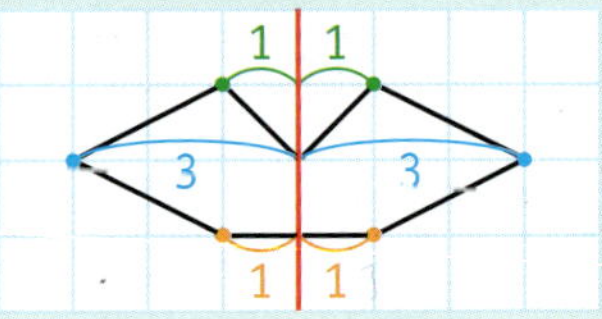

Repérer des tracés symétriques

1 ★ Lili a complété en vert chaque figure par symétrie. **Indique les tracés faux.**

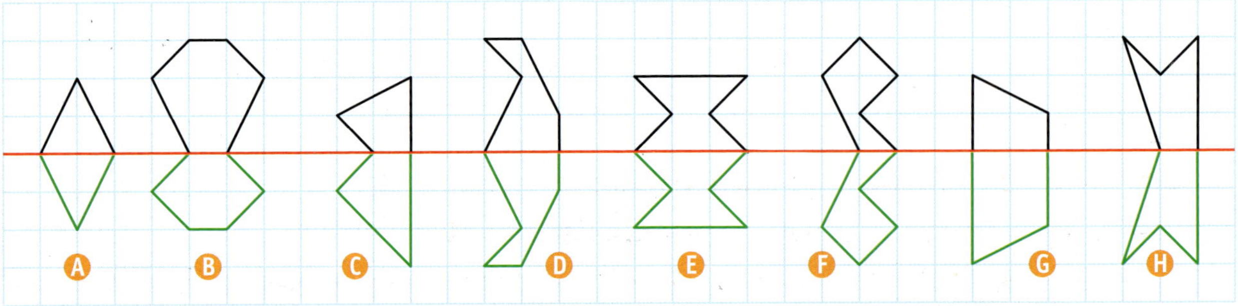

Compléter une figure symétrique par pliage ou avec du papier calque

2 ⋆ **Reproduis chaque tracé sur une feuille quadrillée. Plie ta feuille le long de l'axe et découpe pour obtenir le symétrique.**

Colle les figures obtenues sur ton cahier.

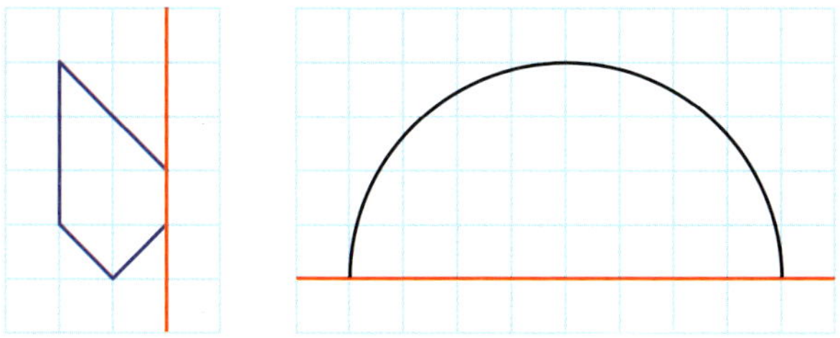

3 ⋆ **Décalque chaque tracé sur une feuille blanche, puis plie ta feuille le long de l'axe. Décalque la première partie de la figure pour obtenir la seconde partie symétrique.**

Colle les figures obtenues sur ton cahier.

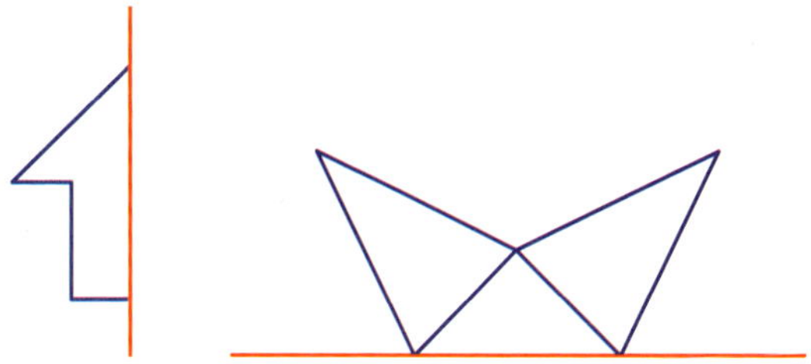

Compléter une figure symétrique sur quadrillage

4 ⋆ **Reproduis et complète les figures par symétrie.**

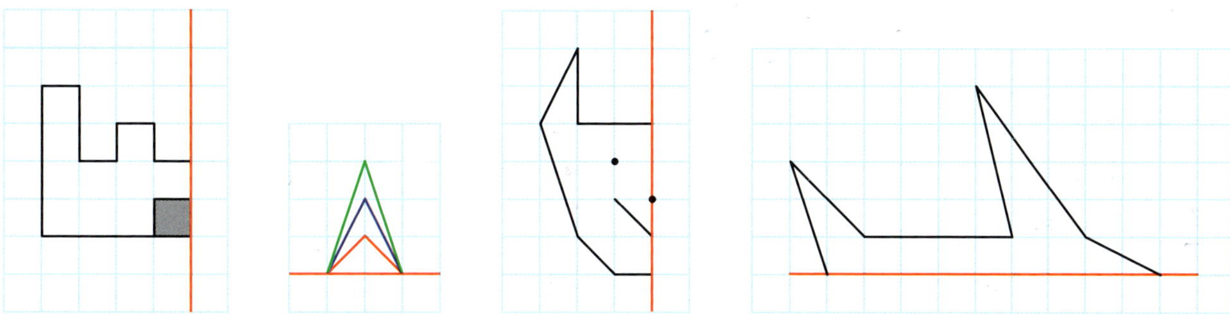

5 ⋆⋆ Ces frises sont construites par symétrie.
Reproduis-les et continue-les.

Commence par tracer les bords des frises.

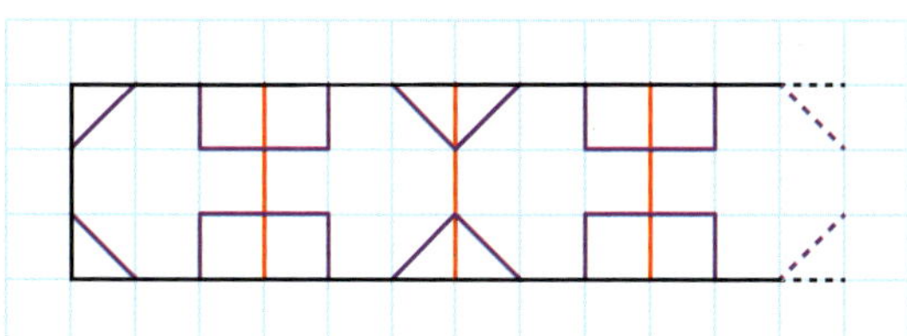

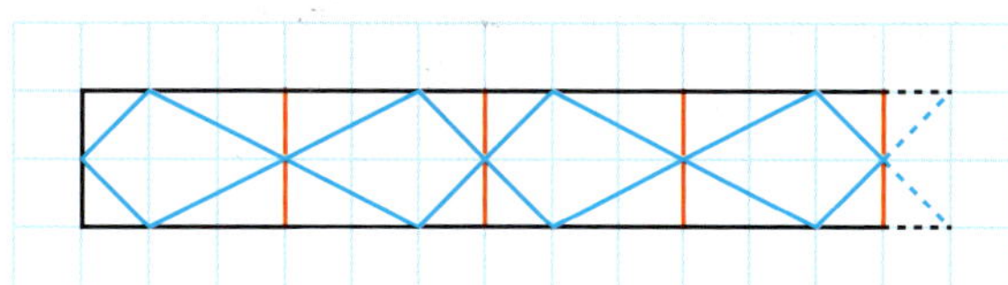

6 ⋆⋆⋆ **Reproduis et complète les figures par symétrie.**

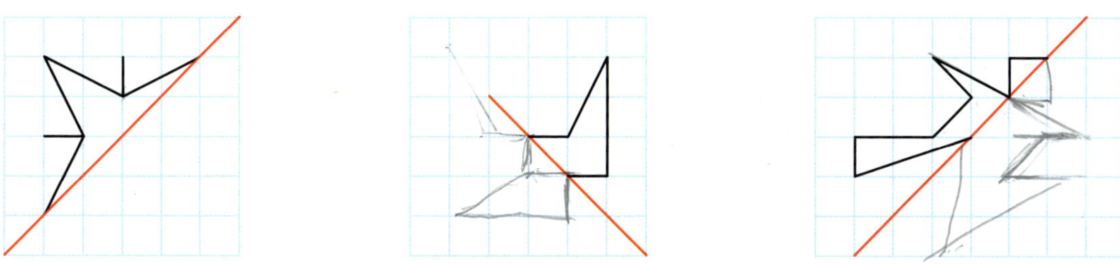

DÉFI MATHS

Invente une frise construite par symétrie et colorie-la.

Reconnaitre et nommer des solides : cube, pavé droit, pyramide, cylindre, boule, cône

Cherchons

Pour son cours de sculpture, Nina veut représenter la pyramide du Louvre.

- **Quelle boite peut-elle choisir comme support de travail ?**

Je retiens

- Les **solides** sont des **formes géométriques dans l'espace**.

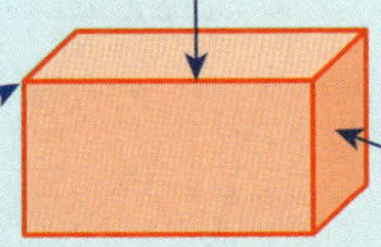

Sur l'image d'un solide, certains sommets et certaines arêtes sont cachés.

- Il existe différents types de solides :

Solides à faces planes			Solides qui roulent		
CUBE	PAVÉ DROIT	PYRAMIDE	CYLINDRE	BOULE	CÔNE

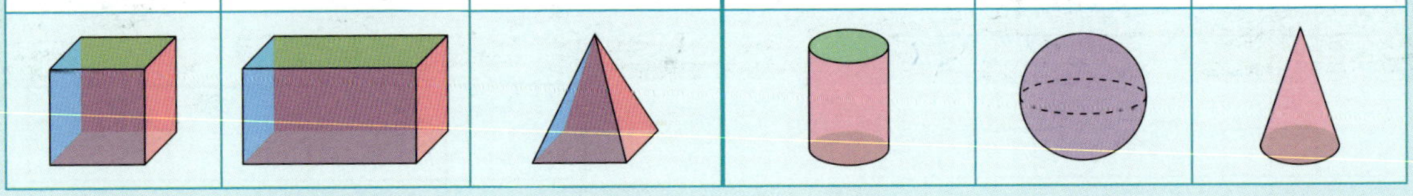

Reconnaitre un solide

1 ★ **Entoure les solides.**

2 Indique le nom d'un objet qui a la forme :

a. d'une pyramide ; **b.** d'un cylindre ; **c.** d'une boule ; **d.** d'un cône.

3 Indique le nombre de chaque type de solide.

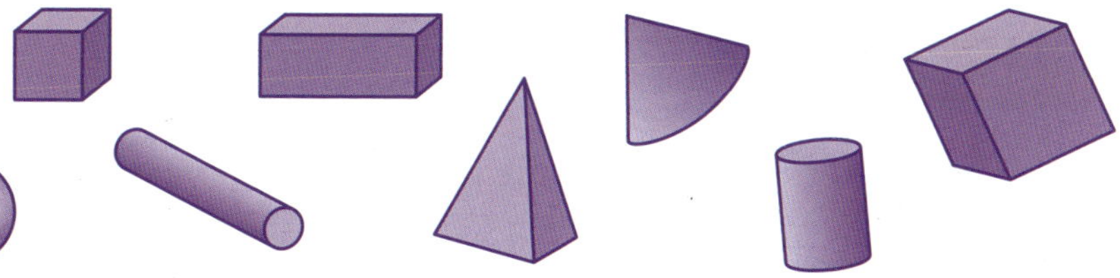

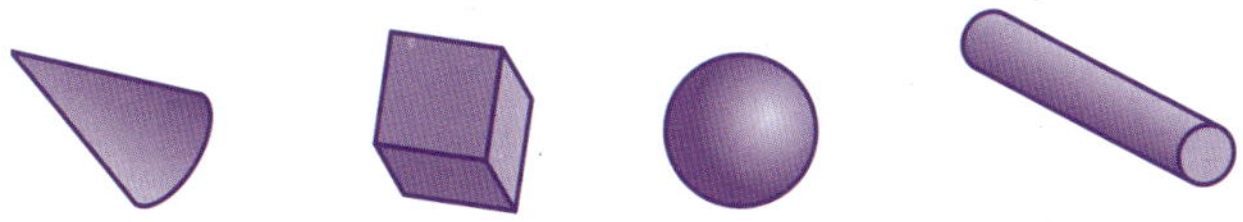

Nommer et décrire un solide

4 Observe les solides, puis reproduis et complète le tableau.

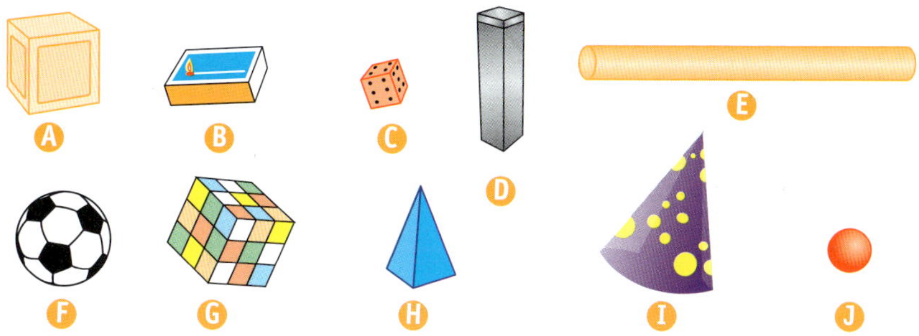

	Solides
Pyramide	H
Cylindre	E
Boule	F J
Cône	I

5 Quel solide a été stylisé dans chacune de ces œuvres d'art ?

6 **a.** Pour chaque solide, indique le nombre de faces, d'arêtes et de sommets.

b. Indique le nom du solide B.

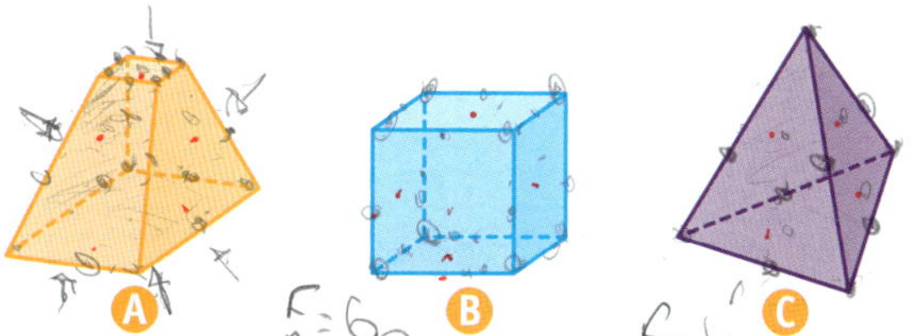

7 Dans chaque cas, indique le nom du solide concerné.

a. J'ai des faces en forme de rectangle.

b. Je n'ai pas de face plane.

c. J'ai toutes mes faces carrées.

d. J'ai des faces triangulaires.

e. Deux de mes faces sont des disques.

f. Une seule de mes faces est un disque.

DÉFI MATHS

Combien de petits cubes manque-t-il pour former un gros cube ?

Reconnaitre, nommer, décrire, représenter et construire un cube, un pavé droit

Cherchons

Marcus doit résoudre une énigme pour ouvrir la bonne porte.

- **Quelles pierres Marcus doit-il soulever ?**
- **Combien de pétales seront nécessaires pour le cube ? Pour le pavé droit ?**

Je retiens

- Le **cube** est formé de **6 faces carrées** identiques. Il a **8 sommets** et **12 arêtes**.

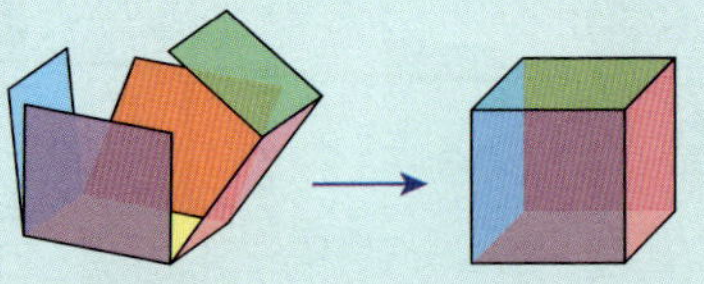

- Le **pavé droit** est formé de **6 faces** : des rectangles et parfois des carrés.
  Ses faces opposées sont identiques. Il a **8 sommets** et **12 arêtes**.

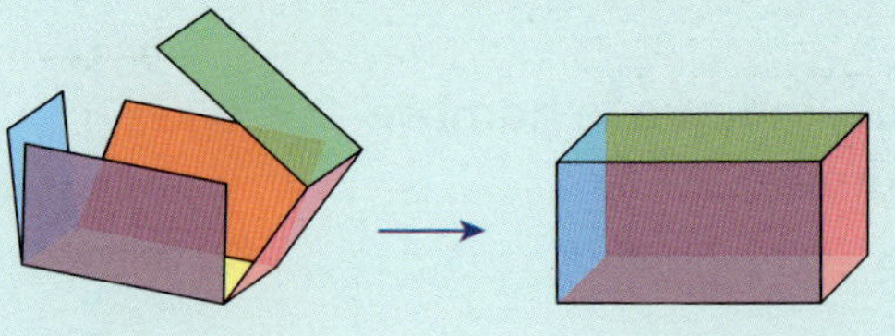

Reconnaitre et nommer un cube, un pavé droit

1 ✶ **a.** Écris le nom de deux objets qui ont la forme d'un cube.

b. Écris le nom de deux objets qui ont la forme d'un pavé droit.

c. Un paquet de chewing-gums est-il un cube ou un pavé droit ?

d. Une brique de jus de fruit est-elle un cube ou un pavé droit ?

e. Un dé est-il un cube ou un pavé droit ?

2 ★ **Observe les solides, puis reproduis et complète le tableau.**

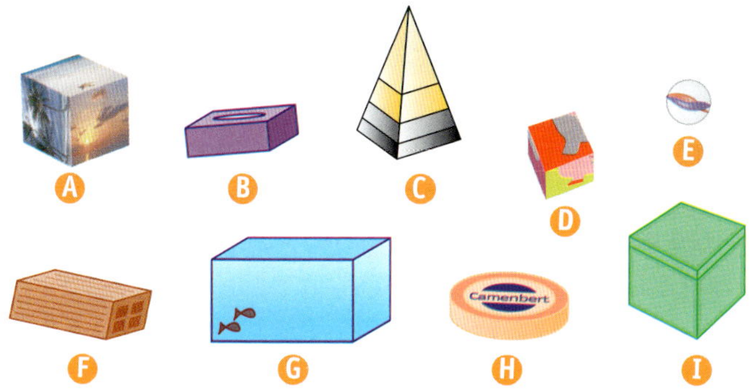

	Solides
Cube	
Pavé droit	
Autre	

Décrire un cube, un pavé droit

3 ★ **Qui suis-je ?**

a. J'ai six faces dont certaines sont des rectangles.

b. Je suis un point où se rencontrent plusieurs arêtes.

c. Je suis un solide, toutes mes arêtes ont la même longueur.

d. Dans un pavé droit, nous sommes 6.

e. Je suis la ligne où se rejoignent deux faces.

4 ★★ **a.** Le petit frère de Nassim a fait des constructions avec des cubes. **Indique le nombre de cubes de chaque construction.**

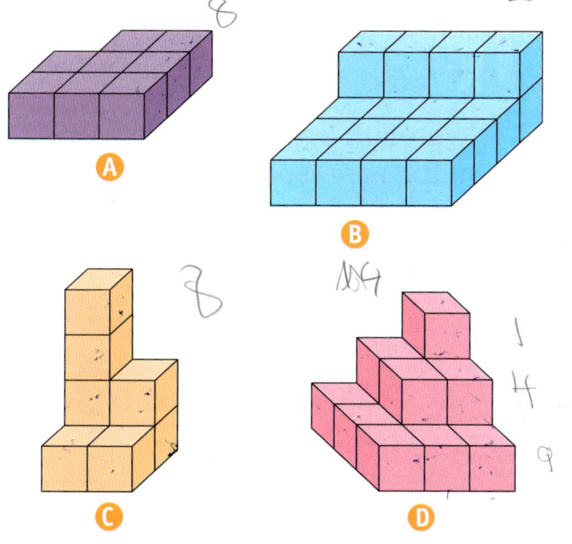

b. Pour la construction Ⓐ, il veut recouvrir toutes les faces visibles des cubes avec du papier argenté. **Combien de faces doit-il recouvrir ?**

5 ★★ **Observe le solide, puis réponds en nommant les lettres.**

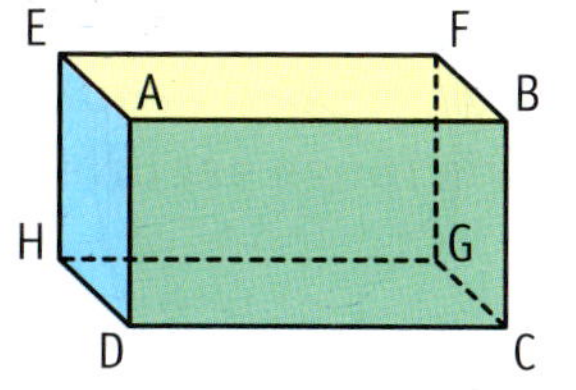

a. Quelle face est opposée à EFGH ?

b. Quel sommet est commun aux faces jaune, verte et bleue ?

c. Quelle arête est commune aux faces bleue et verte ?

Représenter un cube, un pavé droit

6 ★★★ **Reproduis les cubes et les pavés droits.**

DÉFI MATHS

Avec des cure-dents et de la pâte à modeler légèrement durcie pour les tenir, construis un cube, puis un pavé droit.
Pour le pavé droit, utilise ta règle afin de créer des arêtes à la bonne longueur.

Je révise

Reconnaitre et tracer des axes de symétrie

1 ✶ Indique dans quelles figures la ligne rouge est un axe de symétrie.

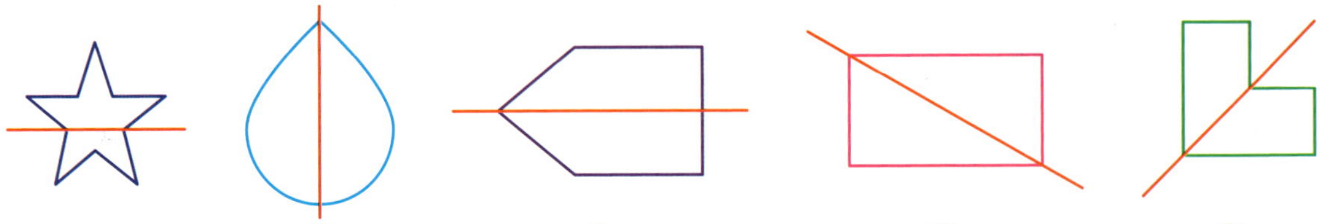

A B C D E

2 ✶ Décalque et plie chaque figure pour savoir si la ligne rouge est un axe de symétrie.

3 ✶✶ Reproduis les figures et trace leurs axes de symétrie.

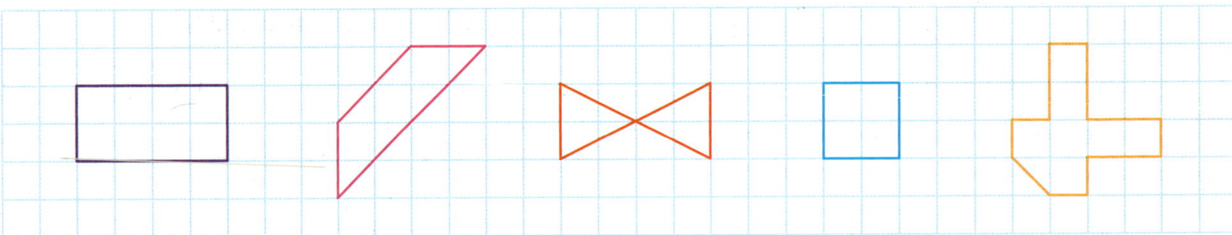

Compléter une figure par symétrie

4 ✶✶ Reproduis les figures et complète-les par symétrie par rapport à l'axe rouge.

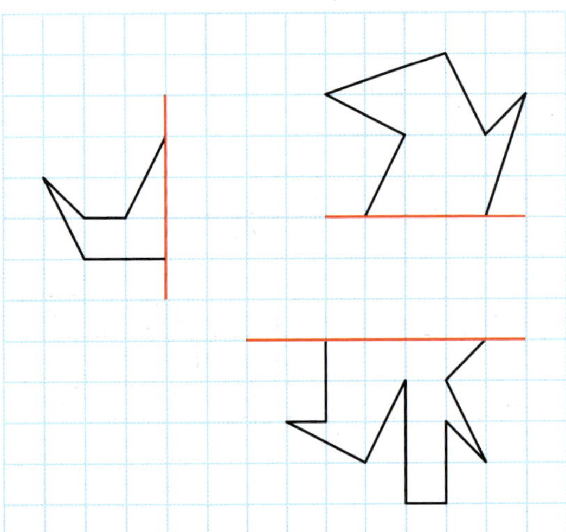

5 ✶✶✶ Reproduis la figure et complète-la par symétrie par rapport à l'axe rouge.

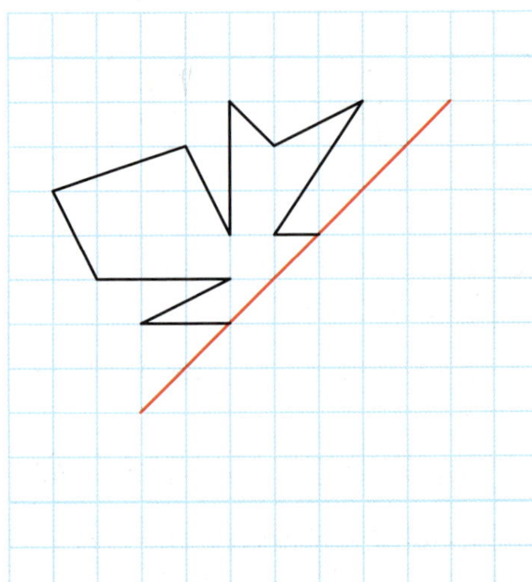

Reconnaitre et nommer des solides : cube, pavé droit, pyramide, cylindre, boule, cône

6 ★ **Reproduis et complète le tableau.**

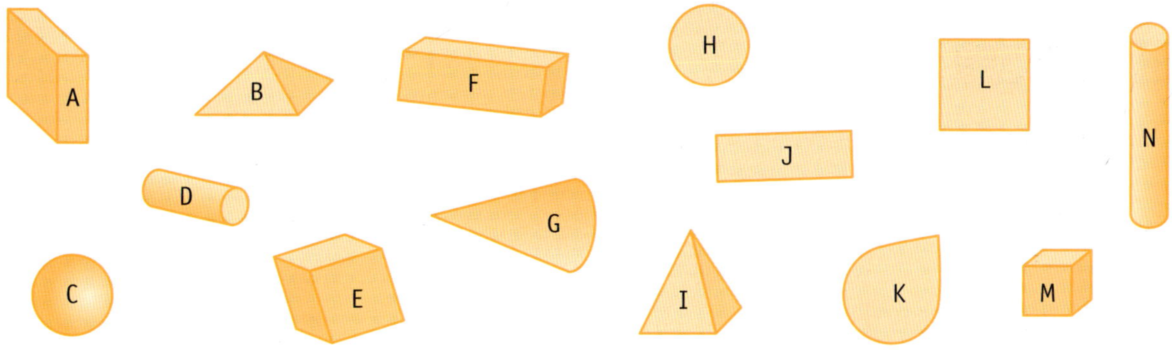

Cube	Pavé droit	Pyramide	Cylindre	Boule	Cône

Décrire, représenter et construire un cube, un pavé droit

7 ★ **Pour chaque phrase, précise s'il s'agit d'un cube ou d'un pavé droit.**

a. Mes arêtes sont toutes de même longueur.

b. J'ai des faces rectangulaires.

c. Certaines de mes arêtes sont plus grandes que d'autres.

d. Je n'ai que des faces carrées.

8 ★★ **Observe le solide puis réponds en nommant les lettres.**

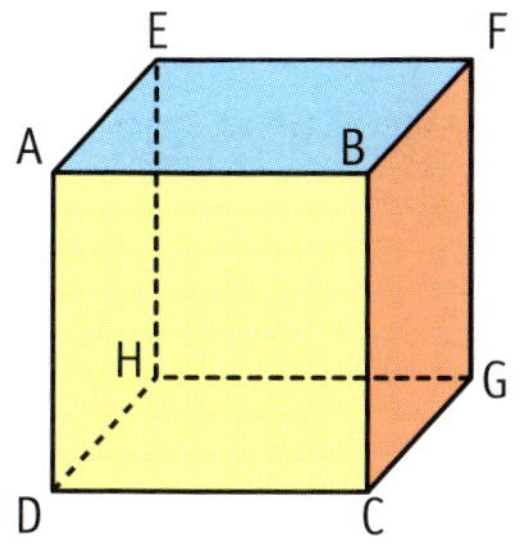

a. Quel sommet est commun aux faces rouge, jaune et bleue ?

b. Quelle arête est commune aux faces bleue et rouge ?

c. Quelle face est opposée à la face ABCD ?

d. Quelles faces possèdent une arête commune avec la face EFGH ?

9 ★★★ PROBLÈME Martin veut coller une gommette sur chaque face apparente des cubes de cette construction.

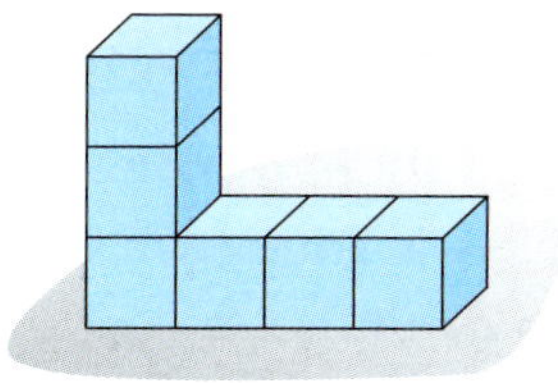

Sur combien de faces devra-t-il coller des gommettes ?

10 ★★★ **Reproduis cet agencement de cubes et de pavés droits.**

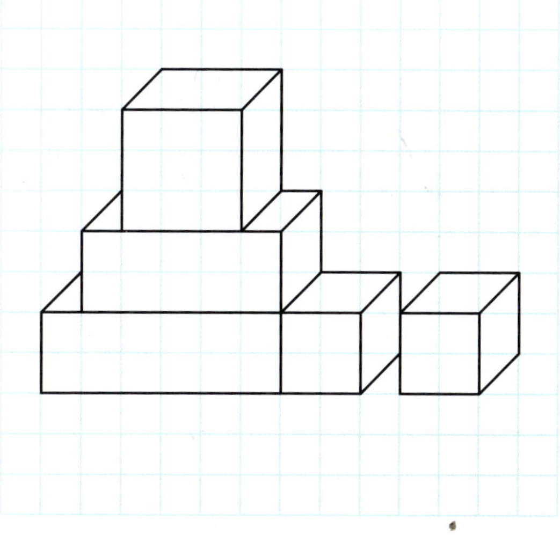

Vers le cycle 3 : parallèles ou perpendiculaires ?

Activités numériques :
lienmini.fr/opmce2

Cherchons

Karim et Paolo tracent des droites ; ils voudraient observer leur croisement.

- **Quel est le problème de Karim ?**
  Que veut dire « des droites parallèles » ?
- **Observe les droites de Paolo. Que veut dire « des droites perpendiculaires » ?**

Je retiens

- Une **droite** est **une ligne constituée de points alignés**, qui n'a **ni début ni fin, et peut être prolongée** à volonté.
  Les points A, B et C sont sur la droite d ; ils sont alignés.

- Deux droites sont **perpendiculaires** quand elles se coupent en formant un **angle droit**.

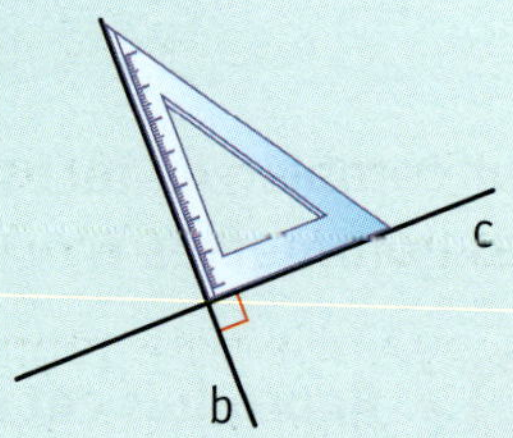

Les droites b et c sont perpendiculaires.

- Deux droites sont **parallèles** lorsqu'elles présentent exactement la **même direction**. Elles ne se croisent jamais car elles ont toujours le même écartement.

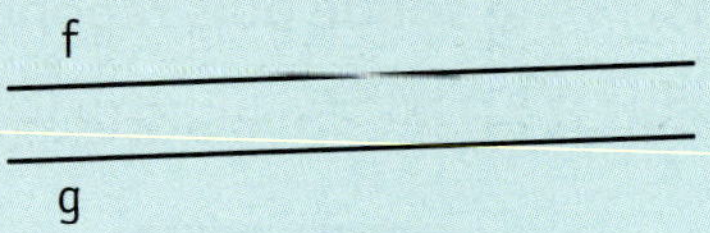

Les droites f et g sont parallèles.

Identifier et tracer des droites perpendiculaires

Aide-toi de ton équerre !

1 ★ **Dans chaque cas, indique si les droites sont perpendiculaires.**

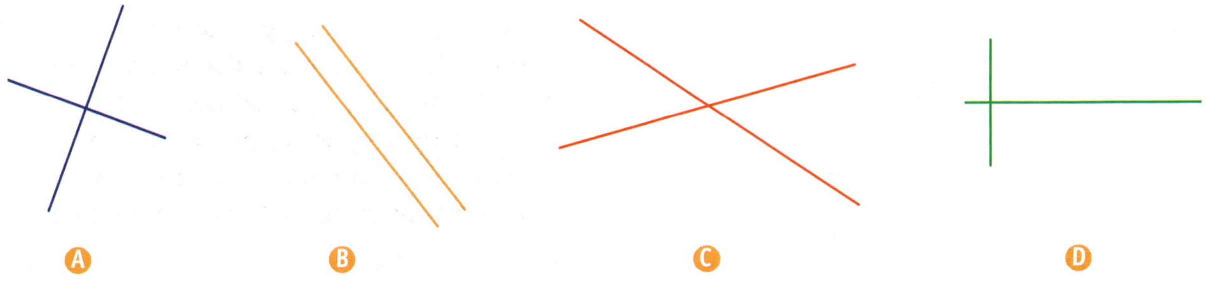

2 ✶ **Observe, puis indique combien de mikados sont perpendiculaires au mikado rayé noir.**

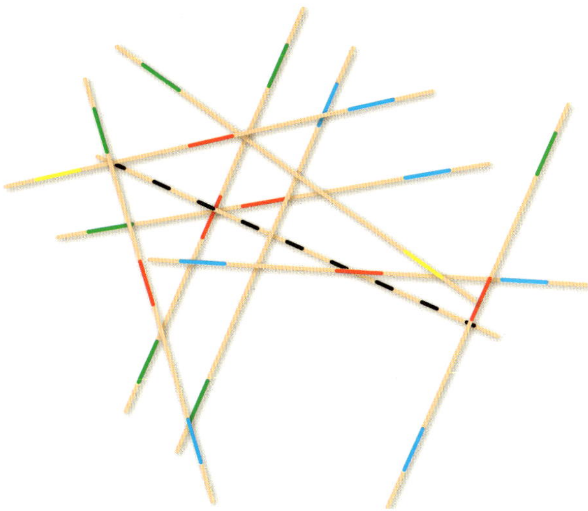

3 ✶✶ **Indique la couleur des droites qui sont perpendiculaires.**

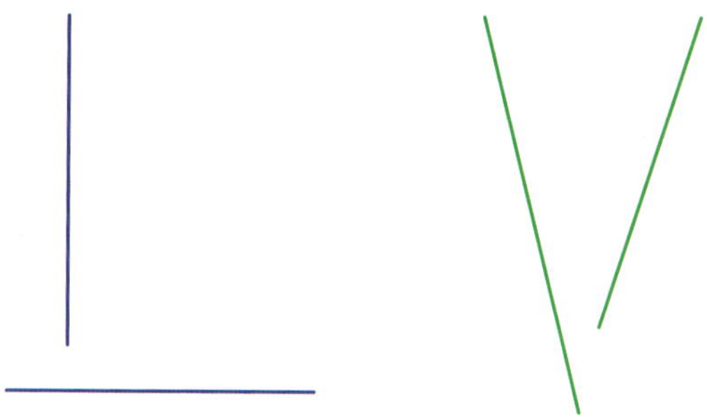

4 ✶✶ **Sur ton cahier, trace au moins 4 couples de droites perpendiculaires, sans utiliser les lignes du quadrillage.**

Reconnaitre des droites parallèles

5 ✶ **Indique la couleur des couples de droites qui sont parallèles.**

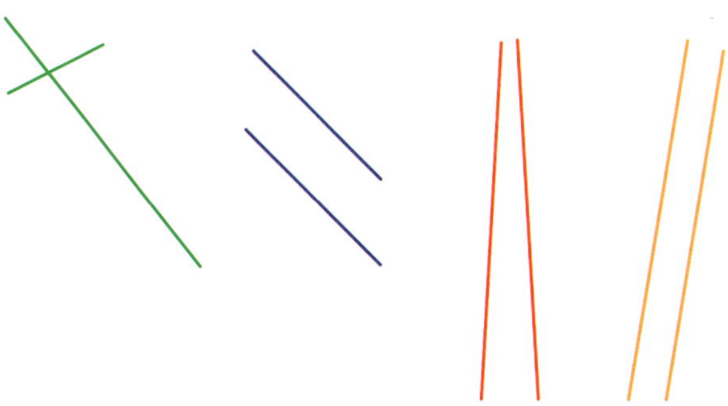

Parallèles ou perpendiculaires ?

6 ✶ **Recopie et complète les bulles avec la bonne étiquette.**

parallèles — perpendiculaires

A

B

7 ✶✶ PROBLÈME **Trouve les destinations de Magico le sorcier.**

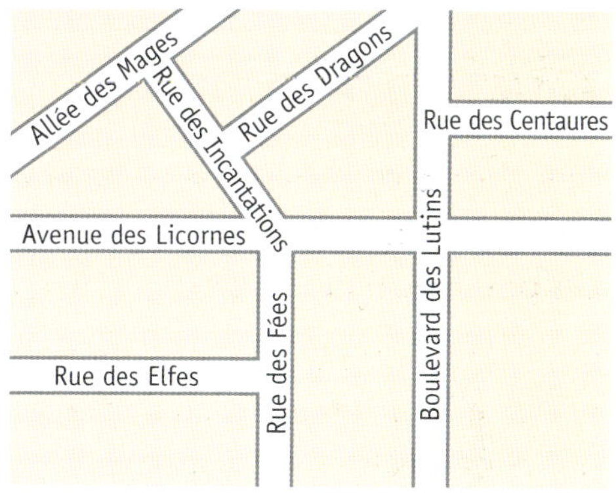

a. Quand je dis « Alilanbru », j'arrive dans la rue perpendiculaire à l'allée des Mages.

b. Quand je tiens mon balai, j'arrive dans la rue parallèle au boulevard des Lutins.

c. Quand je tourne sept fois mon nez avant de crier, j'arrive dans la rue parallèle à l'avenue des Licornes et perpendiculaire à la rue des Fées.

DÉFI MATHS

Écris deux mots les plus longs possible, en capitales. Dans le premier mot, chaque lettre doit contenir au moins 2 lignes perpendiculaires. Dans le second, chaque lettre doit contenir au moins 2 lignes parallèles.

J'utilise les maths en EPS et en arts plastiques et visuels

Reconnaitre des terrains de sport

Grâce aux indications, associe chaque sport à son terrain.

A Le terrain de tennis est formé de 10 rectangles.

B Au football, il y a un cercle central et des rectangles au niveau des cages.

C Au badminton, chaque côté du terrain comporte 11 zones rectangulaires !

D Le terrain de hockey sur glace est le plus riche en cercles !

E Le terrain de volleyball est constitué uniquement de 4 rectangles.

F Au handball, les lignes arrondies ne délimitent pas un morceau de cercle.

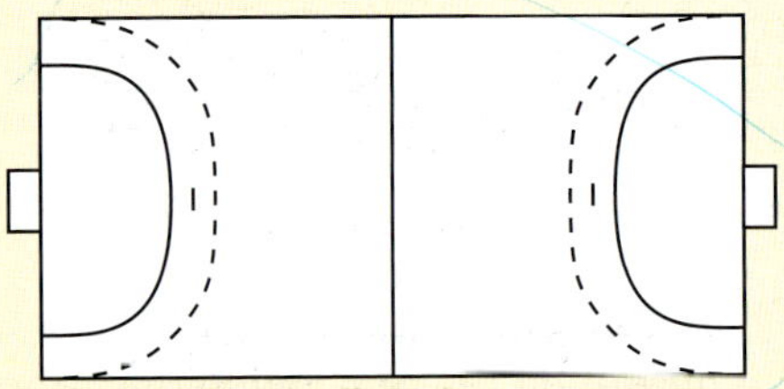

1

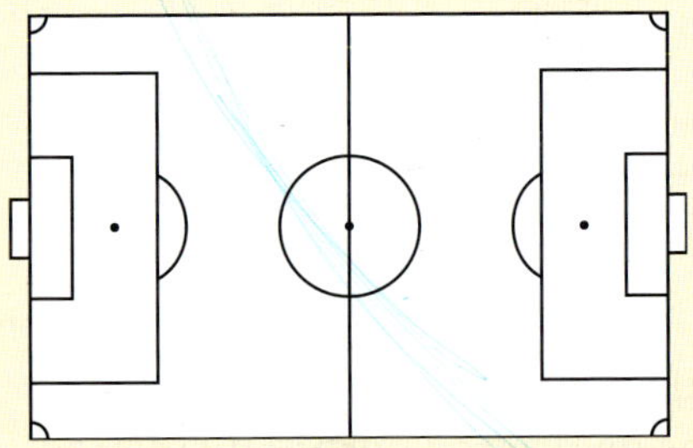

2

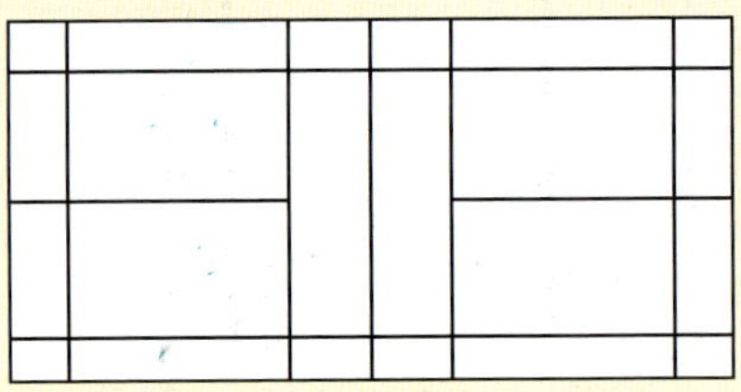

3

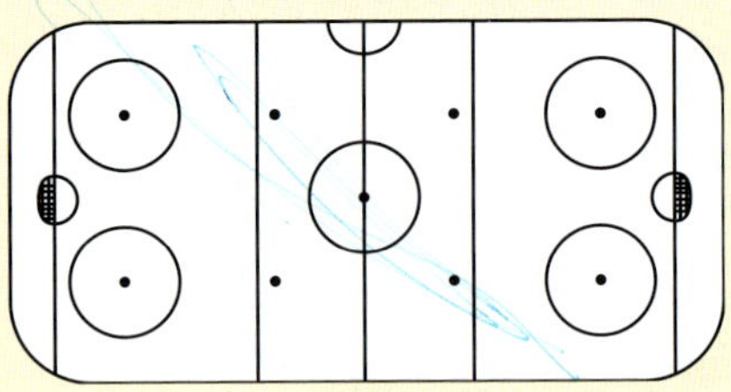

4

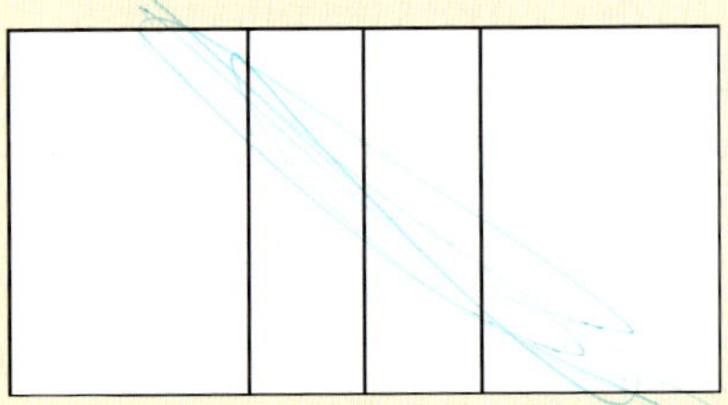

5

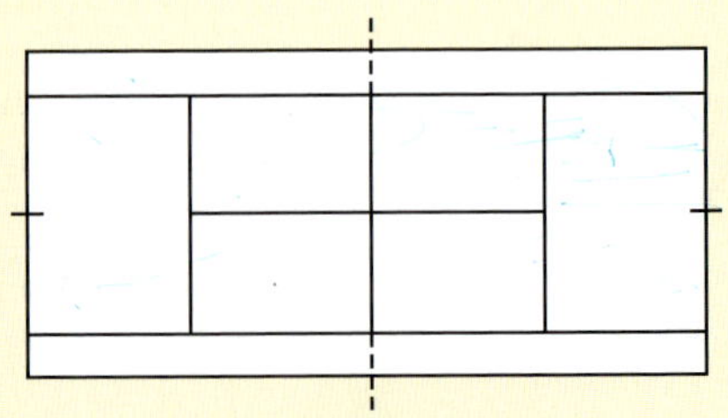

6

Explorer la représentation par le volume

De nombreux artistes sont inspirés par la géométrie ; ils pratiquent ce que l'on appelle l'abstraction géométrique.

Observe les œuvres présentées ici.

A Noguchi Isamu

B Kandinsky

C Kandinsky

D Anne Truitt

E Ichwan Noor

F Roni Horn

G Mondrian

1. Les artistes n'ont pas tous fait le même choix. Ici on voit l'utilisation de deux domaines géométriques différents. Réalise deux groupes d'œuvres et nomme ces groupes.
2. Indique quel groupe représente les sculptures et quel groupe représente les peintures. Quelle est la caractéristique géométrique des sculptures qui justifie ce classement ?
3. Pour chaque œuvre, nomme l'élément géométrique dominant.

Calculer mentalement des sommes

Ajouter, additionner des multiples de 10

1 **Ajoute 10.**

54 – 69 – 30 – 17 – 78 – 92 – 45 – 83

2 **Ajoute 10.**

230 – 540 – 80 – 370 – 410 – 100

3 **Ajoute 10.**

346 – 489 – 207 – 568 – 233 – 158

4 **Ajoute 100.**

41 – 200 – 303 – 130 – 482 – 248

5 **Calcule.**

a. 50 + 30
b. 410 + 60
c. 340 + 250
d. 100 + 200
e. 240 + 130
f. 160 + 330

6 **Calcule.**

a. 56 + 20
b. 154 + 300
c. 341 + 140
d. 37 + 200
e. 210 + 259
f. 268 + 120

7 **Calcule.**

a. 47 + 200 + 30
b. 263 + 20 + 100
c. 145 + 300 + 40
d. 283 + 200 + 10
e. 129 + 100 + 50

8 PROBLÈME **Combien de balles de tennis le club a-t-il reçues ?**

Ajouter 9, ajouter 11...

9 **Ajoute 9.**

14 – 61 – 17 – 59 – 45 – 72 – 30 – 28

10 **Ajoute 9.**

534 – 218 – 439 – 320 – 195 – 210

11 **Ajoute 99.**

50 – 34 – 74 – 91 – 27 – 40 – 68 – 82

12 **Ajoute 99.**

427 – 308 – 299 – 173 – 263 – 152

13 **Ajoute 90.**

80 – 42 – 56 – 34 – 25 – 60 – 17 – 79

14 **Calcule.**

a. 54 + 9
b. 431 + 99
c. 385 + 90
d. 37 + 9
e. 129 + 99
f. 264 + 90

15 **Ajoute 90.**

262 – 208 – 149 – 377 – 496 – 380

16 **Ajoute 11.**

26 – 69 – 37 – 89 – 15 – 92 – 78 – 54

17 **Ajoute 11.**

264 – 312 – 586 – 405 – 177 – 398

Ajouter, additionner des multiples de 5

18 **Ajoute 15.**

45 – 60 – 15 – 395 – 10 – 205 – 370 – 895

19 **Calcule.**

a. 25 + 50
b. 125 + 25
c. 75 + 25
d. 250 + 75
e. 75 + 75
f. 50 + 75
g. 425 + 50
h. 325 + 75

Écrire des suites numériques

20 a. Compte de 5 en 5, à partir de 40, jusqu'à 120.
b. Compte de 10 en 10, à partir de 48, jusqu'à 158.
c. Compte de 25 en 25, à partir de 50, jusqu'à 300.
d. Compte de 50 en 50, à partir de 100, jusqu'à 550.

21 Observe chaque suite et écris les huit nombres qui viennent après.
a. 221 – 223 – 225 – ....
b. 115 – 120 – 125 – ....
c. 490 – 500 – 510 – ....
d. 354 – 364 – 374 – ....
e. 362 – 382 – 402 – ....

Calculer des compléments

22 Complète.
a. 40 + ... = 100
b. 50 + ... = 100
c. 65 + ... = 100
d. 70 + ... = 100
e. 39 + ... = 100
f. 73 + ... = 100
g. 18 + ... = 100
h. 46 + ... = 100

23 Complète.
a. 488 + ... = 500
b. 235 + ... = 300
c. 167 + ... = 200
d. 356 + ... = 400
e. 371 + ... = 400
f. 544 + ... = 600
g. 421 + ... = 500
h. 213 + ... = 300

Additionner deux nombres

24 Calcule.
a. 23 + 35
b. 520 + 37
c. 32 + 530
d. 378 + 111
e. 384 + 114
f. 15 + 72
g. 92 + 205
h. 130 + 256

25 Calcule.
a. 60 + 50
b. 15 + 57
c. 460 + 50
d. 170 + 73
e. 80 + 30
f. 56 + 36
g. 244 + 80
h. 382 + 84

Ajouter, additionner au-delà de 999

26 Ajoute 100.
4 504 – 5 456 – 8 015 – 7 600 – 6 936

27 Ajoute 1 000.
8 954 – 2 003 – 6 500 – 5 633 – 3 400

28 Ajoute ce qu'il manque à chaque nombre pour obtenir 1 000.
200 – 600 – 500 – 330 – 960 – 420

29 Calcule.
a. 5 000 + 2 000
b. 8 400 + 500
c. 40 + 4 640
d. 6 570 + 3 000
e. 6 000 + 2 000
f. 7 300 + 500
g. 1 050 + 700
h. 3 400 + 400

30 Calcule.
a. 8 456 + 300
b. 534 + 5 000
c. 4 935 + 2 000
d. 1 050 + 6 000
e. 9 321 + 500
f. 6 092 + 3 000
g. 5 577 + 4 000
h. 5 208 + 600

31 Calcule.
a. 500 + 500
b. 850 + 350
c. 1 750 + 150
d. 5 250 + 250
e. 1 200 + 350
f. 3 250 + 450
g. 2 650 + 250
h. 4 050 + 350

32 PROBLÈME Au bal des enchantements, cette année, on a compté 750 fées, 250 elfes et 250 lutins.
Combien de participants y avait-il ?

33 Calcule.
a. 1 584 + 99
b. 6 873 + 999
c. 5 491 + 900
d. 2 613 + 99
e. 4 820 + 999
f. 7 937 + 990

34 Calcule.
a. 6 480 + 101
b. 8 412 + 110
c. 4 289 + 1 001
d. 3 560 + 101
e. 7 354 + 110
f. 6 931 + 1 100

Calculer mentalement des différences

Soustraire des multiples de 10

1 **Soustrais 10.**

45 430 89 300 162 204

2 PROBLÈME Léo a trois tirelires. **Combien restera-t-il dans chaque tirelire s'il utilise 10 euros de chacune d'elles ?**

3 **Soustrais 100.**

362 249 400 104 528 307

4 **Calcule.**

a. 80 – 30
b. 90 – 20
c. 160 – 50
d. 240 – 70
e. 300 – 250
f. 70 – 40
g. 60 – 50
h. 400 – 120
i. 500 – 300
j. 400 – 160

5 **Calcule.**

a. 48 – 20
b. 461 – 300
c. 342 – 100
d. 63 – 50
e. 237 – 30
f. 380 – 200
g. 417 – 200
h. 589 – 60

Soustraire 9, soustraire 11…

6 **Soustrais 9.**

19 80 35 23 48 72 94 65

7 **Soustrais 9.**

125 511 372 437 400 202

8 **Soustrais 99.**

440 264 331 146 527 305

9 **Soustrais 90.**

452 204 368 423 281 125

10 **Soustrais 11.**

48 135 23 461 67 226

11 **Calcule.**

a. 71 – 21
b. 54 – 31
c. 143 – 21
d. 459 – 101
e. 246 – 101
f. 65 – 31
g. 78 – 51
h. 187 – 61
i. 830 – 101
j. 199 – 101

12 **Calcule.**

a. 45 – 8
b. 723 – 8
c. 657 – 8
d. 632 – 8
e. 234 – 98
f. 926 – 98
g. 481 – 98
h. 505 – 98

13 PROBLÈME **a.** Nordine a ramassé 564 pierres de lave. Il en utilise 99 pour sa maquette de volcan. **Combien de pierres lui reste-t-il ?**

b. Il manque 11 cours à Lucius pour avoir terminé sa formation de 65 séances de piano. **Combien de cours a-t-il suivis pour l'instant ?**

Soustraire des multiples de 5

14 **Soustrais 15.**

35 445 65 300 90 310

15 **Calcule.**

a. 350 – 50
b. 250 – 150
c. 550 – 250
d. 400 – 50
e. 400 – 350
f. 500 – 150

16 **Calcule.**

a. 75 – 25
b. 150 – 25
c. 225 – 75
d. 575 – 25
e. 100 – 75
f. 325 – 50
g. 400 – 25
h. 275 – 50

Écrire des suites numériques décroissantes

17 **Écris les suites numériques décroissantes suivantes.**

Ex. : Écris la suite numérique décroissante de 2 en 2, de 12 à 0. → 12 • 10 • 8 • 6 • 4 • 2 • 0.

a. Écris la suite numérique décroissante de 2 en 2, depuis 344 jusqu'à 314.

b. Écris la suite numérique décroissante de 5 en 5, depuis 65 jusqu'à 0.

c. Écris la suite numérique décroissante de 10 en 10, depuis 253 jusqu'à 103.

d. Écris la suite numérique décroissante de 20 en 20, depuis 567 jusqu'à 247.

e. Écris la suite numérique décroissante de 50 en 50, depuis 450 jusqu'à 150.

f. Écris la suite numérique décroissante de 100 en 100, depuis 592 jusqu'à 92.

18 **Observe chaque suite et écris les cinq nombres qui viennent ensuite.**

a. 351 – 341 – 331 – ....
b. 550 – 500 – 450 – ....
c. 425 – 420 – 415 – ....
d. 284 – 264 – 244 – ....
e. 119 – 117 – 115 – ....

Soustraire deux nombres

19 **Calcule.**

a. 60 – 8
b. 30 – 13
c. 80 – 14
d. 260 – 25
e. 50 – 3
f. 50 – 12
g. 90 – 26
h. 330 – 13

20 **Calcule.**

a. 48 – 43
b. 52 – 47
c. 147 – 139
d. 562 – 542
e. 79 – 75
f. 64 – 56
g. 435 – 425
h. 654 – 604

21 **Calcule.**

a. 48 – 18
b. 324 – 14
c. 658 – 22
d. 49 – 36
e. 843 – 23
f. 954 – 42

Trouver le terme manquant

22 **Complète.**

a. 84 – .... = 60
b. 50 – .... = 26
c. 200 – .... = 140
d. 79 – .... = 30
e. 80 – .... = 48
f. 500 – .... = 360

23 **Complète.**

a. .... – 18 = 22
b. .... – 23 = 400
c. .... – 40 = 180
d. .... – 34 = 36
e. .... – 12 = 500
f. .... – 30 = 492

24 **Complète.**

a. .... – 340 = 200
b. 860 – .... = 740
c. .... – 26 = 34
d. 142 – .... = 110
e. 23 + ... = 50
f. .... + 420 = 650

25 PROBLÈME Axelle voudrait acheter un nouveau jeu de société. Jusqu'à maintenant, il lui manquait 15 euros dans sa tirelire. Mais aujourd'hui, le jeu est soldé !

A-t-elle suffisamment d'argent pour acheter le jeu à présent ?

Soustraire au-delà de 999

26 **Soustrais 100.**

1 800 | 8 482 | 2 654 | 3 111 | 7 063

27 **Soustrais 1 000.**

4 589 | 9 025 | 7 803 | 1 002 | 3 704

28 **Calcule.**

a. 1 500 – 300
b. 2 600 – 80
c. 7 400 – 200
d. 6 100 – 500
e. 4 300 – 600
f. 5 200 – 800

29 **Calcule.**

a. 8 523 – 3 000
b. 7 400 – 2 300
c. 8 763 – 3 000
d. 9 400 – 8 200
e. 6 200 – 4 000
f. 9 374 – 1 200
g. 8 902 – 7 000
h. 4 830 – 3 000

Mémoriser les tables de multiplication

Connaitre les tables de multiplication par 2, 3, 4, 5

1 **Donne le résultat de :**

a. 7 × 2 **b.** 8 × 4 **c.** 6 × 2 **d.** 8 × 5 **e.** 0 × 4
f. 6 × 3 **g.** 9 × 2 **h.** 1 × 3 **i.** 2 × 2 **j.** 9 × 4
k. 5 × 5 **l.** 7 × 5 **m.** 4 × 2 **n.** 10 × 3 **o.** 8 × 3

2 **Complète.**

a. .... × 3 = 15
b. .... × 2 = 6
c. .... × 5 = 5
d. .... × 4 = 20
e. .... × 5 = 50
f. .... × 4 = 16
g. .... × 5 = 10
h. .... × 3 = 9
i. .... × 2 = 16
j. .... × 3 = 12

3 **Complète.**

a. 10 × .... = 20
b. 7 × .... = 21
c. 10 × .... = 40
d. 7 × .... = 14
e. 9 × .... = 45
f. 6 × .... = 24
g. 6 × .... = 30
h. 9 × .... = 27
i. 1 × .... = 4
j. 7 × .... = 28

4 **a.** En 24, combien de fois 3 ?
b. En 15, combien de fois 5 ?
c. En 32, combien de fois 4 ?
d. En 20, combien de fois 5 ?
e. En 16, combien de fois 8 ?
f. En 14, combien de fois 2 ?
g. En 36, combien de fois 4 ?

5 **Recopie les nombres qui sont des résultats de la table de multiplication : par 2 en rouge, par 3 en vert, par 4 en bleu, par 5 en jaune.**

2 27 35 28 9 50 14 36

6 Sarah a préparé pour sa classe :
– 3 assiettes de 6 crêpes ;
– 4 bols de 5 chouquettes ;
– 2 saladiers de 9 chaussons aux pommes.
Qu'a-t-elle apporté en plus grande quantité ?

7 PROBLÈME Prince Gerry admire la vitrine de pierres précieuses qui vient d'être complétée.
Combien de pierres contient-elle ?

Connaitre les tables de multiplication par 6, 7

8 **Donne le résultat de :**

a. 5 × 6 **b.** 8 × 6 **c.** 0 × 6 **d.** 2 × 6
e. 3 × 6 **f.** 6 × 6 **g.** 4 × 6 **h.** 1 × 6
i. 9 × 6 **j.** 10 × 6 **k.** 7 × 6

9 **Donne le résultat de :**

a. 6 × 7 **b.** 4 × 7 **c.** 1 × 7 **d.** 0 × 7
e. 2 × 7 **f.** 9 × 7 **g.** 8 × 7 **h.** 5 × 7
i. 10 × 7 **j.** 7 × 7 **k.** 3 × 7

10 **Recopie les nombres qui sont des résultats de la table de multiplication par 6.**

52 18 36 54 6 14 26 29

11 **Recopie les nombres qui sont des résultats de la table de multiplication par 7.**

30 14 35 26 0 56 48 63

12 **Complète.**

a. .... × 6 = 30
b. .... × 7 = 21
c. .... × 7 = 49
d. .... × 7 = 63
e. .... × 6 = 42
f. .... × 6 = 24
g. .... × 6 = 18
h. .... × 6 = 12
i. .... × 7 = 70
j. .... × 6 = 48
k. .... × 7 = 14
l. .... × 7 = 35

13 **Complète.**

a. 8 × .... = 48
b. 5 × .... = 35
c. 7 × .... = 42
d. 3 × .... = 21
e. 4 × .... = 28
f. 10 × .... = 60
g. 10 × .... = 70
h. 3 × .... = 18
i. 9 × .... = 54
j. 2 × .... = 14
k. 6 × .... = 36
l. 7 × .... = 49

14 a. En 24, combien de fois 6 ?
b. En 56, combien de fois 7 ?
c. En 30, combien de fois 6 ?
d. En 42, combien de fois 7 ?
e. En 60, combien de fois 6 ?
f. En 63, combien de fois 7 ?
g. En 28, combien de fois 7 ?
h. En 54, combien de fois 6 ?

15 **Recopie les nombres qui sont des résultats de la table de multiplication : par 6 en rouge et par 7 en vert.**

54 21 35 30 12 49

63 14 24 56 48 36

16 **Complète avec < ou >.**

a. 3 × 6 .... 2 × 7
b. 8 × 6 .... 7 × 7
c. 8 × 7 .... 9 × 6
d. 4 × 7 .... 5 × 6
e. 6 × 6 .... 5 × 7
f. 10 × 6 .... 9 × 7

Connaitre les tables de multiplication par 8, 9

17 **Donne le résultat de :**

a. 9 × 8
b. 7 × 8
c. 5 × 8
d. 2 × 8
e. 0 × 8
f. 8 × 8
g. 4 × 8
h. 3 × 8
i. 1 × 8

18 **Donne le résultat de :**

a. 2 × 9
b. 0 × 9
c. 7 × 9
d. 9 × 9
e. 4 × 9
f. 6 × 9
g. 5 × 9
h. 10 × 9
i. 8 × 9

19 **Recopie les nombres qui sont des résultats de la table de multiplication par 8.**

56 54 14 16 48 40 72 49

20 **Recopie les nombres qui sont des résultats de la table de multiplication par 9.**

54 46 35 27 81 56 17 36

21 **Complète.**

a. .... × 8 = 48
b. .... × 8 = 8
c. .... × 8 = 24
d. .... × 9 = 0
e. .... × 9 = 36
f. .... × 9 = 45
g. .... × 9 = 72
h. .... × 8 = 64
i. .... × 9 = 63
j. .... × 8 = 56

22 **Complète.**

a. 2 × .... = 16
b. 4 × .... = 32
c. 5 × .... = 40
d. 6 × .... = 54
e. 2 × .... = 18
f. 3 × .... = 27
g. 10 × .... = 90
h. 7 × .... = 56
i. 8 × .... = 72
j. 6 × .... = 48

23 PROBLÈME **Combien de croissants le boulanger a-t-il cuits ?**

24 a. En 48, combien de fois 8 ?
b. En 64, combien de fois 8 ?
c. En 54, combien de fois 9 ?
d. En 24, combien de fois 8 ?
e. En 72, combien de fois 9 ?
f. En 27, combien de fois 9 ?
g. En 32, combien de fois 8 ?
h. En 63, combien de fois 9 ?

25 **Recopie les nombres qui sont des résultats de la table de multiplication : par 8 en rouge et par 9 en vert.**

40 8 54 90 36 16

80 9 45 56 81 64

26 **Complète avec < ou >.**

a. 5 × 8 .... 3 × 9
b. 10 × 8 .... 9 × 9
c. 8 × 8 .... 7 × 9
d. 2 × 9 .... 3 × 8
e. 6 × 8 .... 5 × 9
f. 4 × 8 .... 3 × 9

Calculer mentalement des produits (1)

Connaitre le double de nombres usuels

1 **Calcule le double de ces nombres.**

a. 9 – 6 – 4 – 7 – 5 – 3 – 8 – 2 – 1

b. 14 – 12 – 11 – 10 – 20 – 13

2 **Complète.**

a. 4 est la moitié de .... .

b. 9 est la moitié de .... .

c. 2 fois 7 font .... .

d. 2 fois 12 font .... .

Calculer le double de nombres quelconques

3 **Calcule le double de ces nombres.**

a. 23 – 44 – 34 – 14 – 43 – 32 – 41 – 11

b. 24 – 12 – 21 – 33 – 42 – 22 – 13 – 31

4 **Calcule le double de ces nombres.**

54 – 61 – 92 – 71 – 83 – 64

5 PROBLÈME

Combien de centilitres de jus d'orange Lexie a-t-elle obtenus ?

6 **Calcule le double de ces nombres.**

28 – 49 – 17 – 35 – 26 – 39

Calculer le double de multiples de 10, de 5

7 **Calcule le double de ces nombres.**

10 – 50 – 90 – 40 – 70 – 20 – 60 – 80 – 30

8 **Calcule le double de ces nombres.**

200 – 400 – 100 – 300

9 **Calcule le double de ces nombres.**

800 – 500 – 700 – 600 – 900

10 PROBLÈME

Quelle distance le poney de Suri a-t-il parcourue ?

11 **Calcule le double de ces nombres.**

a. 110 – 220 – 210 – 120 – 320 – 410

b. 340 – 430 – 240 – 130 – 330 – 440

12 **Calcule le double de ces nombres.**

a. 530 – 540 – 510 – 550 – 520

b. 810 – 920 – 640 – 720 – 830 – 740

13 **Calcule le double de ces nombres.**

1 000 – 2 000 – 3 000 – 4 000

14 **Calcule le double de ces nombres.**

1 100 – 3 300 – 2 400 – 3 200 – 1 300 – 4 100

15 PROBLÈME Les employés de l'entreprise *Chocfolies* ont préparé 2 300 chocolats. En tout, ils doivent en faire le double.

Combien de chocolats feront-ils en tout ?

16 **Complète.**

a. 600 + 600 = ...
b. 3 000 + 3 000 = ...
c. 340 est la moitié de .... .
d. 730 est la moitié de .... .
e. 2 fois 4 400 font .... .
f. 2 fois 1 300 font .... .

17 **Donne le résultat de :**

a. 2 fois 15
b. 2 fois 25
c. 2 fois 35
d. 2 fois 450
e. 2 fois 45
f. 2 fois 75
g. 2 fois 150
h. 2 fois 350

18 **Calcule.**

a. 15 × 2
b. 65 × 2
c. 205 × 2
d. 315 × 2
e. 45 × 2
f. 85 × 2
g. 405 × 2
h. 115 × 2

Vers le cycle 3 : calculer des triples, des quadruples

19 **Écris le triple de ces nombres.**

8 – 3 – 5 – 7 – 2 – 10 – 9 – 4 – 6 – 1

20 PROBLÈME Étienne a 9 ans. Son oncle a le triple de son âge.
Quel âge a l'oncle d'Étienne ?

21 **Complète.**

a. 3 fois 6 font .... .
b. 3 fois 9 font .... .
c. 5 est le tiers de .... .
d. 4 est le tiers de .... .

22 **Calcule le triple de ces nombres.**

a. 40 – 70 – 80 – 30 – 10 – 50 – 20 – 60
b. 700 – 900 – 400 – 600 – 200 – 100

23 **Calcule.**

a. 120 × 3
b. 310 × 3
c. 2 100 × 3
d. 1 200 × 3
e. 320 × 3
f. 220 × 3
g. 3 300 × 3
h. 2 300 × 3

24 **Calcule le triple de ces nombres.**

32 – 23 – 21 – 12 – 31 – 33 – 101 – 203

25 **Calcule le triple de ces nombres.**

321 – 233 – 122 – 1 302 – 3 211 – 2 333

26 **Écris le quadruple de ces nombres.**

6 – 9 – 3 – 1 – 7 – 10 – 4 – 8 – 5 – 2

27 **Complète.**

a. 4 fois 8 font .... .
b. 4 fois 2 font .... .
c. 5 est le quart de .... .
d. 4 est le quart de .... .

28 **Calcule le quadruple de ces nombres.**

a. 60 – 90 – 50 – 70 – 20 – 10 – 40 – 80
b. 300 – 500 – 400 – 100 – 800 – 900

29 **Calcule.**

a. 12 × 4
b. 22 × 4
c. 41 × 4
d. 121 × 4
e. 21 × 4
f. 31 × 4
g. 32 × 4
h. 222 × 4

30 **Calcule le quadruple de ces nombres.**

502 – 701 – 901 – 802 – 602 – 401 – 302

31 PROBLÈME

Combien de pandas roux ont été comptés cette année ?

32 **Indique à chaque fois le nombre correspondant.**

a. Quel est le double du quadruple de 2 ?
b. Quel est le triple du double de 5 ?
c. Quel est le quadruple du triple de 3 ?
d. Quel est le double du quadruple du triple de 2 ?

Calculer mentalement des produits (2)

Multiplier par 10, 100, 1 000

1 **Multiplie les nombres par 10.**

a. 2 – 8 – 6 – 9 – 13 – 17 – 35 – 78 – 31
b. 256 – 109 – 445 – 387 – 174 – 803
c. 60 – 140 – 620 – 380 – 30 – 100

2 **Multiplie les nombres par 10.**

a. 156 – 511 – 901 – 720
b. 280 – 372 – 608 – 700

3 PROBLÈME

Combien de sapins sont plantés ici ?

4 **Multiplie les nombres par 100.**

5 – 7 – 1 – 8 – 16 – 62 – 4 – 58 – 2

5 **Multiplie les nombres par 100.**

70 – 30 – 25 – 82 – 93 – 38

6 **Multiplie les nombres par 1 000.**

5 – 7 – 2 – 8 – 9 – 6 – 4 – 3

7 PROBLÈME Pendant son entrainement d'athlétisme du jour, Fatou a réalisé 6 fois sa course du 100 mètres. **Combien de mètres a-t-elle parcourus en tout ?**

8 **Complète.**

a. 34 × .... = 3 400
b. 9 × .... = 900
c. 36 × .... = 360
d. 4 × .... = 4 000
e. 28 × .... = 280
f. 503 × .... = 5 030
g. 692 × .... = 6 920
h. 17 × .... = 1 700

9 **Complète.**

a. 758 × .... = 7 580
b. 42 × .... = 4 200
c. 270 × .... = 2 700
d. 2 × .... = 2 000
e. 650 × .... = 6 500
f. 70 × .... = 700
g. 90 × .... = 9 000

10 **Complète.**

a. .... × 10 = 70
b. .... × 100 = 900
c. .... × 100 = 500
d. .... × 10 = 800
e. .... × 10 = 480
f. .... × 100 = 6 300
g. .... × 1 000 = 2 000
h. .... × 100 = 4 000

Multiplier par des multiples de 10

11 **Multiplie les nombres par 20.**

a. 5 – 4 – 9 – 7 – 3 – 1 – 6 – 8 – 2
b. 14 – 32 – 41 – 24 – 13 – 22 – 31 – 43

12 **Calcule.**

a. 2 × 30 **b.** 7 × 90 **c.** 5 × 70
d. 8 × 50 **e.** 9 × 40 **f.** 6 × 30
g. 4 × 40 **h.** 6 × 90 **i.** 3 × 80

13 **Calcule.**

a. 7 × 200 **b.** 3 × 900 **c.** 6 × 800
d. 9 × 600 **e.** 8 × 400 **f.** 7 × 300
g. 4 × 700 **h.** 5 × 500 **i.** 8 × 900

14 **Calcule.**

a. 40 × 2 **b.** 90 × 4 **c.** 30 × 30
d. 80 × 7 **e.** 60 × 6 **f.** 40 × 20
g. 300 × 5 **h.** 500 × 9 **i.** 10 × 100

Multiplier par 5, 9, 11

15 Multiplie les nombres par 5.

a. 24 – 62 – 48 – 80 – 66 – 44 – 28 – 82
b. 45 – 23 – 89 – 67 – 43 – 85 – 29 – 65
c. 300 – 800 – 700 – 600 – 400 – 200
d. 260 – 680 – 430 – 850 – 290 – 470

16 Multiplie les nombres par 9.

a. 80 – 30 – 60 – 40 – 70 – 90 – 10 – 50
b. 200 – 600 – 400 – 500 – 900 – 300
c. 15 – 38 – 17 – 24 – 56 – 36 – 49 – 57

17 Multiplie les nombres par 11.

a. 8 – 6 – 2 – 7 – 5 – 9 – 4 – 1 – 3
b. 18 – 62 – 40 – 36 – 27 – 82 – 53 – 90
c. 800 – 500 – 600 – 300 – 700
d. 630 – 810 – 260 – 170 – 540 – 430

18 PROBLÈME Dans une école de danse, il y a 11 groupes de 5 danseuses. **Combien de danseuses y a-t-il en tout ?**

Connaitre les relations de multiplication entre 5, 10, 25, 50 et 100

19 Calcule.

a. 5 × 2
b. 5 × 5
c. 25 × 4
d. 5 × 10
e. 50 × 2
f. 5 × 20
g. 25 × 2
h. 10 × 10

20 Complète.

a. 2 × .... = 100
b. 4 × .... = 100
c. 2 × .... = 50
d. 10 × .... = 100
e. 5 × .... = 25
f. 2 × .... = 10
g. 20 × .... = 100
h. 5 × .... = 50

21 Qui suis-je ?

a. Je suis le double du double de 25.
b. Je suis le nombre juste avant le double de 50.
c. Je suis le nombre juste après le double de 5.
d. Je suis le nombre juste avant le double de 25.

22 PROBLÈME

Combien de fraises contient chaque tarte ?

Connaitre les relations de multiplication entre 15, 30 et 60

23 Complète.

a. 15 × 2 = ...
b. 15 × 4 = ...
c. 30 × 2 = ...
d. 2 × .... = 60
e. 2 × .... = 30
f. 15 × .... = 60

24 Qui suis-je ?

a. Je suis le double du double de 15.
b. Je suis le nombre juste après le double de 30.
c. Je suis le nombre juste avant le double de 15.
d. Je suis le nombre dont le double est 60.
e. Je suis le nombre dont le double est 30.

Multiplier par 15, 25, 50

25 Multiplie les nombres par 15.

3 – 5 – 2 – 6 – 1 – 4

26 Multiplie les nombres par 25.

4 – 2 – 3 – 6 – 5 – 7

27 Multiplie les nombres par 50.

a. 2 – 4 – 8 – 14 – 18 – 6 – 12 – 16
b. 3 – 11 – 5 – 17 – 13 – 7 – 15 – 9

28 PROBLÈME Margaux a marqué 3 buts à chacun des 15 matchs de football de son équipe. **Combien de buts a-t-elle marqués ?**

Calculer mentalement des quotients

Connaitre la moitié de nombres usuels

1 Écris la moitié de ces nombres.
8 – 14 – 18 – 12 – 16 – 10 – 6 – 4 – 2

2 Complète.
a. 8 est le double de .... .
b. 14 est le double de .... .
c. .... × 2 = 20
d. 6 divisé par 2 fait .... .

Calculer la moitié de multiples de 10

3 Calcule la moitié de ces nombres.
a. 20 – 80 – 60 – 40 – 100
b. 140 – 180 – 160 – 120

4 Calcule la moitié de ces nombres.
a. 50 – 70 – 90 – 30 – 10
b. 700 – 500 – 300 – 900 – 100
c. 2 000 – 8 000 – 6 000 – 4 000
d. 7 000 – 9 000 – 3 000 – 1 000 – 5 000

5 Calcule.
a. 2 600 : 2
b. 7 600 : 2
c. 9 300 : 2
d. 4 260 : 2
e. 6 400 : 2
f. 5 400 : 2
g. 3 500 : 2
h. 8 880 : 2

Calculer la moitié de nombres quelconques

6 Calcule la moitié de ces nombres.
a. 24 – 68 – 82 – 46 – 22 – 84 – 62 – 48
b. 206 – 808 – 402 – 604 – 806 – 606
c. 226 – 844 – 626 – 482 – 624 – 864

7 Calcule la moitié de ces nombres.
2 004 – 8 006 – 4 024 – 6 048 – 8 208

8 Calcule la moitié de ces nombres.
a. 32 – 76 – 54 – 98 – 56 – 38 – 94 – 72
b. 104 – 308 – 706 – 504 – 902 – 106

9 PROBLÈME Néo a amassé durant ses aventures 8 000 pépites d'or. Il en donne la moitié à ses parents. Puis, il utilise la moitié de ce qu'il lui reste pour s'offrir une somptueuse maison sur une ile déserte. **Combien de pépites d'or lui reste-t-il pour vivre paisiblement sa vie solitaire ?**

Vers le cycle 3 : calculer des tiers, des quarts

10 Écris le tiers de ces nombres.
9 – 6 – 3 – 12 – 18 – 27 – 15 – 21 – 30

11 Calcule le tiers de ces nombres.
a. 90 – 30 – 60 – 180 – 120 – 150 – 240
b. 300 – 900 – 600 – 1 200 – 2 700 – 2 100

12 PROBLÈME

Quel était le prix du vélo de Valentine ?

13 Écris le quart de ces nombres.
8 – 4 – 12 – 16 – 32 – 24 – 36 – 28 – 20

14 Calcule le quart de ces nombres.
a. 40 – 80 – 20 – 60 – 160 – 120 – 240
b. 100 – 400 – 800 – 2 400 – 3 200 – 1 600
c. 440 – 840 – 480 – 8 800 – 4 800

15 Calcule le quart de ces nombres.
a. 44 – 84 – 88 – 48
b. 808 – 804 – 408 – 404
c. 444 – 888 – 884 – 448
d. 488 – 844 – 484 – 848
e. 4 004 – 8 004 – 8 008 – 4 444 – 4 088

Diviser dans les tables

16 **Divise les nombres par 5.**

20 – 10 – 35 – 25 – 5 – 30 – 45 – 50

17 **Complète.**

a. .... : 5 = 8
b. .... : 5 = 10
c. .... : 5 = 9
d. .... : 5 = 2
e. .... : 5 = 3
f. .... : 5 = 7
g. .... : 5 = 6
h. .... : 5 = 4

18 **Divise les nombres par 6.**

12 – 24 – 36 – 18 – 6 – 30 – 48 – 54

19 **Divise les nombres par 7.**

14 – 35 – 7 – 42 – 56 – 63 – 21 – 70

20 **Complète.**

a. .... : 7 = 4
b. .... : 7 = 8
c. .... : 7 = 7
d. .... : 6 = 1
e. .... : 6 = 4
f. .... : 6 = 8
g. .... : 6 = 6
h. .... : 7 = 2
i. .... : 6 = 3
j. .... : 7 = 9
k. .... : 7 = 6
l. .... : 7 = 10

21 **Divise les nombres par 8.**

8 – 32 – 48 – 24 – 64 – 40 – 16 – 72

22 **Divise les nombres par 9.**

27 – 45 – 63 – 18 – 36 – 72 – 9 – 54

23 **Complète.**

a. 8 : .... = 1
b. 27 : .... = 3
c. 48 : .... = 6
d. 81 : .... = 9
e. 90 : .... = 10
f. 80 : .... = 10
g. 56 : .... = 7
h. 18 : .... = 2

Diviser par 10, 5, 25, 50

24 **Divise les nombres par 10.**

a. 90 – 40 – 70 – 10 – 30 – 80 – 60 – 20
b. 300 – 700 – 500 – 200 – 400 – 600
c. 180 – 460 – 910 – 330 – 850 – 270
d. 800 – 50 – 640 – 900 – 520 – 100

25 **Divise les nombres par 5.**

a. 60 – 30 – 10 – 50 – 90 – 70 – 20 – 40
b. 200 – 100 – 400 – 600 – 800 – 700
c. 240 – 410 – 330 – 150 – 340 – 220
d. 5 000 – 2 000 – 4 000 – 1 000 – 9 000

26 **Calcule.**

a. 50 : 25
b. 300 : 25
c. 700 : 50
d. 150 : 25
e. 200 : 50
f. 400 : 50

27 PROBLÈME

Combien de planches d'autocollants Tim a-t-il ?

Connaitre les relations entre 5, 10, 25, 50 et 100

28 a. En 50, combien de fois 5 ?
b. En 25, combien de fois 5 ?
c. En 50, combien de fois 25 ?
d. En 100, combien de fois 25 ?
e. En 100, combien de fois 50 ?
f. En 50, combien de fois 10 ?
g. En 100, combien de fois 10 ?

29 **Complète.**

a. 10 : .... = 5
b. 100 : .... = 10
c. 100 : .... = 50
d. 100 : .... = 25
e. 100 : .... = 5
f. 50 : .... = 10
g. 25 : .... = 5
h. 50 : .... = 25

Connaitre les relations entre 15, 30 et 60

30 a. En 30, combien de fois 15 ?
b. En 60, combien de fois 30 ?
c. En 60, combien de fois 15 ?

Crédits photographiques

Achevé d'imprimer en octobre 2020 par Clerc en France
Dépôt légal : février 2017 – N° d'éditeur MAGSI20200898